Muttersprache plus

5 Sprach- und Lesebuch
Sachsen

Erarbeitet von
Heike Dreyer, Melanie Glier, Claudia Israel,
Brita Kaiser-Deutrich, Andrea Kruse, Sylvia Masur,
Sylke Michaelis, Viola Oehme, Gerda Pietzsch,
Bianca Ploog, Freya Rump, Luzia Scheuringer-Hillus,
Birgit Schmidt, Birka Schmittke, Viola Tomaszek,
Hannelore Walther, Kerstin Wilde

Unter Beratung von
Viola Oehme und Katrin Paape

Muttersprache *plus*

5 Sprach- und Lesebuch
Sachsen

Redaktion: Karin Unfried, Birgit Patzelt, Gabriella Wenzel
Illustrationen: Cleo-Petra Kurze, Berlin: S. 10, 13, 15, 16, 25, 27, 29, 30, 34, 35, 36, 44, 47, 48, 49, 51, 76, 78, 80, 81, 82, 84, 86, 88, 89, 91, 109, 118, 119, 121, 131, 133, 148, 153, 157, 172, 175, 177, 180, 181, 182, 186, 188, 200, 202, 205, 214, 216, 217, 220, 221, 223, 227, 229, 230, 243, 246, 248, 249, 253, 256, 259, 272, 274, 277.
Katharina Knebel, Berlin: 21, 103, 112, 114, 115, 128, 135, 285, 287, 289, 290.
Umschlaggestaltung: werkstatt für gebrauchsgrafik, Berlin
Umschlagillustration: Dorina Tessmann, Berlin
Layout und technische Umsetzung: lernsatz.de

Begleitmaterialien für Schüler zu *Muttersprache plus* Klasse 5	
Schülerbuch als E-Book	978-3-06-063289-3
Arbeitsheft	978-3-06-063300-5
Arbeitsheft Fördern	978-3-06-063324-1

www.cornelsen.de

Soweit in diesem Lehrwerk Personen fotografisch abgebildet sind und ihnen von der Redaktion fiktive Namen, Berufe, Dialoge und Ähnliches zugeordnet oder diese Personen in bestimmte Kontexte gesetzt werden, dienen diese Zuordnungen und Darstellungen ausschließlich der Veranschaulichung und dem besseren Verständnis des Inhalts.
Die mit * markierten Texte wurden aus didaktischen Gründen gekürzt und/oder verändert.

Die Webseiten Dritter, deren Internetadressen in diesem Lehrwerk angegeben sind, wurden vor Drucklegung sorgfältig geprüft. Der Verlag übernimmt keine Gewähr für die Aktualität und den Inhalt dieser Seiten oder solcher, die mit ihnen verlinkt sind.

Dieses Werk berücksichtigt die Regeln der reformierten Rechtschreibung und Zeichensetzung.
Bei den mit R gekennzeichneten Texten haben die Rechteinhaber einer Anpassung widersprochen.

1. Auflage, 1. Druck 2019

Alle Drucke dieser Auflage sind inhaltlich unverändert und können im Unterricht nebeneinander verwendet werden.

© 2019 Cornelsen Verlag GmbH, Berlin

Druck: Firmengruppe APPL, aprinta Druck, Wemding

ISBN 978-3-06-063288-6

PEFC zertifiziert
Dieses Produkt stammt aus nachhaltig bewirtschafteten Wäldern und kontrollierten Quellen.
www.pefc.de

PEFC
PEFC/04-32-0928

Operatoren im Überblick (Auswahl)

Operatoren sind ein wesentlicher Bestandteil jeder Aufgabenstellung.
Sie benennen die Handlungsschritte, die zur Lösung von Aufgaben notwendig sind.

Operator (Verb)	Was sollst du tun?
Begründe …	Belege eine Meinung mit Fakten und Beispielen.
Beschreibe …	Stelle etwas sachlich und so genau dar, dass man es sich vorstellen kann.
Entwirf …	Schreibe oder gestalte die erste Fassung von etwas.
Erkläre …	Stelle etwas mithilfe deines Wissens dar.
Erläutere …	Stelle etwas mithilfe deines Wissens und Beispielen anschaulich dar.
Fasse zusammen …	Formuliere etwas Wesentliches kurz und knapp.
Gib wieder …	Sage etwas mit eigenen Worten.
Markiere …	Hebe etwas hervor, zum Beispiel durch Unterstreichung.
Nenne…	Trage etwas zusammen und zähle es auf.
Ordne …	Bringe etwas in eine bestimmte Reihenfolge oder sortiere etwas nach Gruppen.
Ordne … zu.	Bringe etwas in Verbindung, das zusammengehört.
Prüfe …	Untersuche etwas und formuliere eine Einschätzung, ob es wahr oder gültig sein kann.
Stelle … dar/vor.	Formuliere etwas mit eigenen Worten so, dass andere es verstehen können.
Verfasse …	Schreibe einen zusammenhängenden Text.
Vergleiche …	Suche Gemeinsamkeiten und Unterschiede und nenne sie.

Was weißt du noch aus Klasse 4?

1 Lies die folgenden Texte über zwei osteuropäische Länder.

Die **Slowakei** liegt in Mitteleuropa und hat keinen Zugang zum Meer.
Im Westen und Osten des Landes gibt es viele Hügel und breite Flusstäler.
Der Süden ist ganz flach. Hier fließt die Donau, der zweitlängste Fluss
Europas.
5 Der Norden wird hauptsächlich von dem Gebirge Hohe Tatra geprägt.
Der höchste Berg ist die Gerlsdorfer Spitze mit 2 654 Metern.
Ab dem 6. Jahrhundert ließen sich auf dem Gebiet der heutigen Slowakei
slawische Stämme nieder. Schon bald darauf entstand das slawische
Großreich. 300 Jahre später wurde die Slowakei zu einer ungarischen
10 Provinz. Bis ins 20. Jahrhundert gehörte die Slowakei zu Ungarn.
Nach dem Ersten Weltkrieg bildete es zusammen mit Tschechien die
Tschechoslowakei. Seit 1993 ist die Slowakei unabhängig.

Eine der bekanntesten Regionen der Slowakei ist Zips,
am Fuß der Hohen Tatra. Das Zentrum der Region ist die
15 Zipser Burg. Seit dem Mittelalter wurde sie immer weiter
aus- und umgebaut. Sie besteht aus einem runden Turm
in der Mitte und aus einem dreistöckige Palast: Unten lebte
die Dienerschaft, der mittlere Stock wurde zur Verteidigung und der oberste Stock für feierliche Anlässe genutzt.

Typisch für **Bulgarien** sind die vielen Gebirge. Das größte ist das Balkangebirge mit etwa 600 Kilometern Länge Es zieht sich von West nach Ost
durch das Land. Vom Balkangebirge, kurz Balkan genannt, hat die
Balkanhalbinsel ihren Namen. [...]
5 Die ersten Bewohner Bulgariens waren die Thraker. Sie siedelten sich
in der Region der heutigen Hauptstadt Sofia an. Das war vor mehr als

4 000 Jahren. Aus der Zeit der Thraker stammt ein Brauch,
der bis heute jedes Jahr am 1. März gefeiert wird:
die Marteniza. An diesem Tag beschenken sich Freunde
10 und Verwandte mit den Martenizi. Das sind Püppchen
aus rot-weißer Wolle. Die Maskottchen sollen Glück und
Gesundheit bringen und den Frühling begrüßen.
Die Bauern behängen sogar ihre Kühe, Ziegen und Schafe
mit den Martenizi, damit die Tiere gesund bleiben.
15 Am Fuß des Balkangebirges erstreckt sich das Tal der Rosen. Dort wächst
eine besondere Rosenart: Sie heißt Damascena und duftet sehr süß.
Aus ihren Blüten wird schon seit dem Mittelalter Rosenöl hergestellt,
das zur Herstellung von Parfums und Cremes verwendet wird.
Im Osten, an den Ausläufern des Balkans, ist das Schwarze Meer. Es bildet
20 die Grenze zwischen Europa und Asien. An der Schwarzmeerküste gibt es
viele Sandstrände, die im Sommer beliebte Urlaubsziele sind.*

2 Überprüfe, welche der folgenden Aussagen richtig ist.

1 Der höchste Berg der Slowakei ist die Bergdorfer Spitze mit 2 654 Metern.
2 Der höchste Berg der Slowakei ist die Gerlsdorfer Spitze mit 1 654 Metern.
3 Der höchste Berg der Slowakei ist die Gernsdorfer Spitze mit 2 654 Metern.
4 Der höchste Berg der Slowakei ist die Gerlsdorfer Spitze mit 2 654 Metern.

3 Stelle Steckbriefe von der Slowakei und Bulgarien zusammen. Übertrage dazu die folgende Tabelle in dein Heft und ergänze sie.

	Slowakei	Bulgarien
Landschaft		
Gründung		
Hauptstadt		
Berühmte Bauwerke		
Bräuche		

4 Schreibe die Wörter aus der Wortschlange in dein Heft. Nenne die Wortart, zu der sie gehören.

breitrundschwarzgroßhochsüßslawischbeliebtlang

5 Wähle ein passendes Wort und ersetze in den Sätzen die Verben.

unternehmen / bildet / erstreckt sich / liegt

1 Die Slowakei ist in Mitteleuropa.
2 Wir machen eine Reise in die Geschichte der Slowakei.
3 Am Fuß des Balkangebirges ist das Tal der Rosen.
4 Das Schwarze Meer ist die Grenze zwischen Europa und Asien.

6 Schreibe die folgenden Wörter in der richtigen Groß- und Kleinschreibung auf.

STRAND / SCHNELL / SÜDEN / LIEGEN / FLUSS / DREI / VIEL / LANDSCHAFT / PÜPPCHEN / KLEIN / HÜGEL / SEE / BESUCHEN / WALD

Sich und andere vorstellen

1 Ben nimmt Dominik mit zum Fußballtraining, wo er niemanden kennt.

a Lest den Dialog mit verteilten Rollen und spielt ihn vor.
Denkt auch an Betonung, Gestik und Mimik.

→ **S. 47:** Mimik und Gestik

Ben Hallo, Stefan!
Stefan Hi, Ben!
Ben Ich habe hier meinen Kumpel aus der Schule mitgebracht.
Stefan Hi!
Dominik Hallo. *(Pause)*
Stefan Wie heißt du denn?
Dominik Dominik. *(Pause)*
Stefan Ja und, willst du bei uns mitspielen?
Dominik Vielleicht.
Stefan Wie alt bist du denn?
Dominik Elf.
Stefan Hast du schon mal irgendwo Fußball gespielt?
Dominik Nein.
Stefan Gar nicht?
Dominik Doch. Bei uns in der Straße. Und in der Schule.
Stefan Na, dann schauen wir mal. Du kannst ja einfach zwei-, dreimal mittrainieren, dann gucken wir, ob es dir gefällt, okay?
Dominik Hm.

b Beschreibe, welchen Eindruck diese erste Begegnung zwischen Dominik und Stefan auf dich macht.

c Überlege, was Dominik besser machen könnte. Was sollte Ben ändern?

2

→ **S.47:** Mimik und Gestik

a Spielt auch den folgenden Dialog mit verteilten Rollen vor.
Denkt an Betonung, Gestik und Mimik.

Ben Hallo, Stefan!

Stefan Hi, Ben!

Ben Du, Stefan, das hier ist Dominik, ein Kumpel aus meiner Klasse. Der möchte gern mal mittrainieren.

Stefan Hallo, Dominik! Na, das ist ja prima, du kannst gern mal reinschauen. Hast du denn schon mal Fußball im Verein gespielt?

Dominik Hi! Nein, habe ich noch nicht. Aber ich bin natürlich ein großer Fan von Bayern München. Wie die letzten Mittwoch in der Champions League gespielt haben, war wieder mal klasse. Besonders im Angriff sind die echt spitze. Später will ich auch unbedingt ein guter Stürmer werden.

Stefan Na, von deinen Zukunftsplänen kannst du ja bei Gelegenheit mehr erzählen. Geht euch erst mal umziehen.

b Beschreibe, welchen Eindruck dieser Dialog auf dich macht.
Was sollte Dominik ändern?

> Wenn du auf einen dir unbekannten Menschen triffst, **stelle dich kurz vor**. Wähle dabei je nach Situation aus, was für dein Gegenüber wichtig ist.

3

a Ordne zu, welche Begrüßung zu welcher Situation passt.

Guten Tag!	Jannik begrüßt seinen Freund Ken an der Bushaltestelle.
Hallo!	Hannes öffnet dem Vater seines Freundes die Tür, als dieser am Abend seinen Sohn abholen will.
Hi!	Piet kommt in das Sekretariat der Schule.
Guten Morgen!	Matilda kommt nach Hause.
Guten Abend!	Jacqueline betritt den Bäckerladen.

b Bestimme, welche Begrüßungen formell, welche familiär oder freundschaftlich sind. Suche weitere Beispiele und notiere sie in einer Tabelle.

4 Am „Tag der offenen Tür" begegnest du mit deiner Mutter dem Schulleiter, der freundlich lächelnd stehen bleibt. Was machst du?

a Wähle eine der Möglichkeiten aus und begründe deine Entscheidung.

1 Ich lächele freundlich zurück, grüße und gehe dann schnell weiter.
2 Ich bleibe stehen, begrüße ihn freundlich und stelle zunächst meiner Mutter den Schulleiter vor und dann dem Schulleiter meine Mutter.
3 Ich bleibe stehen, begrüße den Schulleiter freundlich und stelle ihm zunächst meine Mutter vor und dann meiner Mutter den Schulleiter.

b Lies den folgenden Merkkasten. Begründe, welche der in Aufgabe a genannten Möglichkeiten richtig ist.

> Menschen, die sich noch nicht kennen, musst du **einander vorstellen**.
> Dabei gelten die von Adolf Freiherr von Knigge im 18. Jahrhundert aufgestellten und inzwischen aktualisierten Regeln:
> 1. Stelle der ältesten Person immer zuerst die jüngeren vor.
> 2. Bei Gleichaltrigen stelle den Damen zuerst die Herren vor.
> 3. Verwende zum Vorstellen Formulierungen, wie:
>   *Herr … / Frau …, darf ich Ihnen … vorstellen.*
>   *Maria, ich möchte dir … vorstellen.*
> 4. Nenne auch die wichtigste Information zu der Person, z. B.:
>   *Das ist …, mein Vater / meine Mutter / ein Freund / eine Freundin.*

●●● **c** Suche Begründungen für die Regeln 1, 2 und 4 aus dem Merkkasten.

5 Am „Tag der offenen Tür" stellst du zwei Personen einander vor.
Verfasst einen Dialog, wählt reale Personen, zum Beispiel Lehrer und Eltern.
Spielt das gegenseitige Vorstellen mit verteilten Rollen.
Nutzt die im Merkkasten vorgeschlagenen Formulierungen.

Was habe ich gelernt?

6 Überprüfe, was du über das **Vorstellen** gelernt hast.
Beantworte dazu die folgenden Fragen.

1 Worauf musst du achten, wenn du dich jemandem vorstellst?
2 Worauf musst du achten, wenn du andere einander vorstellst?

Gespräche führen – eine Meinung vertreten

Wünsche und Meinungen äußern

1 Was würdest du gern im Deutschunterricht lernen?

a Schreibe deine Wünsche als Stichworte auf Karteikarten.

b Stellt eure Wünsche den anderen vor.
   Heftet die Karteikarten ungeordnet an die Tafel.

c Ordnet die Karteikarten nach Themen und findet Überschriften.

2

a Lies die folgenden Sätze und äußere deine Meinung dazu.

   1 Für das Wochenende sollten Schülerinnen und Schüler Hausaufgaben
      bekommen, damit sie sich nicht langweilen.
   2 Wenn ich mit etwas nicht einverstanden bin oder geärgert werde,
      wehre ich mich mit Gewalt, denn das ist das Einzige, was die anderen
      verstehen.
   3 Wenn ich wütend bin oder mich zum Beispiel über den Lehrer ärgere,
      brülle ich in der Klasse herum, um mich zu beruhigen.
   4 Im Unterricht darf nicht getrunken werden.
   5 Handys dürfen nicht mit in die Schule genommen werden.
   6 Wenn mein Sitznachbar etwas nicht versteht, mache ich einen mög-
      lichst lauten Spruch, damit er mit den anderen darüber lacht.

> Du kannst zu Aussagen deiner Gesprächspartner deine **Meinung äußern**,
> das heißt, du kannst ihnen zustimmen oder sie ablehnen. Du kannst aber
> auch eine Bedingung für deine Zustimmung nennen oder eine andere
> Lösung vorschlagen (Kompromiss). Du kannst folgende Formulierungen
> nutzen, zum Beispiel:
> **Zustimmung**: *Du hast recht. Da stimme ich dir zu. Das finde ich auch.*
> **Ablehnung**: *Da kann ich dir nicht recht geben. In dem Punkt stimme ich*
>   *dir nicht zu. Ich sehe das anders.*
> **Kompromiss**: *Ich bin nur teilweise einverstanden. Ich würde zustimmen,*
>   *wenn … Das ist in Ordnung, wenn …*

b Wähle in Aufgabe 2a aus, welche Regeln dir für den Unterricht und
   das Zusammenleben in der Schule sinnvoll und wichtig erscheinen.
   Schreibe sie in dein Heft.

c Schreibe Änderungsvorschläge zu denjenigen Äußerungen auf, mit denen du nicht einverstanden bist.

Ich würde vorschlagen, dass ...

d Überarbeite diejenigen Äußerungen, denen du nur teilweise zustimmen kannst. Schreibe Kompromissvorschläge auf.

Damit bin ich nur einverstanden, wenn ...
Ich würde zustimmen, wenn ...

 **3** Einigt euch auf fünf gemeinsame Regeln für den Unterricht und das Zusammenleben in der Klasse.
Haltet diese Regeln auf einem Plakat fest.
Gestaltet es anschaulich, indem ihr zum Beispiel unterschiedliche Farben oder Symbole verwendet.

4

a Übertrage die folgende Tabelle in dein Heft.
Schreibe die Satzanfänge aus dem Merkkasten auf S. 11 in die richtige Spalte. Ergänze mit eigenen Beispielen.

Zustimmung	Ablehnung	Kompromiss
Du hast recht. *...*	*Da kann ich dir nicht recht geben.* *...*	*Ich bin nur teilweise einverstanden.* *...*

Tipp
Nutze die Beispielsätze aus Aufgabe a.

b Setze dich mit den folgenden Meinungen auseinander.
Stimme zu, lehne ab oder schlage einen Kompromiss vor.
Begründe deine Meinung.

1 Mädchen und Fußball passen nicht zusammen.
2 Für Haustiere braucht man viel Zeit.
3 Tiere gehören nicht in die Wohnung.

Meinungen begründen

1

a   Wie viele Stunden siehst du am Tag durchschnittlich fern?
Siehst du gern fern? Wenn ja, warum?
Tausche dich mit den anderen darüber aus.

b   In den Medien (zum Beispiel Zeitungen, Zeitschriften, Internet)
kann man immer wieder lesen, dass Kinder zu viel fernsehen.
Was denkst du darüber?
Was spricht für das Fernsehen? Was dagegen?

2   Sabine Müller und ihre Tochter Lara sitzen am Frühstückstisch.

a   Lies den folgenden Dialog.

Mutter *(hält ihrer Tochter die Zeitung vor die Nase,*
zeigt auf eine Überschrift) Da, guck mal!
Tochter Och, Mama, lass mich doch damit in Ruhe!
Mutter Ich sage das ja schon die ganze Zeit, du siehst zu viel
fern. Und jetzt steht es hier schwarz auf weiß: „Fernsehen macht
Kinder dumm"! Weißt du was, wir stellen die Flimmerkiste
jetzt einfach mal eine Zeit lang auf den Dachboden – fertig!
Tochter Mama, was soll das denn?
Mutter Das wird dir mal guttun!
Tochter Du immer mit deinen blöden Ideen!
Dann geh ich eben zu Tanja und guck da!
Mutter *(streng)* Das machst du nicht!
Tochter *(laut werdend)* Mache ich wohl! *(rennt raus, knallt die Tür)*

 b   Spielt den Dialog mit verteilten Rollen vor.

c   Überlege, was in dem Gespräch zwischen Mutter und Tochter schiefläuft.
Welche Sätze hemmen das Gespräch?

3

a   Nenne Gründe, mit denen die Tochter
die Mutter überzeugen könnte.

b   Überlege dir Begründungen, mit denen
die Mutter die Tochter von ihrer Meinung
abbringen könnte.

So kannst du jemanden von deiner Meinung überzeugen
1. Begründe deine Sichtweise.
2. Bleibe sachlich und ruhig.
3. Nenne Beispiele, damit der andere dich besser versteht.
4. Verletze die andere Person nicht durch Worte.
5. Verwende Formulierungen, wie:
   *Ich bin davon überzeugt, **weil** …*
   *Ich teile deine Meinung nicht, **da** …*
   *Ich sehe das so, **denn** …*
6. Höre dir auch die Meinung deines Gesprächspartners an.

Tipp
Verwende die Formulierungen aus dem Merkkasten (Punkt 5).

4 Wie könnte das Streitgespräch zwischen Sabine Müller und ihrer Tochter Lara besser verlaufen?

a Schreibe einen Dialog, in dem Mutter und Tochter ihre Meinungen sachlich begründen, Beispiele nennen und einen Kompromiss finden.

 b Stellt euch eure Dialoge gegenseitig vor und besprecht, was ihr noch verbessern könntet.

 c Wählt einen der Dialoge aus und spielt ihn der Klasse vor.

5 Wählt eine der folgenden Situationen aus.
Verfasst ein Streitgespräch, in dem beide Seiten sich gegenseitig aufmerksam zuhören und ihre Meinungen sachlich begründen.

1 Lennarts Mutter ist der Meinung, dass Lennart zu viel Zeit mit Computerspielen verbringt.

2 Antons Vater will, dass Anton wegen seiner schlechten Englischnoten das Handballtraining aufgibt.

3 Aufgrund der hohen Kosten will Frau Wenk ihrer Tochter Josephine das Handy wegnehmen.

Was habe ich gelernt?

6 Überprüfe, was du über das **Führen von Gesprächen** gelernt hast.
Erkläre einem Lernpartner, wie man jemanden überzeugt.

In der Gruppe arbeiten

1 Sammle in Stichworten, was dir zum Thema „Gruppenarbeit" einfällt. Nutze dazu die folgenden Fragen.

1 Hast du schon einmal in einer Gruppe gearbeitet?

2 Was hat dir besonders gut daran gefallen, was lief schlecht?

3 Worauf muss man achten?

So könnt ihr Gruppenarbeit durchführen

1. Bildet etwa gleich große Gruppen (ca. 4–6 Personen).
2. Setzt euch so um einen Tisch, dass alle sich sehen und schreiben können. Wenn nötig, müsst ihr die Tische ein wenig verrücken.
3. Vergebt die folgenden Aufgaben, damit die Gruppenarbeit gelingt: Jeweils eine Schülerin / ein Schüler muss dafür sorgen, dass
   - in der Gruppe nicht zu laut gesprochen wird,
   - sich alle an der Arbeit beteiligen,
   - Rückfragen mit der Lehrerin / dem Lehrer geklärt werden,
   - die vorgegebene Zeit eingehalten wird und
   - die Arbeitsergebnisse festgehalten werden.
4. Achtet bei der Gruppenarbeit darauf, dass ihr nicht immer dieselben Aufgaben übernehmt.

---

 2 Setzt euch anschließend zusammen und einigt euch gemeinsam auf sechs Arbeits- und Verhaltensregeln. Haltet diese in Form eines Plakats fest. Findet für jede Regel ein bildliches Symbol zur Veranschaulichung.

Aktiv zuhören

1 Schickt fünf Schülerinnen/Schüler aus dem Klassenzimmer und einigt euch dann auf ein Bild oder Foto.

a Einer von euch beschreibt es dem Ersten, den ihr wieder hereinruft, so genau wie möglich, ohne dass dieser es sehen kann. Der Erste muss das Bild danach dem Zweiten beschreiben usw., bis der Letzte wieder in der Klasse ist.

b Wertet den Versuch aus: Tauscht euch darüber aus, ob ihr aktiv zugehört habt und was am besten geklappt hat.

> Um einen Gesprächspartner richtig verstehen zu können, ist aufmerksames und genaues Zuhören wichtig.
> **Aktiv zuhören** heißt,
> • den Gesprächspartner anzusehen,
> • eine Rückmeldung zu geben (nicken, Kopf schütteln, Stirn runzeln usw.),
> • das Gesagte mit eigenen Worten zu wiederholen und
> • nachzufragen.

 2 Führt zu einer der folgenden Aussagen ein „Echogespräch" durch.

1 Jungen können nicht zuhören.
2 Mädchen reden immer hinter dem Rücken über andere.
3 Schule ist langweilig.

> **So könnt ihr mit einem „Echogespräch" das Zuhören üben**
> • Der erste Redner äußert und begründet seine Meinung.
> • Der zweite Redner gibt mit eigenen Worten die Meinung seines Vorredners wieder, bevor er selbst seine Meinung äußert und begründet usw.
> • Die Zuhörerinnen/Zuhörer überprüfen, ob der Beitrag des jeweiligen Vorredners richtig wiedergegeben wurde.
> • Danach wird das Gespräch bewertet:
> – Haben die Redner einander richtig zugehört?
> – Wer hat seinen Vorredner missverstanden?
> • Wenn ihr Gesprächsbeiträge aufnehmt, könnt ihr sie wiederholt anhören und genau prüfen.

Für den Erzählwettbewerb „Berlin – mein Kiez" hat die 12-jährige Induja über ihre persönlichen Erfahrungen geschrieben.

Induja Indiran

Fremd in Berlin?!

Ich heiße Induja und bin zwölf Jahre alt. Ich bin eine Tamilin, also meine Eltern kommen aus Sri Lanka.

Sri Lanka liegt in Südasien. Eigentlich bin ich Berlinerin, weil ich hier in Berlin geboren bin. Meine Eltern sind hier, weil es in Sri Lanka oft

5   Krieg gab, und immer noch ist es unruhig.

Ich finde, Berlin ist eine sehr schöne und eine interessante Stadt, in der es viel zu sehen gibt. Doch es gibt auch ein paar Ecken, wo es nicht so schön aussieht, zum Beispiel in Kreuzberg oder in manchen U-Bahnhöfen. Ich habe noch einen älteren Bruder namens Indujan,

10 der fünfzehn ist und auch der Meinung ist, dass es an diesen Ecken schmutzig ist.

Doch es gibt auch sehr schöne Orte in Berlin, wie zum Beispiel am Wannsee, um das Brandenburger Tor, am Ku'damm und und und …
Wenn Weihnachten ist, sieht der Ku'damm vor allem beeindruckend aus,

15 denn er ist immer sehr schön geschmückt mit Lichterketten, glänzenden Weihnachtskugeln, mit vielen Tannenbäumen und goldenen Sternen.
Am Abend bin ich gerne dort mit meiner Familie, obwohl es in unserer Familie nicht üblich ist, Weihnachten zu feiern. Ich gehe in die sechste Klasse und habe Freundinnen, die nett zu mir sind und mit denen ich

20 auch sehr gut klarkomme.
Doch früher hatte ich mal ein großes Problem. Aber ich habe es allein geschafft, das Problem zu lösen.
Es ging um meine Hautfarbe.

Also, früher gab es mal drei Jungs in meiner Schule, die mich immer ge-
25 hänselt haben. Sie sagten etwa: „Hi, Schokolade, wie geht es dir heute?"
Oder: „Da guckt doch mal, Schokolade kann die Treppen hochgehen."
Es wurde immer schlimmer und ich habe mich auch nie getraut, mich
zu wehren. Langsam hatte ich es satt, das Geplapper dieser Jungs anzu-
hören.
30 Da beschloss ich, mich in der Pause zu wehren. Also ging ich zu denen hin
und stand ruhig da. Da fragten sie mich neugierig: „Was willst du denn
hier bei uns, Schokoladeneis?" Da antwortete ich lächelnd: „Danke für
das Kompliment, dass ich ein Schokoladeneis bin, denn Schokoladeneis
schmeckt sehr lecker, und stehen darf ich auch, wo ich will." Sie sagten
35 kein einziges Wort mehr und gingen in ihre Klasse. Von diesem Tag an
haben sie kein Wort mehr mit mir geredet und sie haben auch die anderen
Kinder in Ruhe gelassen. Ich war von dem Tag an sehr froh und glücklich,
weil ich es alleine geschafft habe, drei Jungs fertigzumachen. Doch ich
habe meinen Eltern, meinen Freundinnen und meinen Lehrern davon
40 nichts erzählt. Warum, das weiß ich selbst nicht mehr.
Ich finde solche Menschen hier in Berlin einfach doof, weil sie nie nach-
denken, bevor sie was sagen. Sie versetzen sich auch nie in andere hinein.
Doch es gibt auch viele Menschen hier, die sehr nett sind.
Ich habe viele Nachbarn, die nett zu mir sind, und das finde ich gut.
45 Wenn ich draußen bin und Menschen sehe, die einfach dumme Wörter zu
mir sagen, bin ich immer sehr traurig. Wenn ich traurig bin, will ich lieber
in meiner Heimat Sri Lanka sein, weil dort alle schokoladenbraun sind.
Doch wenn ich dann nach Hause gehe und meinen Nachbarn mir zu-
lächeln sehe, bin ich wieder froh und möchte lieber hierbleiben und nicht
50 nach Sri Lanka gehen, denn das Leben dort fällt mir auch sehr schwer.
Ich lebe lieber hier mit doofen Bemerkungen als dort mit Krieg.
Ich wünsche, dass der Krieg in Sri Lanka schnell vorbei ist und dass alle in
Frieden leben. Ich wünsche auch noch, dass alle Menschen viel zum Essen
haben. Doch wenn in Sri Lanka wieder Frieden herrscht, bleibe ich trotz-
55 dem in Berlin. Aber ich werde Sri Lanka ab und zu mal besuchen.

1 Schreibe auf, was du über Induja erfährst.

 **2** Fasst zusammen, welches Problem Induja hatte und wie sie es gelöst hat.

→ **S. 26, 133:**
Erzählen

●●● **3** Schreibe selbst einen Text, in dem du über eigene Erfahrungen und
Erlebnisse in deinem Wohngebiet erzählst.

Die zehnjährige Vietnamesin Mai-Linh lebt mit ihrer Familie in Deutschland. Ihre Eltern müssen fast den ganzen Tag in ihrem kleinen Restaurant arbeiten. Deshalb wird Mai-Linh von der Nachbarsfamilie betreut. Sie bekommt dort Essen und geht mit Dennis, dem 13-jährigen Sohn und Schwarm ihrer Freundinnen, zur Schule. Doch bald fangen ein paar Freunde von Dennis an, Mai-Linh zu ärgern.

Carolin Philipps

Mai-Linh. Wenn aus Feinden Freunde werden

Am nächsten Tag trödelte Mai-Linh auf dem Weg zur Schule.
Sie wollte so dicht wie möglich bei Dennis bleiben, weil sie Angst hatte,
seine Freunde hätten sich schon wieder im Gebüsch versteckt.
„Los! Vorwärts!" Dennis puffte sie in den Rücken.
5 „Geh du vor!"
Dennis zögerte. Aber da Mai-Linh einfach stehen blieb und nicht vorhatte,
auch nur einen Schritt weiterzugehen, blieb ihm nichts anderes übrig.
„Aber bleib hinter mir. Ich will keinen neuen Stress mit meiner Mutter,
wenn ich dich verliere."
10 Lars und Sven warteten im Gebüsch, bis Dennis vorbeigegangen war.
Dann sprangen sie direkt vor Mai-Linh hervor. Diesmal hatten sie
schwarze Teufelsmasken vor dem Gesicht. Mai-Linh erschrak fürchterlich
und rannte in den Park hinein.
Hinter sich hörte sie Dennis schimpfen.
15 „[...] Einfach erschrecken hätte auch gereicht. Wenn wir sie nicht finden,
krieg ich ein Problem. Los, alle suchen."
„Mai-Linh, wo bist du? Komm raus! Das ist kein Spaß mehr!"
Das fand Mai-Linh schon lange. Sie lag im Gebüsch und lauschte auf die
Stimmen, die sich langsam entfernten, immer weiter in den Park hinein.
20 Dann sprang sie auf und rannte zur Schule.

1 Was passiert auf dem Schulweg? Beschreibe den Ablauf.

Fünfzehn Minuten nach Unterrichtsbeginn kam Dennis, ohne anzuklopfen, in die Klasse gerannt. Seine Haare hingen ihm wirr ins Gesicht.
Er war verschwitzt.
Die Mädchen kicherten. Das war nicht der coole Dennis, den alle kannten
25 und bewunderten.
„Wo ist sie?", rief er statt einer Begrüßung.
„Habt ihr sie gesehen?"
Er schaute sich in der Klasse um.
„Dennis!! Würdest du uns mal erklären, was das soll?"

30 Herr Möller, der Dennis in der Grundschule jahrelang unterrichtet und
sich schon damals oft über ihn aufgeregt hatte, war ganz rot im Gesicht
angelaufen vor Empörung.
„Du kommst mitten in meinen Unterricht geplatzt und ziehst hier
eine Show ab …!", rief er wütend.

35 Dennis schaute ihn verstört an. „Ich muss sie finden!"
„Vielleicht erklärst du uns wenigstens, wen du suchst."
„Mai-Linh!"
Jetzt fing die ganze Klasse an zu kichern.
„Na, du bist aber schrecklich verliebt, was?"

40 „Kann nicht mal bis zur Pause warten."
Andere riefen: „Umdrehen!"
„Du brauchst eine Brille!"
Mai-Linh, die gerade an der Tafel etwas vorrechnen sollte, stand verlegen
mit der Kreide in der Hand da und wusste nicht, was sie machen sollte.

45 Endlich entdeckte Dennis sie, kam auf sie zugerannt und schüttelte sie.
„Mach das nicht noch mal, du! Mach das nicht noch mal!", schrie er.
Herr Möller musste ihn von Mai-Linh wegzerren. „So, mein Lieber,
du wirst jetzt schön brav in deine eigene Klasse gehen. Aber glaub nicht,
dass damit alles gelaufen ist. Da kannst du dir sicher sein!"

50 Mit einem wütenden Blick auf Mai-Linh verschwand Dennis aus
der Klasse. […]

2 Was passiert in der ersten Stunde? Beschreibe das Verhalten von Dennis.

 3 Tauscht euch über das Verhalten der Klasse und des Lehrers aus.

Mittags zu Hause saß er auf der Treppe, als Mai-Linh ankam. Er hatte
extra die sechste Stunde geschwänzt.
„Kein Wort zu meiner Mutter!", sagte er drohend. „Sonst zeigen wir dir
55 mal, wie man kleine Mädchen erschreckt."
Mai-Linh drehte sich weg und wollte gehen. Dennis packte sie am Arm.
„Und noch was. Ich will keinen Reis mehr essen. Du wirst dir Kartoffeln
oder Nudeln wünschen! Verstanden?" […] Mai-Linh nickte. […]
Am nächsten Mittag, als sie nach dem Essen die Treppe nach oben
60 in den ersten Stock kam, blieb sie erschrocken stehen. Quer über ihre
Wohnungstür hatte jemand in dicken roten Buchstaben „Reisfresser!"
geschrieben.
Dennis!, dachte Mai-Linh als Erstes. Das konnte nur Dennis sein.
Dabei hatte es heute Kartoffeln gegeben. Sogar Pommes, die Dennis
65 besonders gerne mochte.
Und wie versprochen, hatte sie Frau Bennert gesagt, dass sie bei ihr
lieber Nudeln und Kartoffeln essen wollte, weil sie Reis ja ohnehin
zu Hause bekam.

Sie hatte alles so gemacht, wie er es wollte, und trotzdem war er
70 noch so gemein, dass er die Tür beschmierte. Sie holte tief Luft.
Dann schloss sie die Haustür auf und machte sich mit Schwamm
und heißem Wasser daran, die roten Buchstaben abzuwischen.
Fast zwei Stunden brauchte sie dafür und mit jedem Eimer Wasser,
den sie neu anschleppte, hasste sie Dennis mehr.
75 Sie würde ihm sagen, dass sie alles seiner Mutter oder ihren Eltern
erzählen würde, wenn er das noch einmal machte. Und den Dreck
könnte er dann allein wegmachen.
Aber als er ihr abends im Treppenhaus begegnete, traute sie sich
doch nicht, weil er sie so böse anfunkelte, dass ihr die Worte
80 im Hals stecken blieben. Jemand, der so etwas an die Tür schrieb,
würde wahrscheinlich auch Schlimmeres mit ihr machen.*

4 Vergleiche das Verhalten von Dennis und Mai-Linh.

5 Tauscht euch darüber aus, wie Dennis und Mai-Linh ihre Probleme
lösen könnten.

→ **S. 26, 133:**
Erzählen

●●● **6** Schreibe die Geschichte weiter.

Karlhans Frank

Du und ich

Du bist anders als ich,
ich bin anders als du.
Gehen wir auf-
einander zu,
5 schauen uns an,
erzählen uns dann,
was du gut kannst,
was ich nicht kann,
was ich so treibe,
10 was du so machst,
worüber du weinst,
worüber du lachst,

ob du Angst spürst bei Nacht,
welche Sorgen ich trag,
15 welche Wünsche du hast,
welche Farben ich mag,
was traurig mich stimmt,
was Freude mir bringt,
wie wer was bei euch kocht,
20 wer was wie bei uns singt …
Und plötzlich erkennen wir
– waren wir blind? –,
dass wir innen uns
äußerst ähnlich sind.

1 Vergleiche die Aussage am Anfang des Gedichts mit der Schlussaussage.

2 In dem Gedicht lernen sich zwei Menschen anhand von Fragen kennen.
Schreibe fünf Fragen heraus, die dir besonders wichtig sind.

Erzählen I

Eine Geschichte erfinden

1 Werde selbst Schriftstellerin/Schriftsteller und schreibe Geschichten.
Stelle dein eigenes Geschichtenbuch her.

a Zunächst brauchst du für die Geschichte eine Idee.
Sieh dir dazu das Foto an. Was könnte hier vorgehen?

→ S. 33

 b Führt ein Brainstorming, also eine Ideensammlung zum Foto, durch.
Stellt euch eure Gedanken gegenseitig vor.

2

a Stelle mithilfe des Fotos eine Kette von Reizwörtern zusammen.

Fluss – Hilfe – Hund – ...

b Bildet weitere Wortketten zu dem Foto. Stellt sie euch gegenseitig vor.

3 Ben hat eine Geschichte zur Wortkette aus Aufgabe 2 a entworfen.

a Lies seinen Entwurf.

*Drei Freunde angelten am Fluss. Einer von ihnen, Tony,
hatte seinen Hund dabei. Sie standen ruhig, ohne zu sprechen,
um die Fische nicht zu verjagen.
Plötzlich schreckten sie auf. Was war das? Laute Hilferufe.
Sie blickten sich verzweifelt an. Ein merkwürdiges Bündel
trieb auf dem Fluss heran. Ehe sie etwas tun konnten,
sprang Tonys Hund ins Wasser und zog das Bündel an Land.*

b Überlege, wodurch Bens Text ergänzt werden könnte,
indem du Fragen an den Text stellst.

Wie hießen die anderen beiden Freunde?
Woher kamen die Hilferufe?
Was dachten ...

c Beantworte die Fragen in Stichpunkten.
Überlege, an welchen Stellen des Textes die Ergänzungen
eingefügt werden können.

4 Überlege jetzt, wie du den Beginn der Geschichte gestalten kannst.

a Lies diese Geschichtenanfänge. Welche Erwartungen wecken sie?

> **1** Als Ines und Mario bei ihrem Onkel in Mecklenburg zu Besuch
> waren, wollten sie unbedingt einmal in einem Zelt hinter dem Haus
> auf einer Wiese übernachten.
> „Gut", stimmte der Onkel am Ende zu, „aber kommt mir nicht
> in der Nacht damit an, dass ihr Angst habt!"

> **2** Gustav Tüftel macht seinem Namen alle Ehre. Wenn er Zeit hat,
> geht er in den Keller, in dem er allerhand Gerätschaften zusammen-
> getragen hat, an denen er herumbastelt.
> So hat er bereits einen Tropfenfänger für die Nase und einen Schuh
> mit Sprungfedern unter der Sohle erfunden.
> Schon eilt er wieder in den Keller, denn gerade ist ihm ein neuer
> Gedanke gekommen.

> **3** Mareike stöbert bei ihrer Oma auf dem Dachboden gern in alten
> Kisten. Dabei kramt sie vergilbte Fotos hervor, zieht alte Kleider an
> oder setzt sich verbeulte Hüte auf.
> Einmal stieß sie beim Stöbern in der Bodenkammer auf eine wurm-
> stichige Truhe. Als sie den Deckel öffnete, entdeckte sie etwas
> Merkwürdiges.

> **4** Ich hatte unruhig geschlafen und irgendetwas vom Fliegen
> geträumt. Als ich aufwachte, erschrak ich, denn ich lag nicht in
> meinem Bett und auch nicht in meinem Zimmer. Wo war ich nur?
> Ich rieb mir die Augen. Um mich herum sah alles so anders aus.
> Es schien mir, als wäre ich in einem fremden Land.

b Untersuche die Geschichtenanfänge genauer.
Ordne sie den im Merkkasten genannten Ideen zu (S. 26).

> Der **Anfang einer Geschichte** ist wichtig, um die Zuhörer oder Leser
> für die Geschichte zu interessieren.
> Was du am Anfang einer Geschichte schreiben kannst:
> • Vorstellen und Beschreiben der Personen,
> • Schildern einer Situation, in der sich die Personen befinden,
> • Beschreiben des Handlungsortes,
> • Beschreiben der Tageszeit, der Jahreszeit oder des Wetters,
> • Beschreiben wichtiger Gegenstände.

c   Welche der Ideen aus dem Merkkasten würden gut zu Bens Geschichte
passen (S. 24, Aufgabe 3 a)? Begründe.

d   Überarbeite den Beginn von Bens Geschichte.

5 Carsten erfindet für seine kleine Schwester eine Geschichte.

a   Zur Vorbereitung legt er eine Stoffsammlung an.
Besprecht in der Klasse, wie sie aufgebaut ist.

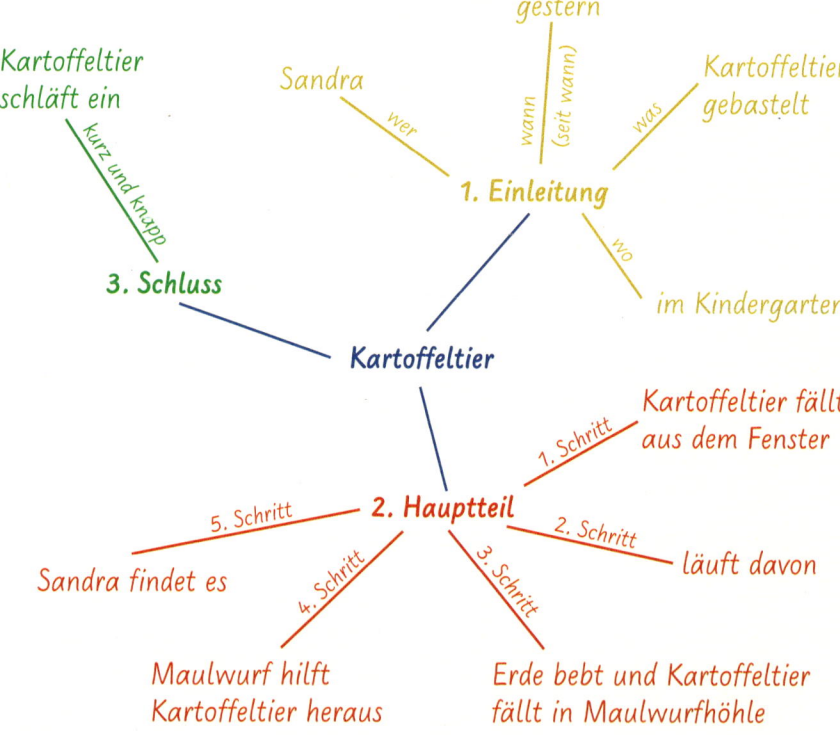

> Um deine Gedanken und Ideen anschaulich darzustellen, kannst du
> eine Übersicht gestalten. Diese eignet sich besonders, wenn du eine
> **Stoffsammlung** für deine Geschichte erarbeitest.

b Lies jetzt Carstens Geschichte. Wie gefällt sie dir?
Begründe deine Meinung.

> Sandra hat ein Kartoffeltier gebastelt. Sie lässt es auf dem
> Fensterbrett stehen. Bei einem Windstoß fällt das Kartoffeltier
> aus dem Fenster. Als es unten ankommt, ist es ganz benommen.
> Aber nachdem es sich erholt hat, läuft es einfach davon.
> 5   Nach einer Weile kommt es an einen Fluss. Es macht eine Pause.
> Plötzlich beginnt die Erde zu beben und gibt unter ihm nach.
> Das Kartoffeltier fällt einen Meter tief. Als es sich aufgerappelt hat,
> sieht es in die Augen eines Maulwurfs. „Hilfe, ich will hier raus!",
> ruft es. „Keine Angst", sagt der Maulwurf, „ich helfe dir. Bleib
> 10 dicht hinter mir, ich werde einen Gang zu dir nach Hause graben."
> Und er beginnt zu graben.
> Es dauert nicht lange und er ist an der Oberfläche angelangt.
> „Tschüs!", sagt der Maulwurf zum Kartoffeltier und verschwindet
> wieder in der Erde. Nach wenigen Minuten kommt Sandra.
> 15 „Du kleines, schussliges Ding", sagt sie und nimmt das Kartoffel-
> tier mit ins Haus. Dort setzt sie es in ein Regal.
> „Puh, das ist noch einmal gut gegangen", sagt das Kartoffeltier
> und schläft ein.

c Vergleiche den Aufbau der Geschichte mit Carstens Stoffsammlung
(Aufgabe a). Was stellst du fest?

6 Carstens Geschichte wirkt durch die wörtliche Rede lebendig.

a Suche einige Beispiele dafür aus seinem Text heraus.

b Gestaltet nun selbst kurze Gespräche zu einer der folgenden Situationen.

  1 Aus Unvorsichtigkeit fährst du mit deinem Fahrrad eine Frau an,
die vom Einkaufen kommt. Welches Gespräch ergibt sich daraus?
  2 Zwei Jungen schleichen sich in den Garten des Nachbarn.
Was flüstern sie sich zu?

Die **wörtliche Rede** verleiht deiner Geschichte Lebendigkeit.
Um die Erzählung anschaulich zu gestalten, bemühe dich auch um
passende Verben und **treffende Adjektive**. Verwende außerdem
unterschiedliche Satzanfänge, z.B.: *plötzlich, jetzt, auf einmal, später,
schließlich …* Deine Erzählung wird dadurch abwechslungsreich.

Tipp
Wenn du
die Endfassung
noch dekorativ
gestalten willst,
wähle ein geeig-
netes Blatt aus
und lass genü-
gend Platz für
die Gestaltung.

7 Erfindet nun selbst Geschichten.
Ihr könnt euch dazu etwas Eigenes ausdenken oder
– eine der Wortketten aus Aufgabe 2 (S. 24) nutzen,
– Bens Geschichte aus Aufgabe 3 a (S. 24) neu schreiben,
– einen Erzählanfang aus Aufgabe 4 a (S. 25) auswählen
  und weiterschreiben.

So kannst du beim Geschichtenerfinden vorgehen
1. Überlege, warum und für wen du deine Geschichte schreiben
   möchtest.
2. Sammle Schreibideen und Themen.
   Du kannst dich darüber auch mit deinen Mitschülerinnen/
   Mitschülern austauschen.

→ **S. 33:** Ein Brain-
storming durchführen

3. Wenn du dich für ein Thema entschieden hast,
   plane den Inhalt deiner Geschichte genauer.
   • Wie beginnt die Geschichte?
     (Wer? Was? Wo? Wann? Warum?)
   • Was geschieht in der Geschichte in welcher Reihenfolge?
     *(Wer? Mit wem? Was? Wo? Wann? Warum? Wie?
     Mit welchen Folgen?)*

→ **S. 29:** Einen Text
überarbeiten

4. Schreibe einen Entwurf deiner Geschichte.
5. Überarbeite deinen Entwurf gründlich.
6. Schreibe die Endfassung.

Einen Text überarbeiten

1 Zu den Berliner Märchentagen wurden Kinder aufgerufen, Geschichten zu schreiben. Sie sollten erzählen, was sie anstellen würden, wenn sie wie Pippi Langstrumpf tun und lassen könnten, was sie wollen.
Die folgende Geschichte hat Jonathan aus der 5. Klasse geschrieben.

a Lies Jonathans Text.

Achtung, Fehler!

Villa Gartenbunt

Alles fing damit an, dass meine Eltern die Ferien dringend
im Garten verbringen wollten. Ferien im Garten, ohne Freunde,
und nicht einmal ein See in der Nähe! Etwas Langweiligeres
kann man sich wirklich nicht vorstellen.

5 Dann kam es aber ganz anders: Meine Mutter musste eine
kranke Kollegin vertreten und der Urlaub sollte ganz ausfallen.
Dann konnte ich zum Glück meine Eltern überreden, mich
wenigstens mit Freunden alleine in den Garten fahren zu lassen.
Als wir dann angekommen waren, packten wir zuerst unsere

10 Sachen aus und überlegten, was wir machen könnten.
Dann hörten wir ein Rascheln. Wir sahen uns um. Dann fragte
jemand: „Kennt ihr das Spiel Sachensucher?" Wer war das?
Das kann doch nur Pippi Langstrumpf sein, die das Spiel
erfunden hat. Sofort wollten wir mitspielen. Und schon ging's los.

15 Wir gingen durch den Garten, durch das Haus und übers Dach
und suchten Sachen. Die meisten Sachen fand natürlich Pippi.
Aber nach und nach konnte auch ich einige Sachen einsammeln.
Ich hatte einen Tannenzapfen gefunden und einen Stein, außerdem
eine Flasche und eine Feder gefunden. Den schönste Sache hatte

20 aber Hugo gefunden, einen Topf. Pippi sagte: „Das ist gut, jetzt
können wir süssen Brei kochen." Und tatsächlich, wie im Märchen
gehorchte der Topf aufs Wort und kochte für uns, was wir wollten.
Am nächsten Tag wollten wir aber lieber baden, weil es ziemlich
heiß war. „Kein Problem", sagte Pippi. „Ich habe Schaufeln

25 mitgebracht, wir Bauen uns einen Badeteich." Wir schaufeln los
und es dauerte gar nicht lange, bis wir schwimmen konnten.
Am nächsten Tag war uns etwas langweilig, da fiel Pippi ein,
das Haus bunt zu streichen. Und am nächsten Tag spielten wir
Wörtererfinder. Außerdem ritten wir noch ins Dorf und kauften

30 jede Menge Süßigkeiten und Cola.

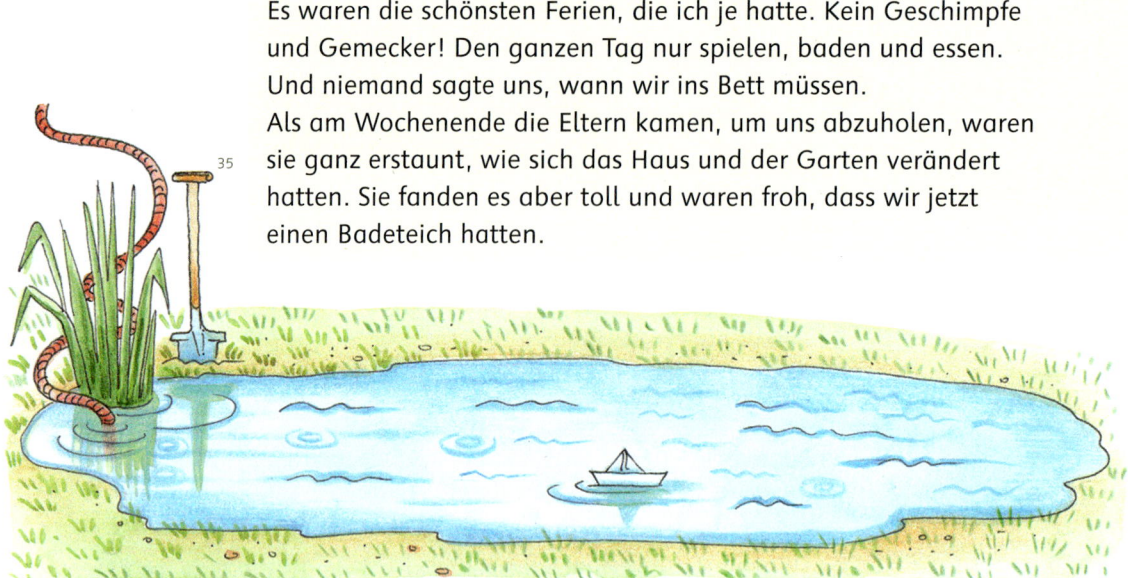

Es waren die schönsten Ferien, die ich je hatte. Kein Geschimpfe und Gemecker! Den ganzen Tag nur spielen, baden und essen. Und niemand sagte uns, wann wir ins Bett müssen.

35 Als am Wochenende die Eltern kamen, um uns abzuholen, waren sie ganz erstaunt, wie sich das Haus und der Garten verändert hatten. Sie fanden es aber toll und waren froh, dass wir jetzt einen Badeteich hatten.

b Überlege, was dir an dem Text gut, weniger gut oder gar nicht gefällt.

c Lies die Schreibaufgabe noch einmal und denke darüber nach, ob Jonathan sie erfüllt hat. Begründe deine Meinung.

2 Überarbeite Jonathans Erzählung jetzt schrittweise. Die folgenden Aufgaben helfen dir dabei.

Tipp
Nutze am besten eine Kopie des Textes (S. 29/30). Wenn du im Buch arbeiten möchtest, lege eine Folie auf.

1. Lies zuerst die Geschichte noch einmal und kennzeichne alles, was deiner Meinung nach geändert werden sollte.

   Benutze immer die gleichen **Korrekturzeichen**:
   I   Inhalt prüfen
   V   etwas fehlt
   W   unpassende Wortwahl
   WW unpassende Wortwiederholung
   S   Satzbau überarbeiten
   Z   falsche Zeitform
   | Rechtschreib- und Zeichensetzungsfehler

2. Prüfe die Überschrift. Ist sie gut gewählt?
   Notiere einige Überschriften, die auch geeignet wären.

3. Sieh dir die Einleitung genauer an.
   Würdest du die Einleitung ändern oder ergänzen?
   Wenn ja, schreibe deinen Vorschlag auf.

Tipp
Überlege, was du
Jonathan gern
fragen möchtest.

4. Überlege, an welchen Stellen Jonathan <u>ausführlicher</u> und
   <u>anschaulicher</u> erzählen müsste, damit die Leserinnen/Leser
   alles verstehen.

   *Mit Freunden allein im Garten – haben die Eltern das
   sofort erlaubt? ...*

5. Lies den <u>Schluss</u> der Geschichte gründlich.
   Kannst du dir ein anderes Ende vorstellen?
   Notiere deinen Vorschlag.

6. Lies den Text laut und achte dabei besonders
   auf die <u>Wortwiederholungen</u>.
   Unterbreite Vorschläge, welche Wörter Jonathan ersetzen
   oder weglassen sollte. Begründe deine Meinung.

Tipp
Nutze dazu
Wortfelder.
→ S. 190

7. Probiere aus, an welchen Stellen die Geschichte durch
   <u>anschauliche Verben</u> lebendiger gestaltet werden könnte.

   Wir <u>gingen</u> durch den Garten ...
   → laufen, rennen, toben, huschen, hüpfen,
   *   stöbern, tanzen, spazieren, hasten*
   *   Pippi sagte: „Das ist gut ..."*
   → ...

Tipp
Jonathan hat zwei
Verben in der
falschen Zeitform
verwendet.

8. Überprüfe die verwendeten <u>Zeitformen</u> und korrigiere sie,
   wenn nötig.

9. Probiere aus, an welchen Stellen die Geschichte durch
   <u>anschauliche Adjektive</u> lebendiger gestaltet werden kann.
   Du kannst zum Beispiel die folgenden Adjektive in den Text einfügen.

   leise / grün / alt / schön / schwarz / rostig / kunterbunt

   Dann hörten wir ein leises Rascheln.

→ **S. 192:** Satzbau und
Zeichensetzung

10. Lies jetzt jeden Satz einzeln und prüfe,
    ob er vollständig und verständlich ist.
    Achte dabei auch auf die <u>Satzschlusszeichen</u>
    und die <u>Kommasetzung</u>.

11. Lies den gesamten Text halblaut und überlege, welche Sätze
    besser miteinander verbunden werden könnten.
    Dazu kannst du einige der folgenden <u>Satzanfänge</u> nutzen:

Tipp
Vermeide zu
viele gleiche Satz-
anfänge.

| Schließlich … | Endlich … | Zuletzt … | Immerhin … | Plötzlich … |
| Manchmal … | Nachdem … | Bevor … | Außerdem … | Vor allem … |

12. In den folgenden Beispielen kannst du die <u>Satzverbindungen</u>
    durch Weglassen und Umstellen von Wörtern verbessern.
    Schreibe die veränderten Sätze auf.

    <u>Dann</u> fragte jemand: „Kennt ihr das Spiel Sachensucher?"
    → *Jemand ...*
    <u>Dann</u> konnte ich zum Glück meine Eltern überreden, ...
    → *Zum ...*
    Wir gingen durch den Garten, durch das Haus und übers Dach
    und suchten Sachen.
    → *...*
    Die meisten Sachen fand natürlich Pippi.
    → *...*

Tipp
Jonathan hat nur
zwei Rechtschreib-
fehler gemacht!

13. Zuletzt kontrolliere die <u>Rechtschreibung</u>.
    Konzentriere dich auf die Schreibung der Wörter.
    Markiere oder notiere die Wörter, bei denen du unsicher bist,
    und schlage sie in einem Wörterbuch nach.

So kannst du beim Überarbeiten eines Textes vorgehen
1. Nach dem Schreiben des Entwurfs lege eine Pause ein.
2. Bevor du mit dem Überarbeiten beginnst, bedenke noch einmal,
   welche Anforderung dein Text erfüllen soll. Frage dich, *für wen,*
   warum und *was* du schreiben wolltest oder solltest.
3. Lies dann deinen Textentwurf wie ein Fremder, am besten halblaut.
   Frage dich zunächst nur: Ist die Schreibidee gut?
   Wie liest sich der Text?
4. Überarbeite deinen Entwurf anschließend
   Schritt für Schritt:
    • Überarbeite den Inhalt.
    • Überprüfe die Wortwahl.
    • Kontrolliere den Satzbau.
    • Korrigiere die Rechtschreibung.
5. Schreibe die Endfassung.

**Was habe ich
gelernt?**

3   Überprüfe, was du über das **Erzählen** gelernt hast.
    Beantworte dazu die folgenden Fragen.

    1   Was muss ich beim Erfinden einer Geschichte beachten?
    2   Wozu benötige ich eine Stoffsammlung?
    3   Warum sollte ich wörtliche Rede in meine Erzählung einbauen?

Ein Brainstorming durchführen

Brainstorming (engl. *brain* – Gehirn, engl. *storm* – Sturm) ist eine Methode zur Ideenfindung. Du kannst sie bei der Vorbereitung einer Erzählung, einer Beschreibung, eines Berichts oder eines Vortrags nutzen. Ausgehend von einem Bild, einem Begriff, einer Fragestellung oder einem Problem werden möglichst schnell, ohne nachzudenken, damit verbundene Gedanken, Gefühle oder Erlebnisse geäußert und notiert. Sie werden nicht bewertet, weder durch Bemerkungen noch durch Körpersprache (zum Beispiel Naserümpfen oder Kopfschütteln).
Nach dem Abschluss des Brainstormings könnt ihr alle Ideen auf ihre Brauchbarkeit testen und unbrauchbare Ideen durchstreichen.

1

a Seht euch das folgende Foto an.
Notiert alle Gedanken, die euch beim Betrachten einfallen.
Tragt eure Ideen zusammen, ohne sie zu bewerten.

> – Sommertag
> – sich verstecken
> – neugierig
> – etwas entdecken
> – jemanden beobachten
> – ...

b Entscheidet jetzt, ob eure Ideen für das Schreiben einer Geschichte brauchbar sind. Streicht unbrauchbare Ideen durch.

Texte schreiben

Wenn man gute, interessante und unterhaltsame Texte schreiben möchte, sind verschiedene **Arbeitsphasen** notwendig. Deshalb sollte man sich immer genügend Zeit nehmen, um einen Text gründlich **planen, gestalten und überarbeiten** zu können.

So kannst du beim Schreiben von Texten vorgehen:

1. Die Schreibaufgabe genau durchdenken	
Für wen möchte ich schreiben?	→ für Mitschüler, Fremde, Bekannte, Verwandte, für mich
Warum möchte ich schreiben?	→ unterhalten, informieren, aus Spaß am Schreiben
Was/Worüber möchte ich schreiben?	→ ein wahres oder erfundenes Geschehen, ein Erlebnis, eine Beobachtung

Tipp
Beachte, für wen und warum du schreibst.

2. Den Text planen und Textteile schreiben	
Ideen, Stoff, Informationen sammeln, ordnen und gliedern	
• Bilder als Anregung nutzen	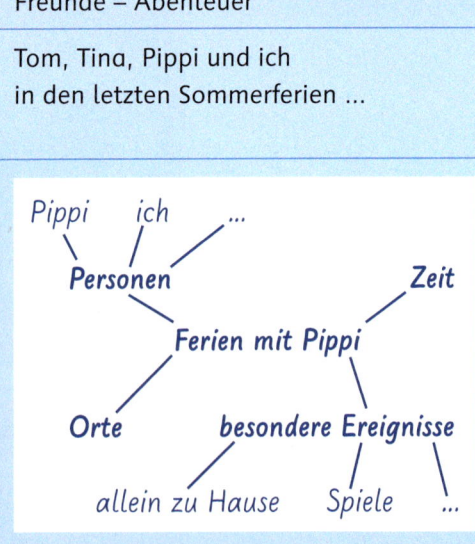
• ein Brainstorming durchführen	Außerirdische, Schnee, Unglück, Glück/Pech gehabt, Angst, träumen
• Reizwortketten nutzen	Urlaub – Reise – Eltern – langweilig – Freunde – Abenteuer
• W-Fragen stellen: *Wer? Wann? Wo? Warum? Wie? Womit?*	Tom, Tina, Pippi und ich in den letzten Sommerferien …
• Gedanken in Übersichten darstellen	Pippi ich … Personen Zeit Ferien mit Pippi Orte besondere Ereignisse allein zu Hause Spiele …

Textteile formulieren	
• Anfang und Schluss formulieren	An einem schönen Sommernachmittag geschah etwas Seltsames …/ … Ende gut, alles gut.

3. Einen Textentwurf schreiben

den gesamten Text schreiben	

Tipp
Lass genügend Platz für spätere Überarbeitungen.

4. Den Textentwurf überarbeiten

Schreibaufgabe bedenken	*Für wen, warum* und *was* will oder soll ich schreiben?
den Textentwurf wie ein Fremder lesen	Lies den Text halblaut. Frage dich: *Ist die Schreibidee gut?* *Wie liest sich der Text?*

Tipp
Nach dem Schreiben des Entwurfs mache eine Pause.

den Entwurf schrittweise überarbeiten	
• den Inhalt überarbeiten	Ist die Einleitung gelungen? Was würde ich gern genauer wissen? Passt die Überschrift? …
• die Wortwahl überprüfen	Welche Wörter sollten ersetzt werden? Kenne ich Wörter aus dem Wortfeld?
• den Satzbau kontrollieren	Sind die Sätze vollständig und gut verbunden?
• die Rechtschreibung korrigieren	Welche Wörter sollte ich nachschlagen?

Tipp
Benutze immer die gleichen Korrekturzeichen.

5. Die Endfassung schreiben

Schreibe den ganzen Text neu und nimm alle Überarbeitungen auf. Beachte bei der Gestaltung des Textes, für wen und zu welchem Zweck du schreibst.	Liebe Frau Herrmann, nachdem wir aus London zurück sind, möchte ich kurz vom Auftritt unseres Chores berichten.

Berichten aus der Heimatregion

a Lies den folgenden Zeitungsartikel.

> Am Montag, dem 07.01.20.., wurde ein 10-jähriger Junge bei einem Unfall
> verletzt. Der Schüler überquerte gegen 14:00 Uhr vor einem parkenden
> Auto auf Höhe der Annenschule die Brauhausstraße. Er beachtete das von
> links kommende Fahrzeug nicht, sodass es zu einem Zusammenstoß kam.
> 5 Das Kind wurde zur Behandlung in das städtische Krankenhaus gebracht.

b Beantworte die folgenden Fragen.

1 Wer hat den Artikel geschrieben?
2 Warum hat der Verfasser ihn geschrieben?
3 An wen ist dieser Zeitungsbericht gerichtet?

c Fasse zusammen, worüber du in diesem Text informiert wirst.

d Suche eine passende Überschrift für den Artikel.

> Ein **Bericht** soll Leser oder Hörer möglichst knapp, sachlich und
> in der richtigen Reihenfolge über ein Ereignis informieren.
> Die Auswahl der Informationen hängt vom Zweck, vom Anlass
> und vom Empfänger ab.
> In den meisten Berichten werden folgende **W-Fragen** beantwortet:
> - **Was** geschah?
> - **Wann** geschah es?
> - **Wo** geschah es?
> - **Wer** war beteiligt?
> - **Warum** geschah es?
> - **Welche** Folgen ergaben sich?

2 Stelle dir vor, du hast einen Unfall deines Mitschülers Max
auf dem Schulhof beobachtet.
Dein Klassenlehrer, der eine Unfallanzeige schreiben muss,
braucht deine Hilfe.

a Bedenke zuerst genau, wem und zu welchem Zweck du berichten sollst.

b Überlege danach, wie du dich auf diesen Bericht vorbereiten könntest.
Tausche dich mit den anderen aus.

c Lies die folgenden Notizen.

> – Ich war so empört über Pauls Verhalten.
> – Das Knie wurde dick.
> – Ich brachte Max zur Sekretärin.
> – Max fiel auf das rechte Knie.
> – Es geschah gegen 11:45 Uhr.
> – Max weinte sehr, das tat mir so leid.
> – Paul stellte Max ein Bein.
> – Paul lief einfach weg.
> – Nora und Justin halfen Max beim Aufstehen.
> – Wir rannten um die Wette.

d Entscheide, welche Informationen für den Bericht wichtig sind.
Wähle zwischen den Aufgabenstellungen 1 und 2.

●●○ 1. Schreibe alle wichtigen Informationen stichpunktartig in einer
sinnvollen Reihenfolge auf.

●○○ 2. Notiere folgende Liste in deinem Heft und ergänze weitere wichtige
Informationen in der richtigen Reihenfolge.
Die *W*-Fragen helfen dir dabei (Merkkasten S. 36).
> – Es geschah gegen 11:45 Uhr.
> – Wir rannten um die Wette.
> – Paul stellte Max ein Bein.
> – Max fiel auf das rechte Knie.
> – ...

e Kontrolliert eure Stichpunkte noch einmal.
Überprüft mithilfe der *W*-Fragen, ob alle wichtigen Informationen
enthalten sind und ob die Reihenfolge sinnvoll ist.

f Erprobt eure mündlichen Berichte.
Hört euch gegenseitig genau zu und gebt Hinweise,
was noch verbessert werden könnte.

g Berichte jetzt mündlich vor der Klasse.

3 Passiert einer Schülerin / einem Schüler in der Schule oder auf dem Weg ein Unfall, dann muss die Schule eine Unfallanzeige machen.

a Sieh dir das Formular einer Unfallanzeige an.

Unfallanzeige für Kinder in Kindergärten, Schüler, Studierende

Name und Anschrift der Einrichtung (Kindergarten, Schule, Hochschule):

Familienname und Vorname des Verletzten: geb. am: Geschlecht:

Anschrift des Verletzten (PLZ, Wohnort, Straße): Staatsangehörigkeit:

Name und Anschrift des gesetzlichen Vertreters:

Krankenkasse des Verletzten: pflicht- freiwillig- familien- privatversichert ☐ ☐ ☐ ☐

Wochentag   Datum   Jahr   Uhrzeit des Unfalls : Uhr

Verletzte Körperteile:

Art der Verletzungen:

Zuerst behandelnder Arzt: Jetzt behandelnder Arzt:

Krankenhaus, in das der Verletzte aufgenommen wurde:

Unfallstelle (bei Wegeunfällen genaue Ortsangabe):

Unfallhergang:

Zeugen des Unfalls:

Hat der Verletzte wegen des Unfalls den Besuch der o.a. Einrichtung unterbrochen?
Wenn ja, seit wann? bis wann?

(Ort, Datum)

Kenntnis genommen

(Sicherheitsbeauftragter) (Leiter der Einrichtung)

b Überlege, welche Angaben du sofort zum Unfall von Max machen kannst und welche dir fehlen.

4

a Lies die beiden folgenden Berichte.

> Am 30.01.20.. ereignete sich gegen 11:45 Uhr auf dem Schulhof der Annenschule ein Unfall, bei dem ein Schüler verletzt wurde. Paul M. stellte Max K. ein Bein, sodass dieser hinfiel. Max K. verletzte sich am Knie, welches gleich dick wurde. Seine beiden Mitschüler, Nora S. und
> 5 Justin L., die den Unfall beobachteten, brachten Max in das Sekretariat der Schule, wo die Erstversorgung vorgenommen wurde.

> Also, es war in der großen Hofpause. Wir standen an der Bank und haben uns unterhalten. Max, Paul und zwei andere Jungen sind über den Schulhof gerannt. Plötzlich hat Paul Max ein Bein gestellt. Max fiel hin und schrie laut auf. Mir hat das so leidgetan. Paul ist einfach da-
> 5 vongerannt. Das war gemein! Meine Freunde und ich haben Max beim Aufstehen geholfen und ihn ins Sekretariat gebracht. Unsere Schul-sekretärin hat das Knie verbunden und die Mutti von Max angerufen.

b Überlege, wer wem zu welchem Zweck berichtet haben könnte.

c Sieh dir die beiden Texte noch einmal genau an.
Untersuche, wodurch sie sich unterscheiden.

> **Schriftliche Berichte** werden meist im Präteritum verfasst. In **mündlichen Berichten** kannst du das Präteritum oder das Perfekt verwenden.

→ **S. 34:** Texte schreiben **5** Damit alle auf dem Schulhof aufmerksamer sind, sollten auch die anderen Schülerinnen/Schüler über den Unfall informiert werden. Verfasse dafür einen schriftlichen Bericht für die Schulwandzeitung.

a Überlege, für wen und zu welchem Zweck der Bericht geschrieben werden soll.

b Überprüfe deine Stichpunkte aus Aufgabe 2 d (S. 37) und ergänze sie bei Bedarf.

c Entwirf deinen Bericht für die Schulwandzeitung.
Lass auf deinem Blatt einen breiten Rand frei für Korrekturen.

d Überarbeite deinen Textentwurf. Achte dabei besonders auf die Verwendung der richtigen Zeitform (Präteritum).
Vermeide Wortwiederholungen, besonders am Satzanfang.

→ **S. 35:** Texte überarbeiten
 e Schreibe die Endfassung. Überlege außerdem, wie du den Text für die Wandzeitung gestalten sollst, damit viele darauf aufmerksam werden.

6 Die Klasse 5a führte eine Wanderung durch. Ziel war ein beliebtes Naherholungsgebiet bei Chemnitz – der Totenstein. Es ist die höchste Erhebung des Rabensteiner Waldes. Vom 30 Meter hohen Turm hat man bei schönem und ganz klarem Wetter eine herrliche Aussicht bis nach Leipzig, Zwickau oder Gera.

Totensteinturm

a Die Schüler/innen hatten den Auftrag, über diesen Tag einen Bericht für die Schülerzeitung zu schreiben. Lies die entstandenen Texte.

> Vor langer Zeit gab es eine Klasse, die wandern wollte. Es war damals Herbst. Sie wollte den Totenstein besuchen. Um 9:00 Uhr trafen sich die Schüler am Bahnhof, um mit dem Zug nach Grüna zu fahren. Dort angekommen, liefen sie durch den Wald und sangen
> 5 fröhlich ein Lied. Plötzlich waren Schüler weg. Der Lehrer rief: „Wo seid ihr?" „Wir sitzen in der Hütte." Als die Jungen wieder da waren, sind wir zu einem Turm gelaufen und hochgegangen. Das war ganz schön gefährlich, weil der Turm so wackelte …
>
> *Adrian*

> Die Klasse 5a traf sich am 20.11.20.. um 9:15 Uhr an der Schule. Gemeinsam gingen wir zum Bahnhof. Der Zug nach Grüna fuhr 9:58 Uhr. Nach ca. 15 Minuten Fahrt kamen wir in Grüna an und wanderten durch den Rabensteiner Wald. Wir besichtigten zwei
> 5 Schanzen, machten an einer kleinen Hütte Rast und tollten bei einer Schneeballschlacht herum. Dann gingen wir zum Totenstein. Das ist die höchste Erhebung im Rabensteiner Wald. Beim Toten-stein befindet sich auch ein 30 m hoher Turm, den wir hochklettern durften. Ein bisschen Angst hatte ich schon, weil es so wackelte.
> 10 Anschließend konnten wir in der Gaststätte noch etwas essen oder trinken. Der Wirt war nur wegen uns da … Schließlich fuhren wir nach Chemnitz zurück. Es war ein schöner und erlebnisreicher Tag.
>
> *Nico*

Wir, die Schüler der Klasse 5 a, wanderten am 20. 11. 20.. zum Totenstein bei Chemnitz. Das ist ein sehr beliebtes Naherholungsziel. Wir
trafen uns um 9:15 Uhr an der Schule und liefen zum Hauptbahnhof.
Der Zug fuhr 9:58 Uhr nach Grüna. Dann liefen wir durch den Raben-
5   steiner Wald und sahen uns zwei Schanzen an. Danach haben wir eine
Schneeballschlacht gemacht. Dann sind wir auf den Totensteinturm
hoch. Er ist 30 m hoch. Danach sind wir alle runter und in eine Gast-
stätte gegangen. Der Wirt war nur wegen uns da. Und dann sind wir
wieder nach Chemnitz gefahren.

10   *Olivia*

b   Untersuche, wodurch sich die Texte unterscheiden.

c   Stelle dir vor, du bist Redakteur/-in der Schülerzeitung.
Wähle einen Beitrag für eure Zeitung aus und begründe deine Entscheidung.

7   Vergleiche eine Erzählung mit einem Bericht.

a   Übertrage die Tabelle in dein Heft und setze die Kreuze
in der rechten Spalte.

Merkmale	Erzählung	Bericht
Der Text enthält wörtliche Rede.	X	
Der Text ist sachlich.		
Der Text ist sehr anschaulich.	X	
Der Text enthält nur wichtige Informationen.		

b   Vergleiche nun die Schülertexte (S. 40/41, Aufgabe 6 a) mit deiner Tabelle.
Welcher Text ist eine Erzählung, welcher ein Bericht? Begründe.

→ **S. 35:** Einen Text
überarbeiten

c   Olivias Bericht muss überarbeitet werden. Kontrolliere den Satzbau
und schreibe den veränderten Text in dein Heft. Achte besonders
auf Wortwiederholungen.

Tipp
Beachte, für wen
und warum du
berichtest.

d   Schreibe jetzt die Erzählung in einen Bericht um.
Verfasse zuerst einen Entwurf und überarbeite ihn anschließend.

**Was habe ich
gelernt?**

8   Überprüfe, was du über das **Berichten** gelernt hast.
Erkläre deinem Lernpartner, worauf man beim Berichten achten muss.

Präsentieren: „Dresden – ein Besuch lohnt sich"

1 Im Rahmen eines Schüleraustauschs wird eine Gruppe ausländischer Schüler eure Schule besuchen. Deshalb wurdest du gebeten, den Gästen die sächsische Landeshauptstadt vorzustellen.
Bereite einen Vortrag zum Thema „Dresden – ein Besuch lohnt sich" vor.

a Schreibe Fragen auf, die dir beim Lesen des Themas sofort einfallen.

Wo liegt Dresden?   Wann wurde es gegründet?

Dresden

...   ...

 b Tauscht euch aus und ergänzt eure Fragen.

c Beantworte die Fragen in Stichpunkten.
Schreibe auf Karteikarten und lass dabei die erste Zeile frei.

> Wo liegt Dresden?
> – im Südosten Deutschlands
> – im Bundesland Sachsen
> – am Fluss Elbe
> – ...

→ **S. 191:** Ober- und Unterbegriffe **d** Suche einen passenden Oberbegriff für jede Karteikarte und schreibe ihn auf.

> Lage
> Wo liegt Dresden?
> – im Südosten Deutschlands
> – im Bundesland Sachsen
> – am Fluss Elbe
> – Nachbarbundesländer: Bayern ...
> – Nachbarstaaten: ...

2 Erich Kästner (1899–1974), der in Dresden seine Kindheit verbrachte, hat das Buch „Als ich ein kleiner Junge war" geschrieben.

a Lies den folgenden Textausschnitt.

> Dresden war eine wunderbare Stadt, voller Kunst und Geschichte und trotzdem kein von sechshundertfünfzigtausend Dresdnern zufällig bewohntes Museum. [...]
> 5 Wenn es zutreffen sollte, dass ich nicht nur weiß, was schlimm und hässlich, sondern auch, was schön ist, so verdanke ich diese Gabe dem Glück, in Dresden aufgewachsen zu sein. Ich musste, was schön sei, nicht erst aus
> 10 Büchern lernen. Nicht in der Schule und nicht auf der Universität. Ich durfte die Schönheit einatmen wie Försterkinder die Waldluft. Die katholische Hofkirche, George Bährs Frauenkirche, der Zwinger, das Pillnitzer Schloss, das Japanische Palais [...] und gar, von der
> 15 Loschwitzhöhe aus, der Blick auf die Silhouette der Stadt mit ihren edlen ehrwürdigen Türmen.*

b Suche aus dem Text weitere Informationen über Dresden heraus und ergänze sie auf deinen Karteikarten.

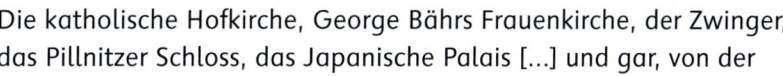

> *Sehenswürdigkeiten*
> *Was ist sehenswert?*
> *— Frauenkirche*
> *— katholische Hofkirche*
> *— ...*

●●● **c** Suche in Nachschlagewerken, zum Beispiel im Lexikon oder in einem Stadtführer, und im Internet nach den im Text genannten Bauwerken. Schreibe ergänzende Fakten, zum Beispiel ihre Entstehungszeit, auf die Karteikarten.

Tipp
Nenne die allgemeinen Informationen zuerst.

3 Überlege, wie du deinen Vortrag über Dresden gliedern könntest, und ordne die Karteikarten sinnvoll.

Lage
Sehenswürdigkeiten
...

4 Die Einleitung deiner Präsentation solltest du ausformulieren.

a Lies die folgende Einleitung und überlege, was geändert werden müsste.
Begründe deine Meinung.

*Also, ich möchte etwas über Dresden erzählen
und hoffe, dass ihr neugierig seid. Also, es geht los …*

b Lies die folgende Einleitung. Wie gefällt sie dir?
Begründe deine Meinung.

Sehr geehrte Zuhörerinnen und Zuhörer,
ich freue mich, heute vor Ihnen einen Vortrag halten zu dürfen
über die wunderschöne Stadt Dresden. Außerdem hoffe ich, dass Sie
auch eine Stadtführung geplant haben, damit Sie sich von dem,
was Sie hören, ein Bild machen können. Gute Unterhaltung wünsche
ich Ihnen schon jetzt und würde mich sehr freuen, wenn Sie mir
auch Fragen zum Thema stellen würden.
Zunächst werde ich Ihnen die Gliederung meines Vortrags nennen,
die Sie auf Folie auch mitlesen können …

c Schreibe nun für deinen Vortrag über Dresden eine passende Einleitung.
Wähle 1. oder 2.

●●○   1. Formuliere die Einleitung. Denke daran, wer deine Zuhörer sind,
danach richtet sich auch deine Anrede.

●○○   2. Schreibe den Anfang der Einleitung ab und schreibe dann weiter.

*Liebe Schülerinnen und Schüler aus ▬▬,
ich freue mich, dass ich euch heute …*

d Überlege, wie eine passende
Einleitung lauten müsste,
wenn du einen Vortrag vor
Eltern halten sollst.
Schreibe sie in dein Heft.

5 Auch der Schluss des Vortrags sollte ausgearbeitet sein.

a Lies das folgende Beispiel.
Was ist dem Schüler gut gelungen? Begründe.

*Ich bedanke mich herzlich für eure Aufmerksamkeit und
bitte nun um eure Fragen zu meinem Vortrag.*

b Schreibe einen Schluss. Wähle 1. oder 2.

1. Formuliere einen Schluss für deinen Vortrag vor den Gastschülern.

2. Formuliere einen Schluss.
Schreibe die Sätze in der richtigen Reihenfolge in dein Heft.

*Wenn ihr Fragen habt, könnt ihr mir diese jetzt gern stellen.
Ich hoffe, mein Vortrag war interessant für euch.
So weit mein Vortrag über die Stadt Dresden.
Vielen Dank für eure Aufmerksamkeit!
Ich konnte euch hoffentlich zeigen, wie viel diese Stadt zu bieten hat.*

c Überlege, wie dein Schluss lauten würde, wenn du den Vortrag vor Eltern
halten müsstest. Schreibe ihn auf und begründe deine Meinung.

So kannst du einen Vortrag vorbereiten

1. Schreibe **Fragen** auf, die dir zu dem Thema einfallen.
Notiere erste Ideen zur Beantwortung in Stichpunkten.

2. **Suche** zum Beispiel in Bibliotheken oder im Internet
Texte, die dir Informationen über das Thema geben.

3. Ordne die gefundenen Informationen Oberbegriffen
zu und **schreibe** sie stichwortartig auf **Karteikarten**.

4. Ordne die Karteikarten in einer logischen Reihenfolge.

5. Formuliere **Einleitung** und **Schluss** in knappen Sätzen.
Nenne in der Einleitung das Thema und fasse am Schluss
das Wesentliche kurz zusammen.

6. Nenne die **Quellen**, die du verwendet hast (Bücher, Webseiten).
Notiere ebenso die **Urheber** von Abbildungen.

Was habe ich gelernt?

6 Überprüfe, was du über das **Präsentieren** gelernt hast.
Beantworte dazu die folgenden Fragen.

1 Wie wähle ich die Informationen aus?
2 Wie gliedere ich einen Vortrag sinnvoll?
3 Warum sollte ich Einleitung und Schluss ausformulieren?

Einen Vortrag richtig präsentieren

 1 Betrachtet das Foto. Tragt zusammen, was euch an der Präsentation gefällt und was nicht.

2 Du sollst einen Vortrag über eine Landeshauptstadt halten. Wie könntest du etwas veranschaulichen?

a Überlege dir geeignete Hilfsmittel und stelle eine Liste zusammen.

Wandkarte

...

b Du hast deinen Vortrag folgendermaßen gegliedert:
1. Lage
2. Sehenswürdigkeiten
3. Geschichte
Überlege, welche Gliederungspunkte du besonders anschaulich gestalten kannst. Notiere dir Hinweise.

Lage
Wo liegt Dresden?
– im Bundesland Sachsen
– im Südosten Deutschlands
– ...
→ auf der Wandkarte zeigen

3 Notiere Gliederungspunkte zu einem selbst gewählten Thema auf Karteikarten oder verwende schon erstellte Karten zu einer Landeshauptstadt.
Übe das freie Sprechen mithilfe deiner Karteikarten.

 a Lest euch gegenseitig mehrmals laut und deutlich die einzelnen
Stichpunkte vor. Gebt euch Tipps, was man verbessern könnte.

b Formuliere deine Stichpunkte zu kurzen, einfachen Sätzen aus
und übe, den Vortrag nur mit dem Stichpunktzettel zu halten.
Betone Wichtiges.

c Halte den Vortrag zu Hause mehrmals vor dem Spiegel oder vor
deinen Eltern, um im freien und deutlichen Sprechen sicher zu werden.

d Nimm beim Üben deinen Vortrag auf. Höre die Aufnahme
anschließend an und überlege, was du verbessern könntest.

> **So kannst du die Körpersprache bei deinem Vortrag einsetzen**
> 1. Ändere immer wieder deinen **Gesichtsausdruck (Mimik)**.
>   Schaue zum Beispiel interessiert, freundlich, überrascht.
> 2. Unterstreiche durch **Bewegung** deine Worte, v.a. durch
>   Kopf-, Arm- und Handbewegung **(Gestik)**.

4

a Sieh dir die Bilder genau an. Beschreibe, was die Kinder wohl fühlen.

b Tauscht euch darüber aus, was man mit folgender Mimik und Gestik
ausdrücken könnte.

1 Du rümpfst die Nase.
2 Du hebst den Zeigefinger.
3 Du zuckst mit den Schultern.

So kannst du einen Vortrag richtig präsentieren
1. Nutze **Anschauungsmöglichkeiten**, z. B.
   Folien, Tafelbild, Plakat, Bilder, Kopien, Tabellen, eigene Skizzen.
2. Übe **das freie Sprechen** mehrmals mithilfe der Karteikarten.
   • Nimm deinen Vortrag auf und prüfe, was du verbessern kannst.
3. Beim Halten des Vortrags solltest du
   • möglichst frei sprechen,
   • langsam, deutlich und betont sprechen,
   • vor allem kurze und einfache Sätze verwenden,
   • das Publikum anschauen,
   • Mimik und Gestik bewusst einsetzen.

5 Übe jetzt deinen Vortrag. Wähle 1. oder 2.

1. Übe deinen vollständigen Vortrag.
   Nutze dazu deine vorbereiteten Stichpunkte und Anschauungsmaterialien.

2. Übe jetzt deinen Vortrag.
   Achte besonders auf deinen Gesichts-
   ausdruck und deine Körperbewegung.
   Mache dir dazu Notizen auf deinen
   Karteikarten.

> *Wo liegt Dresden?*
> → *fragend in die Klasse schauen,*
>   *Hände nach außen drehen*
> — *im Bundesland Sachsen*
> — *im Südosten Deutschlands*
> —

6 Bevor ihr euch in der Klasse einige Vorträge anhört, besprecht gemeinsam, worauf ihr beim Zuhören besonders achten wollt. Entwerft einen übersichtlichen Bewertungsbogen.

Name der Schülerin / des Schülers	
– freies Sprechen	
– langsam und deutlich	
– betont	
– ...	
– ...	

Mitteilungen verfassen

Eine Karte schreiben

1 Sicher hast du schon einmal Mitteilungen an andere geschrieben.

a Überlege, *an wen* du *aus welchem Anlass wie* geschrieben hast.

b Trage zusammen, zu welchen Gelegenheiten Mails, SMS, Briefe oder Karten geschrieben werden können.

> Es ist wichtig, beim Schreiben bestimmte Regeln einzuhalten.
> Überlege also genau, **an wen** die Mitteilung gerichtet ist,
> aus welchem **Anlass** du schreibst und welches **Ziel** du verfolgst.
> Danach richtet sich:
> • ob du mit der Hand oder mit dem Computer schreibst,
> • ob du eine SMS verschickst,
> • ob du die Person mit *du* oder *Sie* anredest,
> • ob du ausführlich und anschaulich oder kurz und sachlich schreibst,
> • wie du dich ausdrückst.

2 Lies die beiden folgenden Karten.
Worin unterscheiden sie sich?

Hallo, liebe Sandra,
viele Grüße aus dem Berliner
Tierpark. Die Zugfahrt war
okay, die Jungs sind voll
cool, auch Herr Kunz.
Schade, dass du krank
bist. Wetter ist prima.
Hab auch schon das
Elefantenbaby gesehen,
es ist sooo niedlich...
Bis später –
Tschüs! Deine Jule

Leipzig, 18.02. 20..

Liebe Oma Mary, lieber Opa Werner,
ich lade euch herzlich zu meinem Geburtstag ein.
Wir feiern wieder am 4. März
ab 16:00 Uhr bei uns zu Hause.
Ich habe mir diesmal eine
Überraschung einfallen lassen.
Bitte übernachtet diesmal
bei uns, damit wir abends
länger spielen können.
Ich freu mich auf euch.
Liebe Grüße sendet
euer Tom

bitte
frei
machen!

3 Lies die folgende Einladung von Karl. Überarbeite sie anschließend. Wähle Aufgabe a oder b.

Achtung, Fehler!

Hi Jakob!

Haste Bock auf 'ne Party?
Wenn ja, komm einfach am 4. mal rum!
Also überleg's dir gut.
Ich hoffe du kommst.

Tschau! Karl

●●○ **a** Schreibe die Einladung in dein Heft.
Tausche unpassende Wendungen aus.

●●● **b** Schreibe die Einladung in dein Heft. Schreibe ausführlicher und verwende eine angemessene Ausdrucksweise.
Ergänze gegebenenfalls erfundene Inhalte.

c Vergleicht eure Ergebnisse aus Aufgabe a und b.

→ **S. 254:** Schreibung der Anredepronomen im Brief

Beim Schreiben von **Karten** musst du Folgendes beachten:
- Rechts oben stehen Ort und Datum.
- Auf der ersten Zeile links oben steht die Anrede. Sie sollte immer zur angesprochenen Person passen, z.B.:
Liebe(r) …, Hallo, …,
Nach der Anrede steht ein Komma.
- Die Schreibung der Anredewörter ist genau geregelt:
  - Freundschaftliche, familiäre Anredewörter für Menschen, die du persönlich kennst, schreibt man klein: *du, dir, dich, dein; ihr, euer.* (Du kannst sie auch großschreiben: *Du, Dir, Dich, Dein; Ihr, Euer.*)
  - Anredewörter für Personen, die du mit Sie ansprichst, schreibt man groß: *Sie, Ihnen, Ihr, Ihre, Ihres, Ihrer, Ihrem, Ihren.*
- Am Schluss einer Karte steht eine passende Grußformel, z.B.:
Herzliche Grüße / Mit liebem Gruß / Bis bald
- Auch wenn du Karten am Computer verfasst, musst du sie mit der Hand unterschreiben.

Tipp
Beachte, wie viel Platz du auf deiner Karte hast.

4 Schreibe nun eine eigene Einladungskarte.
Verfasse zunächst einen Entwurf und überarbeite ihn.
Gestalte die Karte anschließend.

a   Sieh dir den Briefumschlag genau an. Zu welchem der Beispiele
    in Aufgabe 2 (S. 49) könnte er passen? Begründe deine Meinung.

b   Erkläre, wann für eine Karte ein Umschlag benötigt wird.

c   Beschrifte nun selbst einen Briefumschlag. Trage deine Adresse
    als Absender ein, für den Empfänger denke dir eine Adresse aus.

Eine E-Mail schreiben

1   Du weißt bereits, wie du einen Brief schreibst. Eine E-Mail ist auch
        ein Brief – ein elektronischer, der im Internet verschickt wird.

a   Lies die folgende Mail.

An:	sofie.begel@example.com
Betreff:	Vorschlag zur Pausenversorgung

Hallo, Sofie,
mir ist noch etwas eingefallen: Wir könnten regelmäßig Vollkornsnacks
zubereiten. Ich würde Frau Meier fragen, ob wir die Schulküche nutzen
dürfen.
Bis morgen! Tschüs
Anne, Kl. 5 a

b   Untersuche die Mail genauer. Wähle 1. oder 2.

●●○   1. Schreibe in dein Heft, welche Angaben die Mail enthält.

●○○   2. Beantworte folgende Fragen:
        Wer ist die Empfängerin der Mail?   *Wer schreibt die Mail?*
        Wie lautet ihre Mailadresse?   *Welchen Inhalt hat die Mail?*

c   Lies die Betreffzeile der Mail. Welche Aufgabe hat sie?

d Formuliere für die folgende Mail eine geeignete Betreffzeile.

An:	leon.bachmann@example.com
Betreff:	

Lieber Leon,
kann morgen leider nicht beim Training zuschauen,
muss noch Mathe lernen. Entschuldige bitte!
Viele Tore wünscht
dein Alex

So kannst du beim Schreiben von E-Mails vorgehen
1. Schreibe ins Adressfeld die E-Mail-Adresse des Empfängers, z. B.:
   sofie.begel@example.com.
2. Fülle das Feld „Betreff" aus. Dazu musst du kurz zusammenfassen,
   worum es in deiner Mail geht, z. B.: *Pausenversorgung*.
3. Schreibe dein Anliegen in das Textfeld. Beachte die Regeln für das
   Briefeschreiben, wie Anrede, Grußformel, sprachliche Gestaltung.
4. Prüfe alles noch einmal und klicke dann auf „Senden".

Tipp
Denke dir eine
Mailadresse für
deinen Schüler-
sprecher aus.

2 Du wirst vom Schülerrat eingeladen, über das Faschingsprogramm
zu sprechen, das du organisiert hast. Bestätige dein Kommen mit einer
Mail an den Schülersprecher deiner Schule. Wähle Aufgabe a oder b.

●●○ **a** Verfasse eine Mail an den Schülersprecher.

●○○ **b** Die Bestandteile der Mail sind durcheinandergeraten.
Ordne sie und schreibe sie in der richtigen Reihenfolge auf.

Mit freundlichen Grüßen! / Faschingsprogramm / Sehr gerne komme
ich zu eurer nächsten Sitzung, um euch über das Faschingsprogramm
zu informieren. / Alex, 5 c / vielen Dank für die Einladung! /
Tom.Klein@example.com / Lieber Tom, /

3 Du entschuldigst dich bei einer Mitschülerin / einem Mitschüler:
*Du kannst morgen nicht zum Treffen kommen, bei dem ihr gemeinsam
ein Referat vorbereiten wolltet. Du bist krank geworden.*
Schreibe eine E-Mail. Erfinde fehlende Angaben.

**Was habe ich
gelernt?**

4 Überprüfe, was du über das **Verfassen von Mitteilungen** gelernt hast.
Beantworte dazu die folgenden Fragen.

1 Was muss ich beim Schreiben einer Karte beachten?
2 Welche Übungstexte konnte ich problemlos schreiben? Warum?
3 Für welche Aufgabe habe ich lange gebraucht?

Sagen lesen und verstehen

 Bei folgendem Text handelt es sich um eine Sage.

a Lest den Text und tauscht euch darüber aus, warum sich Menschen solch eine Geschichte erzählt haben könnten.

Erich Bockemühl

Die Weiber von Weinsberg

Weinsberg ist nur eine kleine Stadt dort in dem Lande, wo der Neckar fließt. Sie hatte früher feste Mauern und eine starke Burg. Aber der Kaiser Konrad hatte vor achthundert Jahren ein starkes Heer. Nach sechs-wöchiger Belagerung besiegte Konrad III., der Stauferkönig, seinen
5 Widersacher und Verwandten, Herzog Welf VI., in offener Feldschlacht. Die Burg und die Stadt Weinsberg mussten sich ergeben.
Durch einen Herold ließ er den Burgbewohnern sagen, dass er, wenn er in die Stadt hineinkäme, keinen Mann und Krieger mehr würde leben lassen. Da entstand ein großes Wehklagen in der Stadt. Das Korn und Brot und
10 alles, was zu essen aufgespeichert worden war, war aufgezehrt, und was blieb den Leuten, wenn sie nicht verhungern wollten, anders übrig, als die Stadt zu übergeben? Aber wenn sie das taten, mussten alle Männer sterben. Da war eine junge Frau, die sagte: „Wir Frauen bitten den Kaiser um eine Gnade. Und wenn er uns zu sich kommen lässt, dann lasst mich nur ma-
15 chen!"
Der Kaiser ließ die Frauen zu sich kommen, aber er blieb hart und wollte sich nicht erweichen lassen.
Da sagte das junge Weib: „Herr Kaiser, wenn Ihr schon die Stadt verderben wollt, dann lasst doch wenigstens uns Frauen leben. Denkt an unsere
20 Kinder! Und wir Weiber können Euch doch nichts Übles tun. Und wenn Ihr

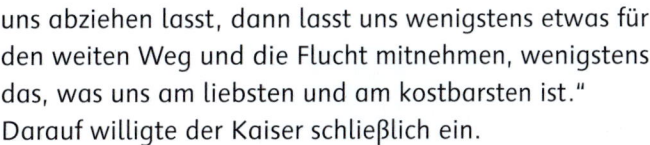

uns abziehen lasst, dann lasst uns wenigstens etwas für den weiten Weg und die Flucht mitnehmen, wenigstens das, was uns am liebsten und am kostbarsten ist."
Darauf willigte der Kaiser schließlich ein.
25 „Nun ja", sagte er, „dann sei euch das gewährt. Morgen früh wird das Tor geöffnet und ihr zieht mit euren Kindern ab, und was euch am kostbarsten ist und was ihr auf dem Rücken tragen könnt, das könnt ihr mitnehmen."
Am anderen Morgen stand der Kaiser mit einigen seiner
30 Ritter auf dem Hügel vor dem Stadttor. Als er den Befehl gegeben hatte, das große Tor zu öffnen, strömte der Zug der Weiber heraus.
Aber was war denn das?
Was trugen die Frauen denn da alle auf ihrem Rücken?

35 Das sah ja wirklich zum Lachen aus! Und der Kaiser lachte. Jede Frau hatte ihren Mann auf den Rücken gepackt. Huckepack trugen sie so ihre Männer aus der Stadt hinaus. Die Männer waren ja doch das Kostbarste und Liebste, was sie hatten, und das durften sie nach den Worten des Kaisers mitnehmen. Die Ritter waren böse darüber, aber der Kaiser lachte

40 weiter.

„Gewiss war es so nicht gedacht, aber die Weiber waren wieder einmal klüger als wir Männer. Und an einem Kaiserwort darf nicht gedreht und gedeutet werden!"

Er schenkte so den treuen Frauen und ihren Männern die Freiheit. Es wird

45 erzählt, er habe sie alle wieder zurückgerufen und ein großes Fest veranstaltet. Sie durften nun alle in der Stadt bleiben und die Männer auch. Und bei dem Fest hätten der Kaiser selbst und die Ritter mit den Frauen getanzt. Die Burg, die schon seit langer Zeit Ruine ist, erhielt den Namen „Weibertreu".

 b Lest die Sage aus Aufgabe 1 noch einmal und untersucht sie genauer. Tragt im Einzelnen zusammen, was wahr sein könnte und was erfunden sein könnte.

2 Überprüfe, ob deine Überlegungen zum Wahrheitsgehalt der Sage richtig sind.

a Suche die Stadt Weinsberg auf einer Karte Deutschlands.

b Lies die folgenden Informationen aus der Kölner Königschronik zu einer Begebenheit in der Stadt Weinsberg im 12. Jahrhundert. Schreibe die geschichtlichen Fakten stichpunktartig heraus.

- *Burg Weinsberg*
- *1140 im Besitz der Welfen*
- *...*

Weinsberg, Burgruine Weibertreu

Kölner Königschronik (um 1170)

Im Jahre des Herrn 1140: Der König belagerte eine Burg des Bayernherzogs Welf, genannt Weinsberg, und erzwang ihre Übergabe. Den Ehefrauen und anderen Frauen, die sich hier befanden, gab er mit königlichem Freimut die Erlaubnis, dass

5 jede, was sie auf ihrem Rücken tragen könne, fortschaffen dürfte. Die Frauen dachten ebenso an die Treue zu ihren Ehemännern wie an die Rettung der übrigen, ließen das Hausgerät stehen und stiegen, die Männer auf ihren Schultern tragend, herab. Dem Herzog Friedrich aber, der widersprach,

10 dass sie das nicht tun dürften, erklärte der König, der die Hinterlist der Frauen nicht übelnahm, es schicke sich nicht, ein königliches Wort abzuwandeln.

c Vergleiche die geschichtlichen Fakten mit der Sage.
Wähle dazu 1. oder 2.

●●○ 1. Lege eine Tabelle mit Gemeinsamkeiten und Unterschieden an.

●○○ 2. Beantworte folgende Fragen:
Wie lange dauert die Belagerung?
Welche/-n Titel trägt Konrad III.?
Wer macht den Vorschlag zum Mitnehmen von wichtigem Proviant?
Wie ist die Reaktion des Königs?

> **Sagen** wurden ebenso wie Märchen von Generation zu Generation
> weitererzählt. Der Unterschied besteht darin, dass Sagen einen wahren
> historischen Kern (geschichtliche Begebenheiten, Personen, landschaft-
> liche Eigenheiten, Gebäude und Naturerscheinungen) enthalten.
> Man unterscheidet Orts-, Götter- und Heldensagen.

3 Auch die Brüder Grimm haben eine Sage über das Geschehen
in Weinsberg verfasst.

a Lies diese Sagenfassung der Brüder Grimm.

¹ hier: vielsagend lächeln

Brüder Grimm

Die Weiber zu Weinsperg

Als König Konrad III. den Herzog Welf geschlagen hatte
(im Jahr 1140) und Weinsperg belagerte, so bedingten
die Weiber der Belagerten die Übergabe damit, dass
eine jede auf ihren Schultern mitnehmen dürfte, was sie
5 tragen könne. Der König gönnte das den Weibern.
Da ließen sie alle Dinge fahren und nahm eine jegliche
ihren Mann auf die Schulter und trugen den aus.
Und da des Königs Leute das sahen, sprachen ihrer viele,
das wäre die Meinung nicht gewesen, und wollten
10 das nicht gestatten. Der König aber schmutzlachte¹
und tät Gnade dem listigen Anschlag der Frauen.
„Ein königlich Wort", rief er, „das einmal gesprochen
und zugesagt ist, soll unverwandelt bleiben."

b Welche Sage gefällt dir besser, die von Erich Bockemühl oder
die der Brüder Grimm? Begründe deine Meinung.

c Untersuche jetzt genauer, welche geschichtlichen Fakten
die Brüder Grimm in ihre Sage aufgenommen haben.
Vergleiche dazu die Sage mit der Chronik (S. 54).

d Notiere, was in der Sage im Vergleich zur Chronik hinzugefügt wurde.

4 Wähle eine der beiden Sagen aus und bereite sie zum Vorlesen vor.

→ **S. 90:** Ein Gedicht vortragen

a Übe das Vorlesen mehrfach. Versuche einzelne Textstellen unterschiedlich vorzulesen, zum Beispiel besonders betont, deutlich, langsam, laut oder leise.

 b Lest euch die Sagen gegenseitig vor und beurteilt, welche Vorträge besonders gut gelungen sind. Begründet eure Meinung.

5 Um viele Orte, Landschaften und interessante Bauwerke ranken sich Sagen.

a Wähle eine Sage aus den Lesestoffen (S. 57–60) aus und stelle fest, von welchen Orten, Landschaften oder Bauwerken sie erzählt.

b Bereite diese Sage zum Vorlesen vor.

→ **S. 98, 104:** Informationen sammeln
→ **S. 42:** Präsentieren

c Findet möglichst viele Sagen zu eurer Region. Fasst die Ergebnisse auf Plakaten zusammen, die ihr in eurem Schulhaus ausstellen könnt. Achtet darauf, die geschichtlichen Grundlagen besonders hervorzuheben.

d Wähle einen der folgenden Orte aus und finde heraus, welche Sage/-n es dazu gibt. Stelle deine Suchergebnisse in einem kurzen Vortrag vor.

Kölner Dom / Leipzig / Vineta / Spreewald / Wartburg (bei Eisenach)

Was habe ich gelernt?

6 Überprüfe, was du über **Sagen** gelernt hast.
Folgendes Dokument wurde zerfetzt in der Kugel einer Kirchturmspitze gefunden. Die Schnipsel enthalten drei verschiedene Sagenmerkmale. Schreibe sie in vollständigen Sätzen auf.

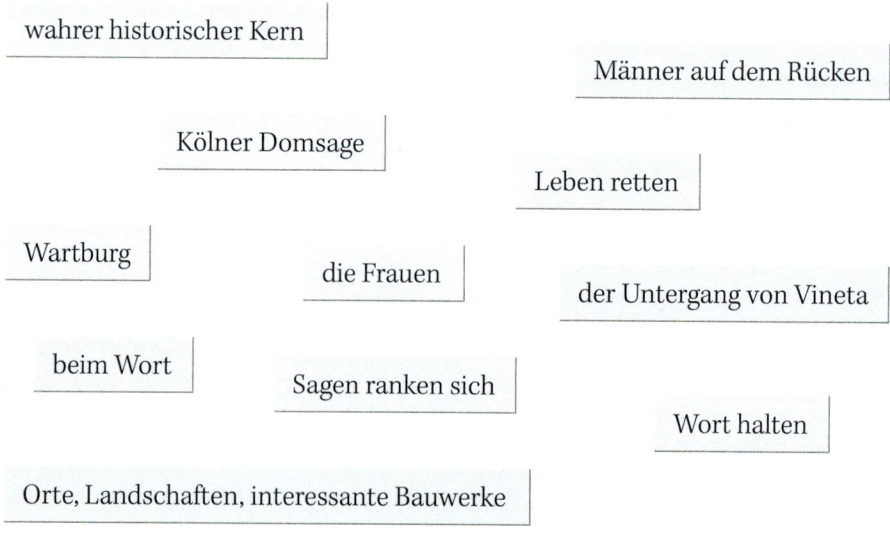

Die Entstehung der Insel Rügen

Kurz vor Feierabend der Schöpfungsarbeit stand der Herrgott auf der Insel
Bornholm und schaute zum Festland hinüber. Die pommersche Küste er-
schien ihm noch zu kahl. Er nahm von der letzten Erde aus seiner Molle[1]
und klackte sie mit der Kelle hinüber. So ungefähr eine halbe Meile davor
5 fiel das bisschen ins Wasser. Der Herrgott strich die Kanten schön glatt,
und der Hauptteil der Insel war fertig. Inzwischen war die Sonne fast un-
tergegangen; deshalb kratzte er die Reste zusammen und warf sie hinter-
drein. So entstanden die Halbinseln Wittow und Jasmund. Das sah zwar
ein bisschen uneben aus, aber der Herrgott dachte: „Es ist Feierabend,
10 und nun bleibt es so, wie es ist!"

[1] *norddeutsch*
Mulde, Backtrog

Der Hünenstieg

Im Beetzsee, unweit von Brandenburg, befindet sich eine nur fünf Meter
breite, doch über fünfzig Meter lange Landzunge, gerade an der tiefsten
Stelle des Sees [...]. Diesen schmalen Einschnitt kennen die Fischer nur
unter dem Namen „der Hünenstieg".
5 Ein Riesenfräulein nämlich soll ihn geschaffen haben; sie wohnte mit
ihren Eltern am andern Ufer des Sees in den „Fosbergen" (Fuchsbergen).
Die Eltern machten sich oft jenseits des Sees zu schaffen, wobei sie das
Wasser mit einem einzigen Schritt hinter sich brachten. Dieser Schritt
gelang aber der jungen Riesin noch nicht, wenn sie ihren Eltern nach-
10 kommen wollte; sie trat immer ein wenig zu kurz und bekam nasse Füße.
Da ging sie nach dem Marienberg, nahm eine Schürze voll Sand und
schüttete sie dort, wo jetzt der Hünenstieg sich befindet, in den See.
Von der Spitze der so geschaffenen Landzunge aus trat ihr Fuß ohne
Mühe an das jenseitige Ufer hinüber [...].*

Tipp
Ihr könnt zur Ver-
anschaulichung
eine Zeichnung
machen.

1 In den beiden Sagen werden die Ursprünge besonderer geografischer
Gegebenheiten „erklärt". Wählt eine Sage aus und erklärt euch
gegenseitig mit eigenen Worten die Entstehung der Insel Rügen oder
des „Hünenstiegs".

2 Sammelt Fotos zu einem der zwei Sagenorte.
Schreibt die Sage ab und gestaltet mit eurem Material ein Plakat.

Harras, der kühne Springer

Zwischen Frankenberg und Lichtenwalde am Fluss Zschopau befindet
sich ein hoher Fels, der Haustein genannt wird.

Am 28. Mai des Jahres 1499 ist der Ritter von Harras, Besitzer von
Lichtewalde in einer Fehde[1] von seinen Feinden in der Nähe dieses hohen
5 Felsen überfallen und verfolgt worden. Es blieb ihm kein anderer Weg
zur Rettung übrig, als mit seinem Rosse von der Spitze des Hausteins
in den unten vorbeiströmenden Zschopaufluss zu springen. Dieser kühne
Sprung von einer Höhe von mehr als 100 Ellen[2] ist ihm auch geglückt,
und da das Wasser eine Tiefe von 10 Ellen hatte, brachte der Sprung
10 weder ihm noch dem Rosse Schaden. Beide haben das gegenüberliegende
Ufer glücklich erreicht und später im Schlosse zu Lichtewalde Schutz
gefunden. Der Ritter aber hat zur Kapelle in Ebersdorf und dem dort
befindlichen Gnadenbilde eine Wallfahrt gemacht und er hat dort zum
Andenken ein großes, silbernes Hufeisen hinterlassen. Dieses wurde in
15 der Kapelle aufgehangen, aber um 1529 gegen ein eisernes vertauscht.
Im Mai des Jahres 1801 ist am Rande der Zschopau dem Haustein gegenüber bei einer sehr alten Eiche ein Denkstein errichtet worden. Er trägt
folgende Inschrift auf den beiden Hauptseiten: „Dem tapferen Springer,
Ritter von Harras". Auf den Nebenseiten des Denksteins wurden ein Sporn[3]
20 und ein Hufeisen abgebildet.*

[1] im Mittelalter
Streit, Feindschaft

[2] altes Längenmaß
100 Ellen = ca. 70 m
10 Ellen = ca. 7 m

[3] spitzer Vorsprung

Harrasfelsen mit dem Körnerkreuz im Zschopautale.

 1 Der Sprung des Ritters wäre im wirklichen
Leben tödlich.
Wieso berichtet die Sage von einem solchen
unmöglichen Ereignis? Macht Vorschläge.

2 Ritter Harras hat aus Dankbarkeit
in einem kleinen Kirchlein ein
silbernes Hufeisen aufhängen lassen.
Was ist dem Ritter zuvor passiert?

3 Was verbirgt sich hinter folgenden Namen?
Erkläre mit eigenen Worten.

der Haustein / der Harras / die Zschopau /
Ebersdorf

Die Entstehung von Schöneck

Das zum Amte Voigtsberg gehörige Städtchen Schöneck, der höchst-
gelegene Ort des Vogtlands, soll seinen Namen folgender Ursache
verdanken.

Einst soll der kaiserliche Landvogt Heinrich Reuß (um 1150?) auf der Jagd
5 von seinem Gefolge getrennt worden sein. Dabei stieß er auf ein Bären-
lager. Die Bärin war um ihre Jungen besorgt und sprang auf sein Ross los.
Dieses stürzte durch ihren wütenden Angriff zu Boden. Beim Sturze zerbrach
das Schwert des Landvogts und es würde um ihn geschehen sein, wäre
nicht ein junger Köhler[1] auf sein Hilferufen herbeigeeilt und hätte das
10 wütende Tier von hinten mit seinem Schürbaum[2] erschlagen. Der Vogt
erlaubte nun seinem Retter, sich eine Gnade auszubitten. Der junge Köhler
gestand ihm, er habe eine Geliebte, die er aber nicht heiraten könne,
weil er zu arm sei. Er bitte nur um einen Platz, wo er ein Häuschen bauen
könne, und um Holz dazu. Da lachte der Reuß und sagte ihm, er möge in
15 seinem Lande jeden Platz aussuchen, den er wolle, um sich dort ein Haus
zu bauen; Holz möge er aus dem nächsten Walde nehmen und Steine
brechen, so viel er brauche. Wenn ihn jemand nach seinem Rechte frage,
dem solle er diesen seinen Ring und sein zerbrochenes Schwert, welches
er ihm gab, vorzeigen.

20 Darauf zog der Köhler lange mit
seinem Liebchen im Vogtlande
herum und nirgends wollte ihnen
ein Ort passend scheinen. Endlich
kamen sie auf einen hohen Berg
25 voll Wald und üppigem Graswuchs,
da rief die junge Frau: „O je!
Doos is ä gor schü Eckel, do ko mer
weit ausscha, doos is ä goor schü
Eckel, do, du, do müss' mer ba!"[3]
30 Und so geschah es auch, der Köhler
baute sich ein Häuschen und
brannte einen Meiler[4] an, und nach
und nach zogen auch andere Leute
dahin und bauten um das Häuschen
35 herum, und so entstand nach und
nach ein Flecken, den hieß man
zum Andenken Schöneck.*

---

[1] Waldarbeiter, der Holz zu Kohle verarbeitet

[2] *Fachsprache* Stange; Handwerkszeug des Köhlers

[3] *Dialekt* „Oh! Das ist ein wirklich schönes Plätzchen, da kann man weit herum-schauen, das ist ein wirklich schönes Plätz-chen, dort müssen wir bauen!"

[4] *Fachsprache* Holzstapel mit luftdichter Erdabdeckung zur Her-stellung von Holzkohle

---

1 Erzähle, wie das Städtchen Schöneck zu seinem Namen kam.

→ S. 141: Trainieren für die Bühne

2 Stellt die Geschehnisse der Sage in einem Rollenspiel dar.
Folgende Personen treten auf: *der Landvogt, der junge Köhler,
die Bärin (Bärenkinder), die junge Frau des Köhlers.*

Der Bauerhase von Freiberg

In einem Café auf der Korngasse in Freiberg wird eine besondere
Spezialität angeboten – der Bauerhase.
Einer Legende nach soll sich im 13. Jahrhundert in diesem Gebäude,
das bis 1556 die Münzprägestätte war, Folgendes zugetragen haben:
5 Markgraf Friedrich der Gebissene hielt sich gerade zur Fastenzeit
in Freiberg auf. Es galt als Sünde, Fleisch in dieser Zeit zu verspeisen.

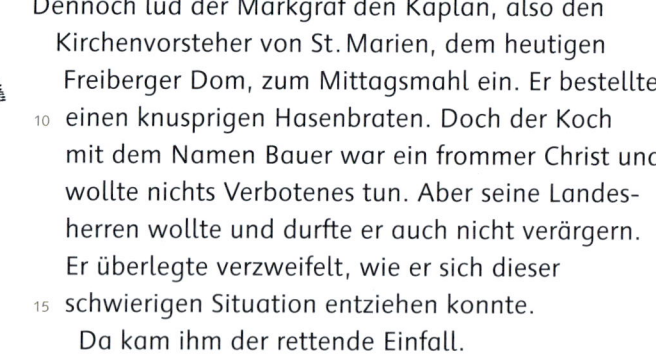

Dennoch lud der Markgraf den Kaplan, also den
Kirchenvorsteher von St. Marien, dem heutigen
Freiberger Dom, zum Mittagsmahl ein. Er bestellte
10 einen knusprigen Hasenbraten. Doch der Koch
mit dem Namen Bauer war ein frommer Christ und
wollte nichts Verbotenes tun. Aber seine Landes-
herren wollte und durfte er auch nicht verärgern.
Er überlegte verzweifelt, wie er sich dieser
15 schwierigen Situation entziehen konnte.
Da kam ihm der rettende Einfall.
Er formte einen Hasen aus einem Gebäckteig.
Mit Mandeln bespickt, wurde er goldbraun
gebacken und aufgetischt. Friedrich
20 und der Kaplan waren verdutzt, als sie
den „falschen" Hasenbraten erkannten.
Aber sie waren von dem Gebäck so entzückt, dass sie den armen Koch nicht
bestraften.
25 Noch heute wird nach dem alten Rezept
in Freiberg der Bauerhase gebacken und
vor allem um die Fastenzeit viel gegessen.

1 Du sollst Gästen aus einem anderen Land erklären,
wieso es in Freiberg ein Gebäck namens „Bauerhase" gibt.
Beziehe dich auf die Sage.

2 Im Text ist von Friedrich dem Gebissenen die Rede.
Wie könnte dieser Name entstanden sein?
Erfindet eine Sage dazu.

3 Erkundige dich in Geschichtsbüchern oder im Internet
über die historische Gestalt des Markgrafen.

→ S. 104: Im Internet
Informationen suchen

Sachtexte erschließen

Auf den Inhalt eines Textes schließen

1 In der Schule und in deiner Freizeit stößt du manchmal auf Fragen, die du nicht sofort beantworten kannst. Du musst dir Informationen beschaffen. Diese findest du oft in Sachtexten.

a Lies die Begriffserklärung im Merkkasten und fasse anschließend mit deinen Worten zusammen, was Sachtexte sind.

> **Sachtexte** sind Texte, die über ein Thema informieren. Sie dienen der Wissensvermittlung und liefern sachliche Informationen, zum Beispiel über Gegenstände, Ereignisse, Sachverhalte oder Probleme.

 b Erklärt, worin sich ein literarischer Text (z. B. Gedicht, Erzählung, Kinderbuch) von einem Sachtext unterscheidet. Notiert dazu einige Stichpunkte.

> Um Antworten auf eine Frage oder Informationen zu einem Thema zu finden, brauchst du geeignete Sachtexte. Da du nicht alle immer gründlich lesen kannst, musst du dir schnell einen Überblick über ihren Inhalt verschaffen. Oft kannst du bereits **aus der Überschrift auf den Textinhalt schließen**.

2

a Lies die Überschrift des Textes auf S. 62 und sage, welchen Textinhalt du erwartest.

b Sieh dir auch die Abbildung zum Text an. Bestätigt sie deine Vermutung, worum es in dem Text gehen wird?

c Sieh dir den Text genauer an. Woran kannst du dich außerdem schnell orientieren?

d Lies nun den Text und überprüfe, ob deine Vermutungen richtig waren.

Warum stehen Heizungen immer unter dem Fenster?

Hast du es schon bemerkt? Heizungen stehen meistens unter dem Fenster – egal ob im Bad, in der Küche oder im Wohnzimmer. Das erscheint vielleicht zunächst nicht so praktisch, da die warme Luft am Fenster vielleicht gleich wieder verloren geht.
5 So ist es aber nicht!

Darum sollte die Heizung sich unter dem Fenster befinden
Die Heizung sollte sich dort befinden, wo es im Raum am kältesten ist. Und zwar deshalb, weil sich die Wärme dort am schnellsten verteilt. Wie ihr vielleicht wisst, steigt warme Luft nach oben und kalte Luft
10 fällt nach unten. Durch den Zusammenprall der Luftströme bleibt die Luft im Zimmer immer in Bewegung.

Auf die Bewegung der Luftströme kommt es an
Der Heizkörper strahlt Wärme ab. Die kühle Luft am Fenster erwärmt sich und steigt nach oben. An der Zimmerdecke kühlt sie
15 sich wieder ab und fällt dann wieder nach unten. Von der Heizung kommt stets neue warme Luft nach – so entsteht ein Luft-Kreislauf. Diese warme Luft steigt wieder zur Decke, fällt nach dem Abkühlen wieder nach unten und wird dann wieder erwärmt. Die Luft im Zimmer kreist wie eine Walze und der Raum wärmt sich auf.

20 *Sonst bleibt das Zimmer kalt*
Was würde passieren, wenn die Heizung an einer anderen Stelle im Raum stehen würde? Die warme Luft würde über der Heizung aufsteigen und sich auf ihrem Weg an die Zimmerdecke abkühlen. Sie würde an der kältesten Stelle im Raum – also am Fenster –
25 wieder herunterfallen. Dort würde sie nicht durch einen Heizkörper erwärmt werden und bliebe einfach „hängen". Letztlich wäre es dann nur an der Zimmerdecke warm. Das wäre sehr unpraktisch und ungemütlich!

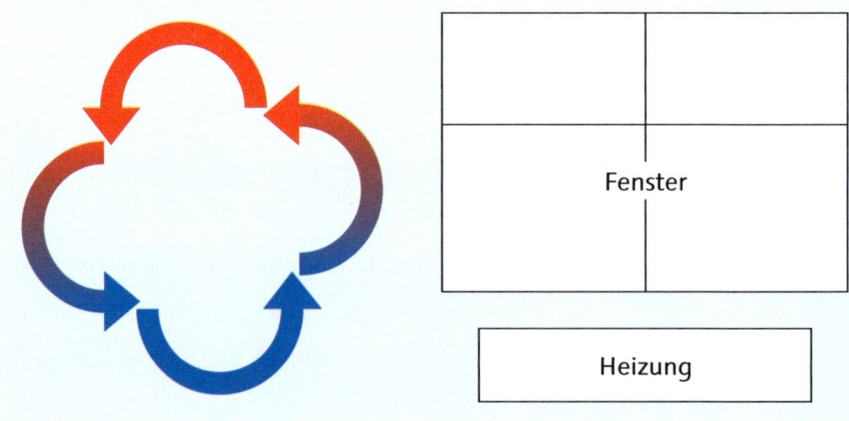

	Fenster

Heizung

Um bereits vor dem Lesen Vermutungen über den Textinhalt anstellen zu können, suche nach folgenden **Orientierungshilfen**:
- Verrät dir die Überschrift, worum es in dem Text geht?
- Gibt es Teilüberschriften, die Hinweise auf den Textinhalt geben?
- Sind Wörter hervorgehoben, die die Orientierung im Text erleichtern?
- Gehören Fotografien oder Abbildungen zum Text, die Vermutungen über den Inhalt zulassen?

a   Lest die Überschrift des Textes in Aufgabe 4a (S. 64).
Welche Erwartungen an den Inhalt habt ihr?
Tauscht euch darüber aus.

Nicht immer ist der Inhalt eines Textes aus seiner Überschrift erkennbar. Dann musst du dir einen Überblick über den Textinhalt verschaffen, indem du ihn **mit den Augen überfliegst**, ohne jedes Wort zu lesen.

b   Sieh dir die folgenden Abbildungen an.
Sie zeigen dir, wie du einen Text überfliegen kannst.

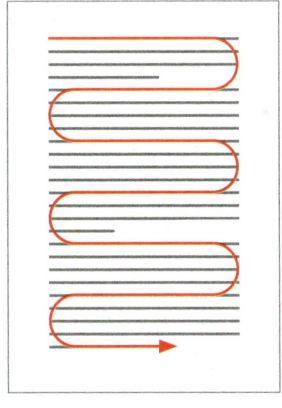

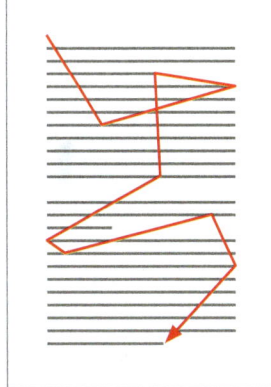

Diagonallesen   Slalomlesen   Zickzacklesen

c   Probiere alle drei Arten des Überfliegens aus. Nutze dazu den Text in Aufgabe 2d (S. 61). Welche Art des Überfliegens fällt dir am leichtesten?

a   Um genauere Vermutungen über den Inhalt des Textes anstellen
zu können, überfliege nun den folgenden Text mit den Augen.

Wüsten – schrecklich und schön

Die Erde ist von riesigen Wüstengebieten bedeckt. Als die Erde
entstand, gab es die Wüsten noch nicht in der heutigen Form.
Sie entstanden erst vor ca. fünf Millionen Jahren. Im Vergleich
zum Alter der Erde ist das nicht sehr viel. Wüsten entstanden aus
5   vorhandenen anderen Landschaftsformen. Forscher können dies
anhand zahlreicher Belege nachweisen: So wurden Felszeichnungen
aus der Jüngeren Steinzeit gefunden, die zeigen, dass die Wüste
früher mal eine Savanne war, eine Landschaft mit Gras und Bäumen
und zahlreichen dort lebenden Tieren. Wissenschaftler haben
10   außerdem in Wüstengebieten versteinerte Pflanzenteile gefunden
sowie auf Gesteinen Abdrücke ausgestorbener Pflanzen.
Wüsten entstehen über einen sehr langen Zeitraum. Und zwar dann,
wenn sich das Erdklima verändert. In einer Landschaft, in der
immer weniger Regen fällt, sterben Pflanzenarten aus. Die Tierarten
15   werden weniger, weil es zu wenig Nahrung gibt. Je weniger Pflanzen
es gibt, umso weniger wird die Erde durch Wurzeln festgehalten
und der Wind kann die oberste fruchtbare Erdschicht wegblasen.
Es entsteht nach und nach eine Sandwüste.

Tipp
Kläre unbekannte
Begriffe mithilfe
des Textes oder
schlage sie nach.

b   Welche Art des überfliegenden Lesens hast du benutzt?

c   Lies den Text jetzt genau. Fasse kurz zusammen, was über die Wüsten
mitgeteilt wird. Wähle 1. oder 2.

●●○   1. Nenne die Unterthemen, die im Text behandelt werden.

●○○   2. Wähle die Unterthemen zum Thema „Wüste" aus, die im Text
behandelt werden.

Alter / Zukunft / Bewohner / Entstehung / Umfang

d   Schreibe mindestens zwei weitere passende Überschriften zum Text auf.

a Bemühe dich, beim Lesen lange Wörter und umfangreiche Wortgruppen auf einen Blick zu erfassen. Orientiere dich an der Mittellinie.

Hasel	Angel
Haselnuss	Angelschein
Haselnusskuchen	Angelscheinprüfung
Haselnusskuchenbäcker	die Angelscheinprüfung bestehen
Haselnusskuchenbäckermeister	Ich habe die Angelscheinprüfung bestanden.

Tipp
Achte auch auf Satzschlusszeichen oder Kommas.

b Bemühe dich, beim Lesen Bedeutungseinheiten zu erfassen.
Bedeutungseinheiten sind Gruppen von Wörtern,
die in ihrer Bedeutung eng miteinander verbunden sind.

> **Ist riechen unter Wasser möglich?**
>
> Ob riechen unter Wasser für den Menschen ratsam ist, lässt sich
> leicht beantworten. Wenn wir riechen wollen, atmen wir ein.
> Das sollten wir unter Wasser nicht tun. Als Fische hätten wir damit
> kein Problem, diese atmen unter Wasser durch ihre Kiemen.
> 5 Riechen können Fische auch, denn sie haben Nasen. Sie riechen
> zum Beispiel ein verletztes Tier. Die einen fliehen dann schnell,
> damit sie nicht auch in Gefahr kommen, von einem stärkeren Tier
> angegriffen zu werden. Wenn Haie Blut riechen, bewegen sie sich
> schnell in die Richtung der Beute. Dennoch spielt Wasser auch
> 10 eine Rolle, wenn der Mensch sein Riechorgan benutzt. Jeder Duft,
> der unsere Nase erreicht, ist letztlich eine chemische Verbindung.
> Diese wird in einer hauchdünnen Schicht an der Nasendecke
> mit Wasser gelöst.

Den Inhalt eines Textes erfassen

Tipp
Wenn das Buch nicht dir gehört, lege zum Arbeiten eine Folie über den Text.

> Wenn du beim Lesen **Antwort auf eine bestimmte Frage** suchst,
> überfliege den Text zuerst und kennzeichne die Stelle, die die Antwort
> enthält (zum Beispiel am Rand oder mit einem Textmarker).
> Bevor du mit dem Überfliegen des Textes beginnst, solltest du dir
> überlegen, auf welche **Schlüsselwörter** du achten willst. Schlüssel-
> wörter sind wichtige Wörter zum Thema.

1 Du suchst Informationen zur Entstehung von Wüsten.

a Stelle eine Liste mit Schlüsselwörtern zusammen. Wähle 1. oder 2.

 1. Stelle eine Liste mit Schlüsselwörtern zusammen, die du im Text
suchen willst.

●○○ 2. Wähle aus der Liste von Schlüsselwörtern passende aus.

Grund der Entstehung / Ort / Dauer / Höhlen / Tiere / Zeitpunkt /
Pflanzen / Klima / Abdrücke

b Suche im Text von Aufgabe 4 a (S. 64) den Abschnitt heraus,
der Antwort auf die Frage „Wie entstehen Wüsten?" gibt.
Nutze dazu deine Schlüsselwörter.

c Lies den Abschnitt genau. Schreibe Stichpunkte zur Beantwortung
der Frage heraus.

●●● **2** Du suchst Antwort auf die Frage „Welche Bedeutung hat die Arbeit
der Archäologen?" und hast folgenden Text gefunden.

a Stelle vor dem überfliegenden Lesen Schlüsselwörter zusammen,
nach denen du suchen willst.

Tipp
Wenn das Buch
nicht dir gehört,
lege zum Arbeiten
eine Folie über
den Text.

b Überfliege den Text und suche nach den Schlüsselwörtern.
Markiere die Stellen, die dir helfen, die Frage zu beantworten.

Graben in der Vergangenheit

Auf der ganzen Welt gibt es Geschichten über vergrabene Schätze.
Denn seit die Menschen Häuser bauen, finden sie Gegenstände,
die ihre Vorfahren verloren oder vergraben haben.
Gewöhnlich werden diese Dinge zufällig gefunden und viele davon
5 sind so uninteressant, dass man sie früher einfach weggeworfen hat.
Das Einzige, was die Menschen aufbewahrten, waren Gold und
Silber oder andere offensichtlich wertvolle Sachen. Auch Archäologen
sind Schatzsucher. Wenn sie Gold und Silber oder schöne Kunst-
gegenstände finden, freuen sie sich. Aber für sie ist auch alles andere,
10 was Menschen verwendet haben und was ihr Alltagsleben prägte,
wertvoll. Manchmal kann nämlich eine einzige Tonscherbe dem
Archäologen mehr sagen als ein goldener Ring. Wenn man zum
Beispiel an der Keramik erkennt, dass es sich um einen Import aus
einem anderen Land handelt, dann kann das ein Hinweis darauf sein,
15 dass es Beziehungen zu diesem Land gegeben haben muss, friedlicher
oder kriegerischer Art.
Ebenso wichtig sind die Überreste von Gebäuden, Häusern, Tempeln,
Palästen und Festungen, die man in der Vergangenheit baute, oder

alte Gräber. Aufschlussreich sind aber nicht nur die Funde selbst,
20 sondern auch, wo die Dinge liegen, welche Farbe und welche Beschaffenheit der Boden besitzt und wie die Dinge in der Erde gelagert sind.
Das Beobachten und Registrieren all dieser Einzelheiten mithilfe von
Notizen, Fotos und Zeichnungen ist für den Archäologen ebenso wichtig
wie die Beschreibung der gefundenen Gegenstände und Bauwerke.
25 Denn bei jeder Ausgrabung werden Erdschichten zerstört, und es ist
unmöglich, die Dinge nachher wieder so herzustellen, wie sie zuvor
waren. Was der Archäologe übersieht, ist dann verloren.

Tipp
Kläre unbekannte
Begriffe mithilfe
des Textes oder
schlage sie nach.

c Lies die markierten Stellen gründlich. Beantworte die oben gestellte Frage,
indem du Stichpunkte aus dem Text herausschreibst.

3

a Überfliege den folgenden Text und nenne das Thema,
um das es geht.

**14 Hunde stemmen sich ungeduldig
in das Zuggeschirr. Wann geht es endlich los? Die frostige Luft ist erfüllt
von Lärm. Hinter der Startlinie bellen**
5 **und jaulen die Vierbeiner, am Rande
der Strecke jubeln und klatschen die
Zuschauer.**

Und dann endlich das Zeichen: 52 Pfoten wirbeln den Schnee auf
und bringen den Schlitten mit einem Ruck in Fahrt. Der Hundeführer,
10 der auf den hinteren Kufen steht, muss sich festhalten, um nicht
herunterzufallen.

„Yukon Quest" gilt als das härteste Schlittenhunderennen der Welt.
Für die 1609 Kilometer vom kanadischen Whitehorse im Bundesstaat
Yukon bis nach Fairbanks in Alaska benötigen die schnellsten Teams
15 elf Tage. Erst drei Tage nachdem der Sieger ins Ziel gegangen ist,
treffen auch die Letzten ein.

Doch bei diesem Rennen, bei dem jeder Dritte vorzeitig aufgibt, fühlt
sich niemand als Verlierer. „Hauptsache, meinen Hunden geht es gut",
antworten die meisten „Musher", wie man die Gespannführer nennt.
20 Sie müssen den Tieren blind vertrauen können, sonst sind sie unterwegs,
in der Einsamkeit und Kälte der Schneewüste, verloren.

Bei Temperaturen bis minus 50 Grad Celsius, Windgeschwindigkeiten von manchmal 80 Stundenkilometern, treibendem Schnee, Eis und zugewehten Routen wird aber auch der ausdauerndste Hund einmal
25   müde.
In solchen Situationen braucht man den Leithund. Er ist der Klügste, Erfahrenste und Tapferste. Ganz vorne im Gespann zieht er die anderen 13 Hunde mit, führt sie über vereiste Seen oder steile Berge und findet den Weg, wenn ihn selbst der Musher nicht mehr kennt. [...]*

●○○ **b** Welche Sinne werden im ersten Abschnitt angesprochen (Z. 1–7)? Nenne die entsprechenden Wörter.

c Stelle Schlüsselwörter zu jeder Frage zusammen und suche die Textstellen heraus, die die Antwort geben.

1 Wie lang ist die Strecke beim „Yukon Quest"-Schlittenhunderennen?
2 Was ist für die Hundeführer („Musher") am wichtigsten?
3 Wo steht der Hundeführer beim Rennen?
4 Wie lange brauchen die Langsamsten beim „Yukon Quest"?
5 Wie nennt man den Klügsten und Tapfersten der Hunde?

d Beantworte die Fragen aus Aufgabe c mithilfe des Textes. Notiere Stichpunkte in deinem Heft.

4 Du suchst Antwort auf die Frage „Warum werden in Deutschland Ende Februar oder Anfang März Scheiterhaufen angezündet?" und hast einen Text gefunden.

Tipp
Wenn das Buch nicht dir gehört, lege zum Arbeiten eine Folie über den Text.

a Stelle Schlüsselwörter zusammen, überfliege den Text und markiere die Stellen, die die Frage beantworten.

Wie macht man das, den Winter austreiben? Die Menschen in Deutschland versuchen dies seit Jahrhunderten, wenn ihnen der Winter zu lang wird. Wie wird
5   Platz für den Frühling gemacht? Von Ende Februar bis Anfang März werden überall im Land Feuer entzündet, die dem Winter den Garaus machen sollen. Dazu werden Treibholz, Sperrgut und alte Christbäume
10   aufeinandergestapelt und angezündet.
In den deutschen Regionen gibt es dafür unterschiedliche Namen: In Süddeutschland sind das die Funkenfeuer, in Hessen sogenannte Hutzelfeuer und in Nord-
15   deutschland spricht man von Biikebrennen.

„Biikebrennen" in Nordfriesland

Zur Frage, woher dieser Brauch stammt, gibt es unterschiedliche Erklärungen. Es könnte sich um die Mischung verschiedener Bräuche handeln. So haben in vorchristlicher Zeit unsere Vorfahren – die Germanen – im Frühjahr mit Feuern die bösen Geister des Winters

20 vertreiben und um eine gute Ernte im neuen Jahr bitten wollen. Im Mittelalter gab es den Brauch, im Zuge des Frühjahrsputzes alte Sachen auszusortieren und zu verbrennen. Die Biikefeuer an der Nordsee dienten traditionell dazu, den Göttern zu danken, dass man den Winter überstanden hatte. Außerdem bat man darum,

25 den Seefahrern möge in der neuen Saison nichts passieren.

b Lies die markierten Stellen gründlich und beantworte die Frage in deinem Heft.

> Um einen Sachtext genauer zu verstehen, ist es oft wichtig, seinen **Aufbau** zu **erfassen**. Das heißt, du musst herausfinden, welche Gedanken der Autor aneinanderreiht. Oft beginnt ein neuer Gedanke mit einem neuen Abschnitt. Die Inhalte der Abschnitte ergeben dann den Gedankengang. Den Inhalt der Abschnitte kannst du gut erfassen, indem du Teilüberschriften findest oder selbst formulierst.

●●● **5**

a Über welches Thema informiert der folgende Text? Überfliege ihn. Notiere eine Überschrift, die bereits auf das Thema hinweist.

> Die Menschen wohnten im Rom der Antike in unterschiedlich gebauten Häusern und Wohnungen. Die meisten Römer lebten in überfüllten Wohnblocks oder kleinen Räumen hinter ihren Läden oder Werkstätten. Die Sklaven einer römischen Familie hatten oft keine eigenen Unterkünfte: Sie mussten sich irgendwo zum Schlafen
> 5 hinlegen. Manche Sklaven waren in kleinen Räumen im Keller untergebracht.
> Die Häuser der Reichen waren meist sehr luxuriös, mit kühlen, geräumigen Zimmern, schönen Möbeln und schattigen Gärten. Die Häuser der Reichen waren gewöhnlich nur ein oder zwei Stockwerke hoch.
> 10 In der Mitte des Hauses lag der Hof, das Atrium. Hier erledigte der Besitzer des Hauses jeden Morgen seine Geschäfte. Das Atrium ließ Licht in das Haus dringen und hielt es kühl. Es war überdacht, mit Ausnahme einer Öffnung in der Mitte. Durch dieses Loch lief Regenwasser in ein darunterliegendes Becken und wurde in einer Zisterne
> 15 (ein Behälter) unter dem Atrium gesammelt.

Die Schlafzimmer lagen meist im Erdgeschoss und führten auf das Atrium hinaus. Auch Räume, die als Esszimmer oder als Empfangsraum für Gäste benutzt wurden, öffneten sich zum Atrium hin. Hinter dem
20   Haus lag ein Garten. Er wurde zum Teil durch ein niedriges, von Säulen getragenes Dach überschattet. Hier konnten die Familienmitglieder die Kühle eines Sommerabends genießen. Im Garten gab es manchmal auch einen Springbrunnen und eine Essecke.

b   Lies den Text abschnittweise und formuliere für die einzelnen Abschnitte Teilüberschriften in Form einer Frage.

Textinhalte zusammenfassen

Oft ist es nötig, den **Inhalt eines Textes zusammenzufassen**.
Dabei hilft dir die Beantwortung folgender Fragen:
- Welches Thema wird im Text behandelt?
- Sind Teilthemen erkennbar?
- Welche Hauptinformation liefert der Text?
- Welche wesentlichen Informationen werden dazu gegeben?

a   Überfliege den folgenden Text und nenne das Thema.

Es gibt nur wenige Strände auf unserer Erde, an denen so viele verschiedenartige Steine vorkommen wie an der Ostsee. An den Stränden unserer heimatlichen Ostseeufer findet man tatsächlich eine ganz ungewöhnlich bunte Vielfalt unterschiedlicher Gesteine. Es lohnt sich
5   unbedingt, einen der vielen Geröllstrände an unserer Küste zu besuchen und etwas genauer zu betrachten. Am besten geschieht das bei nebelfeuchtem Wetter. Dann zeigen die Steine nämlich ihre Verschiedenartigkeit am deutlichsten. Am Anfang erscheint diese Vielfalt an Steinen etwas verwirrend. Daher ist es gut, zuerst nach etwas Bekanntem
10   Ausschau zu halten, beispielsweise nach Feuerstein, den ja fast jeder Strandwanderer kennt.

b   Notiere eine passende Überschrift für den Text, die bereits auf das Thema hinweist.

c Lies den Text genau und notiere nur die wichtigsten Informationen in Stichpunkten.

d Schreibe die Hauptinformation des Textes in einem Satz auf.

e Schreibe eine Zusammenfassung des Textes. Orientiere dich dazu an den Fragen im Merkkasten auf Seite 70.

●●● **2** Im folgenden Text geht es darum, worauf man beim Sammeln und Zubereiten von Pilzen achten muss.

a Lest den Text abwechselnd Abschnitt für Abschnitt laut und sagt jeweils, welcher Hinweis zum Pilzesammeln gegeben wird.

Viele Menschen verzichten auf den Genuss selbst ge-
sammelter Pilze, weil sie eine Vergiftung befürchten. Tatsächlich erkranken auch jedes Jahr Menschen nach dem
Genuss giftiger Pilze. Deshalb sind beim Pilzesammeln
5 einige Dinge zu beachten.
Ursache der Pilzvergiftungen ist fast immer die Unkenntnis
der giftigen Arten. Pilzvergiftungen werden vermieden,
wenn man nur die Pilze sammelt, die einem bekannt sind.
Die Pilze sollten nur in festen Behältern wie Körben oder stabilen Plas-
10 tikgefäßen gesammelt werden. In Rucksäcken, Taschen oder Beuteln
werden die Pilze gedrückt, schwitzen und verderben rasch. Alte und
durchnässte Pilze sollte man stehen lassen. Die alten Pilze sorgen durch
ihre Sporen für den Nachwuchs, und die durchnässten Pilze sind wenig
haltbar. Gesammelt werden sollten nur junge und festfleischige Pilze.
15 Die am Boden wachsenden Pilze werden leicht aus der Erde gedreht.
So kann man die unteren Stielenden besser erkennen. Nur die Pilze,
die an Bäumen wachsen, werden abgeschnitten. Es ist darauf zu achten,
dass die Laubschicht im Wald nicht zerwühlt wird. Das schadet dem
Wald und der im Boden lebenden Pilzpflanze mehr, als man glaubt.
20 Ratsam ist es, die Pilze an Ort und Stelle zu säubern. Sie verschmutzen
sich sonst gegenseitig. Madige Teile an Pilz und Stiel sollten entfernt
werden.
Das Sammelgut sollte bald zubereitet werden. Auch wenn man die Pilze
erst am nächsten Tag isst, sollte man sie bald durchschmoren. Ist eine
25 sofortige Verwendung nicht möglich, müssen die Pilze in kühlen und
trockenen Räumen flach ausgebreitet werden, am besten auf Holzrosten
oder einer Papierunterlage.

b Fasse die Hinweise in kurzen Ratschlägen zusammen.

1. Sammle nur Pilze, die dir bekannt sind!
2. ...

1 Überfliege den folgenden Text und erfasse das Thema.
Notiere eine Überschrift, die auf das Thema des Textes hinweist.

Sicher sind dir Menschen bekannt, die unter einer Allergie leiden. Vielleicht bist du aber auch selbst davon betroffen? Dann sind die folgenden Informationen für dich besonders interessant. Sie sollen das Wissen und das Verständnis für diese Erkrankung erweitern.

5 Bei einer Allergie weicht die Reaktion des Körpers auf bestimmte körperfremde Stoffe vom normalen Verhalten ab. Die allergieauslösenden Stoffe nennt man Allergene. Diese befinden sich zum Beispiel in Gräserpollen, in verschiedenen Nahrungsmitteln oder im Kot der Hausstaubmilben. Der Körper hält diese Allergene für eine Bedrohung

10 und wehrt sich. Die Allergie ist also eine krank machende Überempfindlichkeit des Körpers auf bestimmte Allergene.
Eine Allergie zeigt sich am häufigsten mit tränenden Augen und laufender Nase. Auch die Atmungsorgane können betroffen sein und in schweren Fällen droht Atemnot. Die Haut kann mit Ausschlägen,

15 Schwellungen und Juckreiz reagieren. Vor allem dieser Juckreiz macht den Betroffenen sehr zu schaffen, da sie nicht zur Ruhe kommen können. Auch andere Körperteile sind betroffen.
So können die Gelenke mit Schwellungen reagieren oder auch mit Schmerzen. Auch der Magen, Darm oder der ganze Bauch können weh-

20 tun, dem Betroffenen ist übel oder er neigt zu Durchfällen. Nicht selten treten bei einem Allergiker mehrere Allergieformen gleichzeitig auf. Wurde eine Allergie erkannt, sollte diese unbedingt behandelt werden. Die wichtigste Methode ist das Vermeiden. Das heißt, die oder der Betroffene muss verhindern, mit dem Allergen in Kontakt zu kommen.

25 Da das nicht immer funktioniert, ist es gut, dass es viele hilfreiche Medikamente gibt. Auch kann man eine „Allergieimpfung" vornehmen lassen. Sie bewirkt, dass die allergische Reaktionsbereitschaft geschwächt oder sogar ganz aufgehoben wird.

2 Erfasse den Gedankengang des Textes.

a Lies den Text dazu abschnittsweise. Stelle zu jedem Abschnitt eine Frage, die durch den Text beantwortet wird. Formuliere daraus eine Teilüberschrift.

●●● b Überlege, warum der Autor seinen Text nicht gleich mit dem zweiten Abschnitt begonnen hat. Notiere mindestens einen Grund.

3 Beschäftige dich jetzt genauer mit dem Inhalt des Textes.

Tipp
Nutze eine Kopie des Textes und markiere die Textstellen.

a Ein Schlüsselwort im Text ist das Wort *Allergie*. Suche im Text alle Wortgruppen, die den Begriff erklären.

b Entscheide dich für eine Erklärung des Wortes *Allergie* und schreibe sie in dein Heft.

c Was ist ein Allergen? Suche den Satz im Text, der diesen Begriff erklärt, und schreibe ihn in dein Heft.

4

a Suche den Abschnitt, der beschreibt, welche Beschwerden Allergien hervorrufen können.

b Unterstreiche alle genannten Körperteile, die betroffen sein können.

c Übertrage die folgende Tabelle in dein Heft. Schreibe die Körperteile untereinander in die linke Spalte.

Körperteile	Beschwerden
...	...

d Ergänze in der rechten Spalte der Tabelle, wie sich die Allergie bemerkbar macht.

e Suche aus dem Text heraus, wie man Allergien behandeln kann. Schreibe die Behandlungsmethoden in dein Heft.

Mit Kinderzeitschriften umgehen

1 „GEOlino" und „Stafette" sind bekannte Kinder- und Jugendzeitschriften.

a   Kennst du diese Zeitschriften?
Welche Zeitschriften würdest du gerne lesen?

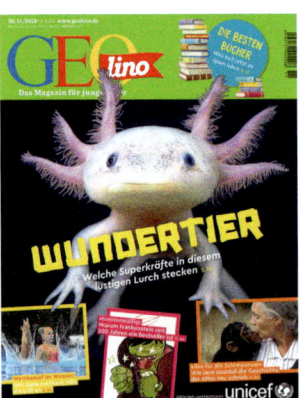 

> In Deutschland gibt es fast für jede Altersgruppe der Kinder und
> Jugendlichen extra **Zeitschriften**. Sie erscheinen in unterschiedlichen
> Abständen: wöchentlich, alle zwei Wochen, monatlich oder sechsmal
> im Jahr. Du kannst sie am Zeitungsstand oder im Buchladen kaufen
> oder im Internet bestellen – entweder einzeln oder im Abo.

Tipp
Legt dazu eine
Tabelle an.

b   Stellt eine Zeitschriften-Hitliste eurer Klasse auf. Findet auch heraus,
welche Zeitschriften abonniert und welche nur ab und zu gekauft werden.
Einigt euch zuerst, wie ihr dabei vorgehen wollt.

 c   Seht euch zwei Zeitschriften aus der Hitliste genauer an.
Übertragt die folgende Tabelle in euer Heft und ergänzt sie.

	Zeitschrift 1	Zeitschrit 2
Titel		
Erscheinungsweise		
Altersgruppe		
Preis		
Farben		
Themen		
Aufbau		
Werbung		

 d   Tragt eure Ergebnisse zusammen. Tauscht euch darüber aus,
was euch an den Zeitschriften gefällt bzw. was ihr kritisiert.

2 Führt in größeren Gruppen jeweils eine Redaktionssitzung durch und bereitet eure eigene Klassenzeitschrift vor.

a Überlegt, welche Themen in eurer Zeitschrift Platz finden sollen, und teilt sie auf.

Was?	Wer?
Mode	Janine, Leo
Sport	Lara, Tim
...	...

b Sucht einen Namen für eure Zeitschrift.

c Verständigt euch darüber, zu welchem Thema ihr einen Artikel schreiben oder eine Bilderseite gestalten wollt.

3

a Recherchiert das Material für euer Thema im Internet oder schneidet es aus verschiedenen Zeitschriften aus. Schreibt, wenn nötig, selbst einen kurzen Artikel.

b Findet passende Fotos/Bilder oder illustriert eure Zeitschriftenartikel.

So könnt ihr eine Kinderzeitschrift gestalten
Die Zeitschrift soll zum Anschauen und Lesen einladen.
Gestaltet sie deshalb interessant und anschaulich. Ihr könnt Ideen, Arbeitsergebnisse und Meinungen darstellen.
1. Ordnet euren Texten **passende Bilder** zu.
2. Gestaltet die Texte und Bilder **übersichtlich** auf einer Seite, lasst Platz zwischen den einzelnen Elementen. Die Seiten dürfen nicht zu voll sein.
3. Schreibt große und auffallende **Überschriften**.
4. Ihr könnt auch **Bildunterschriften** verfassen.
5. Die erste und letzte Seite können für die **Begrüßung** bzw. den **Ausblick** genutzt werden.
6. Fasst die Seiten zum Beispiel in einem **Ordner** zusammen und gestaltet ein **Titelblatt**.

4 Lea ist Redakteurin einer Klassenzeitschrift.
Sie möchte herausfinden, für welche Themen sich
die Leserinnen und Leser besonders interessieren.

a Betrachte das Schaubild, das Lea im Internet gefunden hat.
Notiere, welche vier Themen an erster Stelle stehen.

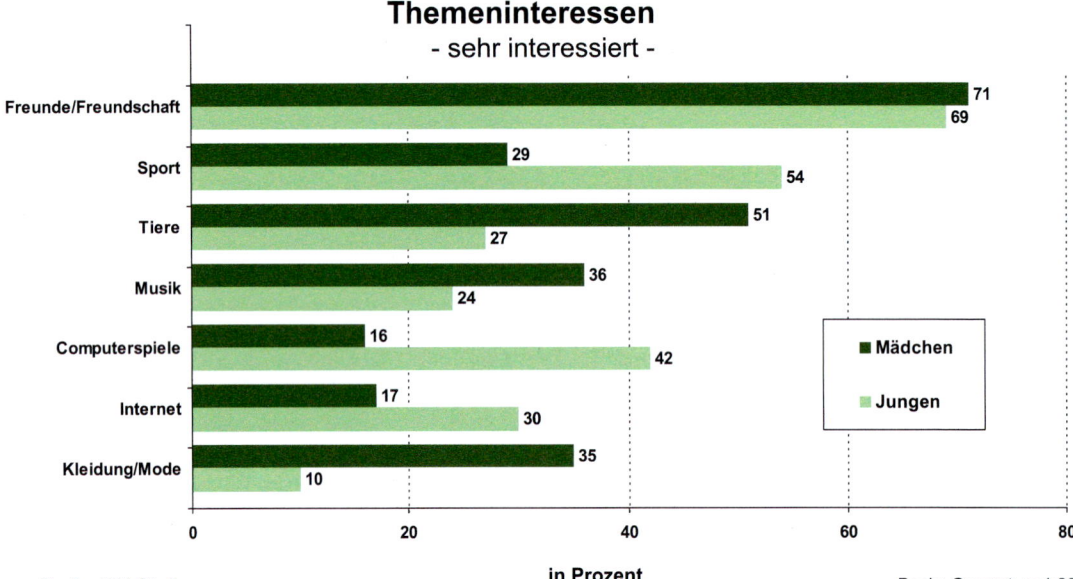

Quelle: KIM-Studie   in Prozent   Basis: Gesamt, n=1.206

b Untersuche, wie viele Mädchen / wie viele Jungen diese Themen
interessieren.

c Notiere, bei welchen Themen sich die Interessen der Jungen und
Mädchen stark unterscheiden. Belege mithilfe der Zahlen im Schaubild.

5 Findet heraus, für welche der im Schaubild genannten Themen
sich die Schülerinnen und Schüler eurer Klasse interessieren.

a Führt dazu eine Abstimmung durch. Notiert zu jedem Thema
die Zahl der Jungen/Mädchen und vergleicht sie mit den Ergebnissen
aus Aufgabe 4.

b Gib Lea nun eine Empfehlung, worüber in einer Klassenzeitschrift
für deine Klasse berichtet werden sollte.

Die Abstimmung in unserer Klasse hat ergeben, dass ...

**Was habe ich
gelernt?**

6 Überprüfe, was du über **Kinderzeitschriften** gelernt hast.
Beantworte dazu folgende Frage:
Was musst du beim Gestalten beachten?

Gesprächsregeln einhalten

1 Die Klasse 5 a der Bertha-von-Suttner-Schule führt ein Projekt zum Thema „Sich verständigen" durch. Erste Ideen wurden gesammelt:

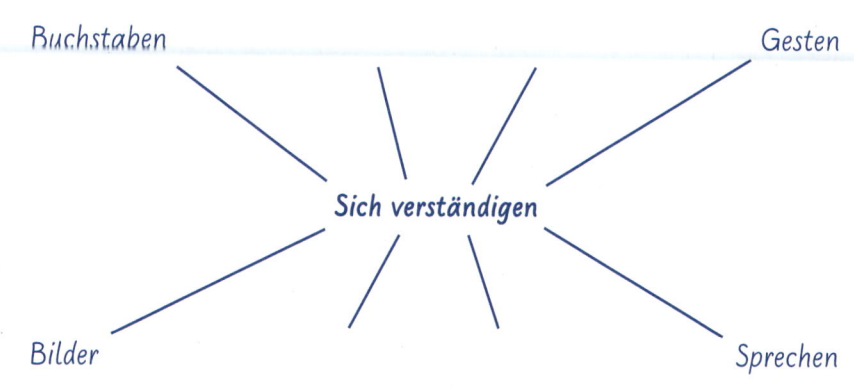

Buchstaben — Gesten

Sich verständigen

Bilder — Sprechen

Sprecht über das Cluster.
Ergänzt weitere Verständigungsmöglichkeiten.

2 Die Klasse 5 a diskutiert laut darüber, was sie zum Thema „Sich verständigen" machen will.
Lest den Ausschnitt aus der Diskussion mit verteilten Rollen.

Kathrin „Ich will, dass wir eine Szene aus dem Alltag ohne Worte entwerfen, dann kannst du mich nicht mehr anbrüllen …"

Thomas *(schneidet ihr das Wort ab)* „Von wegen brüllen, ich sage nur laut und deutlich meine Meinung und hetze nicht hintenrum!"

Oliver „Du meinst wohl mich – nur weil ich deinen Vorschlag, eine Zeichensprache zu lernen, total blöd finde!"
(verzieht das Gesicht)

Swenja *(beschwichtigend)* „Warum seid ihr nur so aggressiv? Wir sollten vielleicht erst mal über Verhaltensregeln sprechen. Wir wollen ein Projekt auf die Beine stellen und können uns nicht mal vernünftig unterhalten!"

3 Schülerinnen/Schüler *(laut durcheinander)* „… Die blöde Kuh ist ja übergeschnappt!" … „Verhaltensregeln – super spannend! … Warum eigentlich nicht?"

Maxi „Wir können nichts besprechen, das artet jedes Mal aus. Das nervt! Vielleicht bringt uns Swenjas Vorschlag weiter. Sonst schaffen wir es nie, was auf die Beine zu stellen."

3

a Übertrage die folgende Tabelle in dein Heft.
Notiere, was am Gesprächsverhalten der einzelnen
Schülerinnen/Schüler auffällt.

	Gesprächsverhalten
Kathrin	äußert einen Vorwurf
Thomas	lässt Kathrin nicht ausreden
…	…

b Wie könnte es besser ablaufen? Sammelt Verbesserungsvorschläge.
Bezieht dazu eure eigenen Erfahrungen ein.

4 Übertrage die folgende Tabelle in dein Heft.
Ordne die Äußerungen 1–7 in die richtige Spalte ein.

1 Wie kann man denn nur auf so eine bescheuerte Idee kommen?
2 Willst du vielleicht als Erste(-r) deine Meinung dazu sagen?
3 Das ist ja totaler Quatsch!
4 Das kann man bestimmt auch so machen, aber ich würde lieber …
5 Ich kann dich gut verstehen, doch ich finde …
6 Ich sag euch gleich, ich will, dass wir …, da gibt es gar keine
   Diskussion, basta!
7 Was denkst du dazu?

guter Beginn einer Diskussion	ermutigende Äußerung	schlechter Beginn einer Diskussion	entmutigende Äußerung
…	…	…	…

> **So kannst du die wichtigsten Gesprächsregeln einhalten**
> 1. Bringe deine Meinung ein und begründe sie sachlich.
> 2. Lass die anderen zu Wort kommen und unterbrich sie nicht.
> 3. Höre aufmerksam zu, frage nach und gehe auf das ein,
>   was der andere gesagt hat.
> 4. Verletze den anderen nicht durch Schimpfwörter oder Vorwürfe.
> 5. Bleibe freundlich und höflich.
> 6. Sieh die anderen an.
> 7. Suche einen Kompromiss.

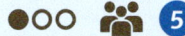

5

a Schreibt fünf Gesprächsregeln aus dem Merkkasten auf, die für eure Klasse besonders wichtig sind.

b Stellt die Regeln aus der Gruppenarbeit der Klasse vor.
Einigt euch gemeinsam in der Klasse auf fünf Gesprächsregeln.

c Findet für jede Regel ein anschauliches Symbol und eine Farbe.
Fertigt fünf Karteikarten in den entsprechenden Farben an.
Notiert auf der einen Seite jeweils die Regel, zeichnet auf die andere Seite das Symbol für die Regel. Wenn jemand gegen eine Regel verstößt, kann jeder gleich die passende Karte hervorziehen.

6 Überlegt, wie das Gespräch in der Klasse 5 a (S. 77, Aufgabe 2) besser ablaufen könnte.

 a Schreibt gemeinsam ein neues Gespräch.

b Spielt eure Gespräche in der Klasse vor.

c Beobachtet die Gespräche der anderen.
Kontrolliert die Einhaltung der Gesprächsregeln aus dem Merkkasten.

d Besprecht anschließend, ob die Gesprächsregeln eingehalten wurden.

Beschreiben

Einen Gegenstand beschreiben

1 Kennst du das Teekesselspiel? Suche Nomen, die zwei unterschiedliche Bedeutungen haben, und beschreibe diese.

Mein Teekessel ist ein Sportgerät.
Mein Teekessel ist eine große Tanzveranstaltung. (Ball)

2

a Bei welcher Gelegenheit wurde dir etwas beschrieben?

b Hast du schon einmal jemandem einen Gegenstand beschrieben? Was musst du dabei beachten?

> Beim **Beschreiben eines Gegenstandes** informierst du andere über etwas, was sie nicht kennen oder was sie nach deinen Angaben erkennen sollen. Welche Merkmale für die Beschreibung besonders wichtig sind, hängt davon ab, für wen und warum du den Gegenstand beschreibst.
> Beschreibe allgemeine und besondere Merkmale eines Gegenstandes.
> **Allgemeine Merkmale** sind Merkmale, die Gegenstände der gleichen Art gemeinsam haben, z. B.: *Alle Fahrräder haben Räder.*
> **Besondere Merkmale** treffen nur auf einzelne Gegenstände zu (Größe, Form, Material, Farbe, Besonderheiten), z. B.: *Mein Fahrrad hat gelbe Reifen.*

3 Lies das folgende Gespräch. Was hätte Michelle gleich tun müssen?

Michelle: Ach, du Schreck, meine Federtasche ist weg!
Und darin war mein guter Füller, den ich zum Geburtstag bekommen habe.
Patricia: Geh zum Hausmeister.
Michelle: Herr Neuhaus, meine Federtasche ist weg.
Ist sie bei Ihnen abgegeben worden?
Hausmeister: Nun, was hättest du denn gern für eine?
Ich habe eine gelbe, eine schwarze, eine rechteckige, eine längliche, eine …

4 Trage alle Merkmale zusammen, die notwendig sind,
um Michelles Federtasche genau zu beschreiben.

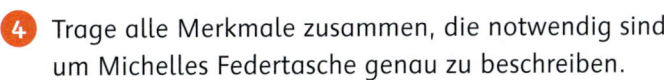

a Übertrage die folgende Tabelle in dein Heft und ergänze sie.

allgemeine Merkmale	besondere Merkmale
Reißverschluss	*Größe: ...*
...	...

b Lege die Reihenfolge der Beschreibung fest.
Nummiere die Merkmale in der Tabelle.

5 Nimm aus deiner Federtasche einen Füller. Beschreibe ihn so genau,
dass er unter vielen anderen leicht zu erkennen ist.

a Notiere zuerst die allgemeinen und besonderen Merkmale des Füllers
und überlege, welche Merkmale für deine Beschreibung wichtig sind.

b Schreibe einen Textentwurf.

c Ein Schüler sammelt wahllos drei Füller ein. Die Besitzer lesen
ihre Beschreibung vor. Wer von ihnen hat am besten beschrieben?
Begründe, warum du diese Beschreibung für gelungen hältst.

→ S. 29, 35: Über-
arbeiten

d Überarbeite deinen Entwurf und achte dabei besonders auf eine
treffende Wortwahl. Schreibe die korrigierte Fassung in dein Heft.

> **So kannst du eine Beschreibung verfassen**
> 1. Bedenke die **Schreibaufgabe**.
> 2. **Ordne** allgemeine und besondere **Merkmale** des Gegenstandes.
>   Beschreibe Größe, Form, Material, Farbe und Besonderheiten.
> 3. Schreibe einen **Entwurf**. Lass einen Rand zum Korrigieren.
> 4. **Überarbeite** den Entwurf.
> 5. Schreibe die **Endfassung**.

6 Du hast trotz Belehrung deine Uhr vor dem Sportunterricht im
Umkleideraum gelassen. Nun ist sie weg und du sollst sie beschreiben.
Wähle Aufgabe a oder b.

●●○ **a** Verfasse eine genaue Beschreibung für deine Sportlehrerin /
deinen Sportlehrer.

●○○ **b** Beantworte folgende Fragen schriftlich:
Welche allgemeinen Merkmale weist deine Uhr auf?
Welche besonderen Merkmale finden sich bei deiner Uhr?

Ein Tier beschreiben

→ S. 170: Adjektive

1 Nico hat einen Hund, aber vor Kurzem ist Cäsar weggelaufen. Der Junge ist traurig. Er bittet seine Schulfreunde, ihm beim Suchen zu helfen.

a Lies Nicos Beschreibung.

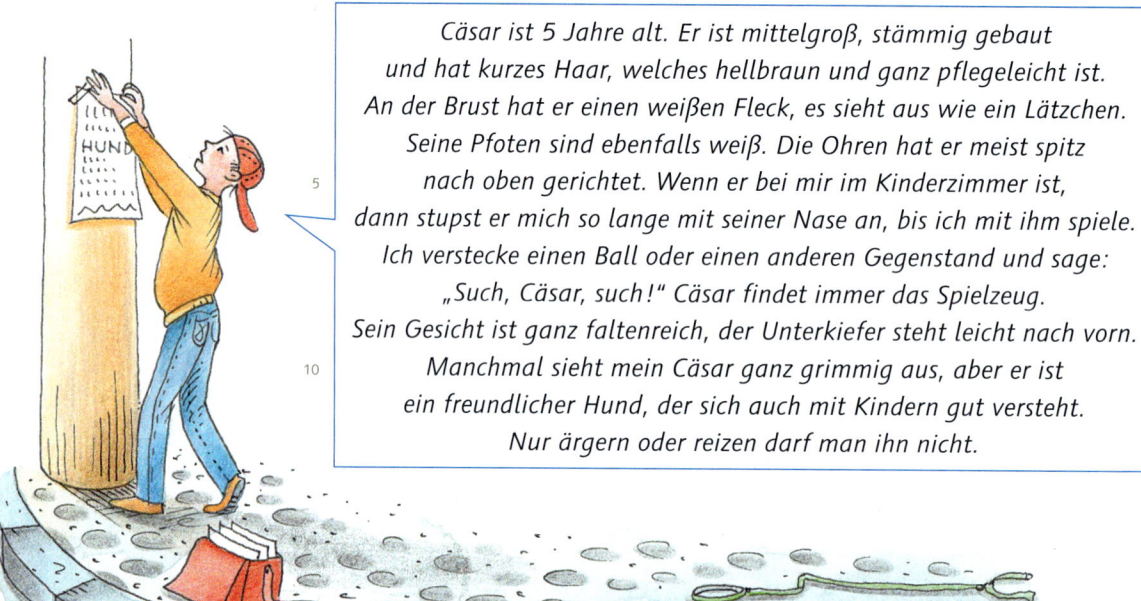

> Cäsar ist 5 Jahre alt. Er ist mittelgroß, stämmig gebaut
> und hat kurzes Haar, welches hellbraun und ganz pflegeleicht ist.
> An der Brust hat er einen weißen Fleck, es sieht aus wie ein Lätzchen.
> Seine Pfoten sind ebenfalls weiß. Die Ohren hat er meist spitz
> 5   nach oben gerichtet. Wenn er bei mir im Kinderzimmer ist,
> dann stupst er mich so lange mit seiner Nase an, bis ich mit ihm spiele.
> Ich verstecke einen Ball oder einen anderen Gegenstand und sage:
> „Such, Cäsar, such!" Cäsar findet immer das Spielzeug.
> Sein Gesicht ist ganz faltenreich, der Unterkiefer steht leicht nach vorn.
> 10   Manchmal sieht mein Cäsar ganz grimmig aus, aber er ist
> ein freundlicher Hund, der sich auch mit Kindern gut versteht.
> Nur ärgern oder reizen darf man ihn nicht.

Tipp
Merkmale dieser Hunderasse findest du in der Beschreibung.

b Zu welcher Hunderasse gehört Cäsar?

c Nico will in seinem Wohngebiet eine Suchanzeige aushängen. Hilf ihm dabei. Wähle Aufgabe 1 oder 2.

●●○   1. Welche Informationen müssen deiner Meinung nach zu Nicos Beschreibung hinzugefügt werden, welche könnte er weglassen? Begründe deine Auffassung.

●○○   2. Welche der folgenden Informationen sollte Nico unbedingt in die Suchanzeige aufnehmen? Schreibe diese ins Heft.

Ohren meist spitz nach oben gerichtet / hellbraun / stämmig gebaut / weiße Pfoten / pflegeleichtes Haar / mittelgroß / kurzes Haar / weißer Fleck an der Brust / Caesar findet alles Spielzeug

Beim **Beschreiben eines Tieres** können Informationen zum Aussehen, zum Verhalten, zur Lebensweise, zum Lebensraum, zur Ernährung und zu besonderen Fähigkeiten wichtig sein. Welche Angaben notwendig sind, hängt davon ab, zu welchem Zweck du das Tier beschreibst. Verben, Adjektive und Vergleiche helfen beim genauen und anschaulichen Beschreiben.

2 Patricia war mit ihrer Oma im Tierheim.
Diese drei Hunde haben ihr besonders gut gefallen,
aber nur einen darf sie mit nach Hause nehmen.

→ S. 80

a Wähle einen dieser Hunde aus. Stelle allgemeine und besondere Merkmale für seine Beschreibung zusammen.

b Entscheide, welche Merkmale zur Beschreibung des Hundes genannt werden sollen, und bestimme ihre Reihenfolge.

→ S. 190: Wortfeld

c Stelle Wortfelder zusammen.
Achte darauf, dass die Wörter zur Beschreibung eines Hundes genutzt werden können.

sich bemerkbar machen – knurren, ...
sich bewegen – ...
...

Ein **Wortfeld** umfasst Wörter mit gleicher oder ähnlicher Bedeutung, z. B.: *sich bemerkbar machen – knurren, bellen, jaulen, kläffen.*

d Beschreibe den Hund deinen Eltern, denn du möchtest ihn unbedingt aus dem Tierheim holen.
Schreibe zuerst einen Entwurf und überarbeite ihn gründlich.

Einen Vorgang beschreiben

1 Wie Muffins hergestellt werden, wird im Folgenden beschrieben.

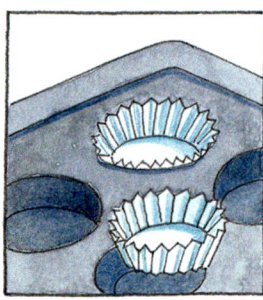

1 Backofen auf 190 Grad vorheizen

2 Papierförmchen einsetzen

3 Mehl und Backpulver verrühren

4 Ei leicht verquirlen, mit Zucker, Öl und Milch vermischen

5 Mehl und Obst unterrühren

6 Teig in Muffinblech einfüllen, 20–25 Minuten backen

 a Tauscht euch darüber aus, ob diese Backanleitung alle notwendigen Informationen enthält.

b Schreibt auf, welche Informationen euch fehlen.

Was brauche ich ...? Wie viel ...?

c Schreibe das Rezept so auf, dass deine Mitschülerinnen und Mitschüler damit erfolgreich Muffins backen können. Nutze dazu die Angaben in der Randspalte.

280 g Mehl
1 Päckchen Backpulver
2 Esslöffel Zucker
1 Ei
4 Esslöffel Öl
1/4 l Milch
200 g (gefrorene) Beeren

 2 Formuliert die Backanleitung jetzt so ausführlich und genau, dass sie in einem Kinderkochbuch stehen könnte.

a Verfasst zuerst einen Entwurf.

b Überarbeitet euren Text. Überprüft zuerst, ob ihr die einzelnen Handlungen in der richtigen Reihenfolge dargestellt habt.

> Beim **Beschreiben von Vorgängen** und Handlungen musst du die Abfolge der Teilvorgänge oder Handlungen genau darstellen, damit der Leser/ Zuhörer die **Reihenfolge** richtig nachvollziehen kann. Besonders wichtig ist dies bei **Handlungsanleitungen**, wie zum Beispiel bei Rezepten, Spiel- und Bastelanleitungen.

c Tragt Wörter zusammen, mit deren Hilfe man die zeitliche Abfolge der Handlungen ausdrücken kann:

zuerst, danach ...

d Überarbeitet euren Text. Achtet jetzt besonders auf die genaue und abwechslungsreiche Darstellung der Handlungsabfolge.

 3

a Untersuche, wodurch sich die folgenden Formulierungen unterscheiden.

Ich nehme zuerst 1 kg Mehl. Nimm zuerst 1 kg Mehl. Zuerst nimmst du 1 kg Mehl.	Man nehme zuerst 1 kg Mehl. Zuerst nimmt man 1 kg Mehl. Zuerst wird 1 kg Mehl genommen.

 b Tauscht euch darüber aus, wie diese Formulierungen auf euch wirken und für welche ihr euch entscheiden würdet.

> In **Vorgangsbeschreibungen** kannst du entweder die **persönliche Ausdrucksweise** oder die **unpersönliche Ausdrucksweise** verwenden, z. B.:
> *Zuerst lege ich alle Zutaten bereit. / Zuerst legst du alle Zutaten bereit.*
> Oder: *Zuerst legt man alle Zutaten bereit. / Zuerst werden alle Zutaten bereitgelegt.*
> Für welche Ausdrucksweise du dich entscheidest, hängt davon ab, für wen und worüber du schreibst.

c Für welche Ausdrucksweise würdest du dich entscheiden, wenn du
– deiner Freundin beschreibst, wie sie den kaputten Reifen ihres Fahrrads reparieren soll,
– in der Schülerzeitung beschreibst, wie man eine Wandzeitung herstellt,
– in einem Bastelbuch beschreibst, wie man eine Einladung gestaltet?
Begründe deine Meinung.

 d Überprüft, welche Ausdruckweise ihr in eurer Backanleitung verwendet habt. Einigt euch, ob ihr in persönlicher oder unpersönlicher Ausdrucksweise schreiben wollt. Wenn nötig, überarbeitet den Text noch einmal.

Einen Weg beschreiben

1 Nicole möchte mit Sandy ins Schauspielhaus gehen.
Da Sandy noch nicht lange in Chemnitz wohnt, kennt sie
den Weg dorthin nicht.

a Lies Nicoles Wegbeschreibung.

An:	sandy.frisch@example.com
Betreff:	Wegbeschreibung

Hi, Sandy,
ich schicke dir schnell noch die Wegbeschreibung, damit nichts
schiefgeht. Du stehst vor der alten Post und wendest dich nach links.
Gehe den Fußweg so lange geradeaus, bis du an die Zschopauer
Straße kommst. Dort biegst du rechts ein. Nach ca. 100 Metern
siehst du rechts die Moritzstraße. Du gehst weiter geradeaus,
bis du an die Kreuzung Annenstraße / Park der Opfer des Faschismus
gelangst. Überquere nun die Zschopauer Straße. Du stehst direkt
vor dem Park der Opfer des Faschismus. Gehe den Weg entlang.
Nach ca. 200 Metern siehst du einen Pfad, der nach rechts führt.
Diesen Pfad gehst du entlang und nach wenigen Metern
stehst du schon vor dem Schauspielhaus. Stadtplan hängt dran.
Ich freue mich schon riesig. Gruß, Nicole

b Sieh dir den Plan genau an.
Wird Sandy den Weg problemlos finden?

So kannst du eine Wegbeschreibung üben
1. Gib Straßennamen, Richtungen und Entfernungen in der richtigen **Reihenfolge** an.
2. Nenne **Besonderheiten** an der Strecke, die als Orientierungspunkte dienen, zum Beispiel auffällige Gebäude.
3. Formuliere kurze **Aufforderungssätze**.
4. Füge, wenn möglich, als Hilfe einen **Stadtplan** oder eine **Skizze** bei.

c Schreibe alle Wörter und Wortgruppen aus der Wegbeschreibung in Aufgabe a heraus, die eine Richtung oder Ortsangabe beinhalten.

→ **S. 190:** Wortfeld

2 Bilde Wortfelder zu den folgenden Verben.

gehen	laufen, abbiegen, …
sehen	…
fahren	…

Tipp
Überprüfe besonders, ob deine Angaben in der richtigen Reihenfolge angeordnet sind.

3 Suche dir auf der Karte (S. 86, Aufgabe 1 a) einen Startpunkt und ein Ziel, ohne sie den anderen zu nennen. Beschreibe den Weg. Gehe dabei so vor:
– Überlege dir zuerst, worauf du besonders achten musst.
– Schreibe einen Entwurf und überarbeite ihn.

●●● **4** Dein neuer Freund aus dem Sportverein will dich und deinen Heimatort näher kennen lernen. Beschreibe ihm deinen Schulweg oder den Weg zu einem Museum, zum Kino oder zum Fußballplatz.

Was habe ich gelernt?

5 Überprüfe, was du über das **Beschreiben** gelernt hast. Beantworte dazu die folgenden Fragen.

1 Was musst du beachten, wenn du einen Gegenstand beschreibst?
2 Welche Merkmale sind bei einer Tierbeschreibung wichtig und wovon hängt das ab?
3 Was musst du beachten, wenn du eine Vorgangsbeschreibung schreibst?
4 Was solltest du bei einer Wegbeschreibung beachten?
5 Was ist dir in diesem Kapitel schwergefallen?
6 Welche der Beschreibungen (Gegenstand, Tier, Weg) fallen dir leicht?

Mit Gedichten umgehen

Ein Gedicht vortragen

1 Lies die folgenden Gedichte.

a Welches der drei Gedichte gefällt dir am besten?
Beschreibe deine ersten Gedanken und Eindrücke dazu.

 b Lest die Gedichte erneut und tauscht euch darüber aus,
wie die Dichter die Natur beschreiben.

Eduard Mörike

Er ist's

Frühling lässt sein blaues Band
Wieder flattern durch die Lüfte;
Süße, wohlbekannte Düfte
Streifen ahnungsvoll das Land.
5 Veilchen träumen schon,
Wollen balde kommen.
– Horch, von fern ein leiser Harfenton!
Frühling, ja du bist's!
Dich hab ich vernommen!

Eugen Roth

Der Baum

Zu fällen einen schönen Baum,
braucht's eine Viertelstunde kaum.
Zu wachsen, bis man ihn bewundert,
braucht er, bedenkt es, ein Jahrhundert.

Theodor Fontane

Mittag

Am Waldessaume träumt die Föhre,
Am Himmel weiße Wölkchen nur,
Es ist so still, dass ich sie höre,
Die tiefe Stille der Natur.
5 Rings Sonnenschein auf Wies' und Wegen,
Die Wipfel stumm, kein Lüftchen wach,
Und doch, es klingt, als ström' ein Regen
Leis tönend auf das Blätterdach.

c Vergleiche die Aussagen der Gedichte mit deinen eigenen Erfahrungen.
Beschreibe, was für dich neu ist.

2 Fasse zusammen, was du bereits über Gedichte weißt.
Was ist das Besondere an einem Gedicht? Wie ist es aufgebaut?

> In einem **Gedicht** bringt eine Autorin / ein Autor Gedanken und Gefühle
> zum Ausdruck. Dies geschieht in einer besonderen Form, häufig mithilfe
> von sprachlichen Bildern. In der Regel besteht ein Gedicht aus Strophen,
> die wiederum aus einzelnen Versen (Gedichtzeilen) bestehen. Die Verse
> können sich reimen. Auch der Rhythmus eines Gedichtes lässt sich unter-
> suchen.

3 Untersuche die Reime in den Gedichten auf S. 88 genauer.

a Beschreibe, wodurch sie sich unterscheiden.

b Es gibt verschiedene Reimschemata, zum Beispiel
Paarreime und Kreuzreime. Erkläre diese Bezeichnungen
und ordne ihnen je ein Gedicht von S. 88 zu.

c In einem der Gedichte auf S. 88 kommt ein umarmender Reim vor.
Was stellst du dir darunter vor? Nenne den Titel des Gedichts.

> Das **Reimschema** kannst du dir verdeutlichen, indem du jedem Vers
> einen Buchstaben gibst, Reime bekommen den gleichen Buchstaben.
>
> | **Paarreim:** | **Kreuzreim:** | **umarmender Reim:** |
> |---|---|---|
> | zwei direkt auf-einanderfolgende Verse reimen sich | ein Vers reimt sich jeweils mit dem übernächsten | ein Paarreim wird von einem anderen umschlossen |
> | ... Haus. a | ... Haus. a | ... Haus. a |
> | ... Maus. a | ... Feld. b | ... Feld. b |
> | ... Geld. b | ... Maus. a | ... Geld. b |
> | ... Feld. b | ... Geld. b | ... Maus. a |

 4 Das Gedicht „Er ist's" von Eduard Mörike wurde vertont.

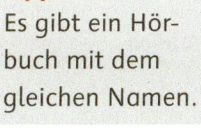
Tipp
Es gibt ein Hör-
buch mit dem
gleichen Namen.

a Sucht in eurer Bibliothek oder im Internet nach einer Vertonung.

b Hört euch die Vertonung an und beschreibt die Grundstimmung
des Gedichts, die durch den Vortrag zum Ausdruck kommt.

5 Bereite nun das Gedicht „Er ist's" für deinen eigenen Lesevortrag vor.

a Lies das Gedicht zuerst mehrmals nur für dich (laut, halblaut oder leise, wie du möchtest).
Achte auf die Satzzeichen, zum Beispiel Kommas, Punkte, Ausrufezeichen und den Gedankenstrich.

Tipp
Nutze am besten eine Kopie des Gedichts. Wenn du im Buch arbeiten möchtest, lege eine Folie auf.

b Trage jetzt Lesehilfen ein, die deinen Gedichtvortrag unterstützen sollen. Nimm dazu den folgenden Rahmen zu Hilfe.

> **So kannst du deinen Gedichtvortrag mit Lesehilfen vorbereiten**
> 1. Unterstreiche die Wörter und Wortgruppen, die du betonen willst.
> 2. Setze einen Schrägstrich für eine kurze Pause, /
>   zwei Schrägstriche für eine lange Pause. //
> 3. Zeichne die Satzmelodie ein:
>   Stimme senken ⌐   Stimme heben ⌐
> 4. Bringe die Grundstimmung des Gedichts durch deinen Tonfall
>   zum Ausdruck: fröhlich, laut, leise usw.
> 5. Beachte dein Sprechtempo.

Eduard Mörike //

Er ist's

Frühling lässt sein blaues Band /

Wieder flattern durch die Lüfte; // ⌐

Tipp
Ihr könnt die Vorträge auch aufnehmen.

c Tragt euch das Gedicht gegenseitig vor.
Gebt Hinweise, was noch verbessert werden könnte.

6 Gestaltet nun auch das Gedicht „Mittag" (S. 88) nach eueren Vorstellungen. Wählt a oder b.

 a Bereitet das Gedicht „Mittag" (S. 88) für euren Lesevortrag vor.

 b Überlegt euch, wie man das Gedicht „Mittag" (S. 88) im Rollenspiel darstellen könnte.
Jemand stellt die Föhre dar, jemand die weißen Wölkchen usw.

Was habe ich gelernt?

7 Überprüfe, was du über das **Vortragen eines Gedichts** gelernt hast.
Beantworte dazu folgende Frage:

Was muss ich beim Vortragen eines Gedichts beachten?

Ein Gedicht auswendig lernen

1

a Du sollst nun ein Gedicht auswendig lernen. Wähle eines aus.

b Überlege zuerst, ob dir der Inhalt des Gedichts verständlich ist.
Kläre unbekannte Wörter oder Textstellen. Stelle dir den Inhalt bildlich vor.

2

a Bereite den Gedichtvortrag mithilfe von Lesehilfen vor.

> *Eugen Roth //*
>
> **Der Baum**
>
> Zu fällen einen schönen Baum, /
>
> braucht's eine Viertelstunde ⌐ kaum. //
>
> Zu wachsen ⌐, bis man ihn bewundert, /
>
> braucht er, / bedenkt es, / ein Jahrhundert. ⌐

b Lies das Gedicht mehrmals laut vor. Du kannst auch verschiedene
Varianten aufnehmen und dir den besten Lesevortrag vorspielen.

> **So kannst du ein Gedicht auswendig lernen**
> Du wählst zwischen Teil-Lernmethode und Ganz-Lernmethode aus.
> Teil-Lernmethode:
> 1. Lerne das Gedicht in Abschnitten auswendig, Vers für Vers,
>   Strophe für Strophe.
> 2. Beginne mit der ersten Strophe und wiederhole diese mehrmals.
> 3. Nun nimmst du dir die nächste, dann wieder die nächste vor,
>   bis du alle Strophen auswendig kannst.
> 4. Sage das ganze Gedicht auf.
> Ganz-Lernmethode:
> 1. Lerne das Gedicht als Ganzes auswendig.
> 2. Beginne wie bei der Teil-Lernmethode, sage aber immer das ganze
>   Gedicht auf. Weißt du nicht mehr weiter, beginne von vorn.

3

a Lerne das Gedicht mithilfe der Teil- oder Ganz-Lernmethode auswendig.

b Wiederhole das Gelernte mehrfach. Achte auf den Rhythmus und
den Reim. Verteile das Lernen auf mehrere Tage.

Annette von Droste-Hülshoff

Der Frühling ist die schönste Zeit!

Der Frühling ist die schönste Zeit!
Was kann wohl schöner sein?
Da grünt und blüht es weit und breit
Im goldnen Sonnenschein.

5 Am Berghang schmilzt der letzte Schnee,
Das Bächlein rauscht zu Tal,
Es grünt die Saat, es blinkt der See
Im Frühlingssonnenstrahl.

Die Lerchen singen überall,
10 Die Amsel schlägt im Wald!
Nun kommt die liebe Nachtigall
Und auch der Kuckuck bald.

Nun jauchzet alles weit und breit,
Da stimmen froh wir ein:
15 Der Frühling ist die schönste Zeit!
Was kann wohl schöner sein?

Theodor Storm

April

Das ist die Drossel, die da schlägt,
Der Frühling, der mein Herz bewegt;
Ich fühle, die sich hold bezeigen,
Die Geister aus der Erde steigen.
5 Das Leben fließet wie ein Traum –
Mir ist wie Blume, Blatt und Baum.

1 Vergleiche, wie in beiden Gedichten der Frühling beschrieben wird.

2 Erkläre, warum die Menschen den Frühling besonders schätzen.

3 Beschreibe die Form der beiden Gedichte und vergleiche sie.

Ernst Jandl

auf dem land

rininininininininDER
brüllüllüllüllüllüllüllEN

schweineineineineineineineinE
grunununununununununZEN

5 hunununununununununDE
bellellellellellellellellEN

katatatatatatatatZEN
miauiauiauiauiauiauiauiauEN

katatatatatatatatER
10 schnurrurrurrurrurrurrurrurrEN

gänänänänänänänSE
schnattattattattattattattattERN

ziegiegiegiegiegiegiegiegEN
meckeckeckeckeckeckeckeckERN

15 bienienienienienienienENEN
summummummummummummummummEN

grillillillillillillillillEN
zirirrirrirrirrirPEN

…

1

   a Ergänze weitere Tiere und die Geräusche, die sie machen.

   b Trage das Gedicht vor.

●●● **2** Schreibe dein eigenes Lautgedicht mit dem Titel „in der stadt".

   a Notiere zunächst, welche Geräusche in der Stadt zu hören sind.

   b Formuliere die Geräusche in Versen.

Jürg Schubiger

Herbstgedicht

Ich schreibe dir ein Herbstgedicht
Von überreifen Birnen.
Um Äpfel, Zwetschgen geht es nicht:
Dies ist ein reines Birngedicht,
5 so tief im Laub und gelb im Licht,
so schwer, dass hier die Zeile b
r
i
c
h
t.

Wolfgang Bächler

Der Nebel

Der Nebel ist unersättlich.
Er frißt alle Bäume, die Häuser,
die parkenden Autos,
die Sterne, den Mond.

5 Der Nebel rückt näher,
unförmig gemästet,
wird dicker und dicker,
drückt gegen die Mauer,
leckt an den Fenstern
10 mit feuchter Zunge,
mit grau belegter,
frißt alles,
frißt dich. ®

1 Beschreibe die Stimmung(en), die du beim Lesen der Gedichte gefühlt hast.

2 Lies die Gedichte noch einmal und untersuche, wie der Herbst beschrieben wird.

3 Der Nebel wird bei Wolfgang Bächler wie eine Person dargestellt. Zähle auf, was er macht.

Irmela Brender

Wolkenbilder

Jennifer und Florian
schauen sich die Wolken an.
Dauernd ändert sich das Bild,
das da aus dem Himmel quillt:

5 Zuckerwatte, Sahneeis
wogen luftig, cremig, weiß.
Grauer Rauch ballt sich am Rand
zur enormen Rächerhand.

Riesen schlagen eine Schlacht
10 gegen eine Geistermacht,
die beim Angriff rasch verweht
und in zartem Dunst vergeht.

Florian, der Pflanzen liebt,
sieht, dass es da Engel gibt.
15 Rund, in wallendem Gewand
knien sie vor der Wolkenwand.

„Ob, wenn hier die Blumen welken,
dort die Engel Wolken melken?
Und ob aus den Wolkenkühen
20 manchmal Schnee und Hagel sprühen?"

Er hat Jennifer gefragt.
Sie denkt nach, bevor sie sagt:
„Kann schon sein. Ich seh dort drüben
Elefanten Weitsprung üben.

25 Einer ist jetzt hingefallen
und zerschmilzt in lauter Quallen,
wie sie sonst in Meeren treiben.
Gar nicht einfach zu beschreiben."

Florian sieht keine Quallen,
30 sieht nur Wasserfälle fallen
und dazwischen Krokodile,
ganz vertieft in wilde Spiele.

„Alles ändert sich im Nu –
ich seh dies, und das siehst du.
35 Aber es ist wunderschön,
in den Wolken fernzusehn."

Jacob van Ruisdael: Windmühle am Ufer eines Flusses

1 Hast du auch schon einmal Wolkenbilder in der Natur gesehen?
Beschreibe, wie du dich dabei gefühlt hast.

2 Finde heraus, welche Wolkenbilder Jennifer erkennen kann und
was Florian in den Wolken sieht.

3 Untersuche die äußere Form des Gedichts. Bestimme das Reimschema.

4 Erkläre die letzte Strophe.

Mascha Kaléko

Der Winter

Die Pelzkappe voll mit schneeigen Tupfen,
behäng ich die Bäume mit hellem Kristall.
Ich bringe die Weihnacht und bringe den Schnupfen,
Silvester und Halsweh und Karneval.
5 Ich komme mit Schlitten aus Nord und Nord-Ost.
– Gestatten Sie: Winter. Mit Vornamen: Frost.

Wolfgang Borchert

Winter

Jetzt hat der rote Briefkasten
eine weiße Mütze auf,
schief und verwegen.
Mancher hat bei Glatteis
5 plötzlich gelegen,
der sonst so standhaft war.
Aber der Schnee hat leis
und wunderbar
geblinkt auf Tannenbäumen.
10 Was wohl jetzt die Schmetterlinge träumen?

1 Welches der beiden Gedichte gefällt dir besser?
Begründe deine Meinung.

2 Untersuche, welche Merkmale dem Winter jeweils
zugeschrieben werden.

→ **S. 89:** Reimschema   **3** Vergleiche die Form der beiden Gedichte.
Liegt jeweils ein Reimschema vor?

→ **S. 296:**   ●●● **4** Verfasse zu einem der Gedichte ein Parallelgedicht
Merkwissen   und stelle es deiner Klasse vor.

Erika Engel

Sind die Lichter angezündet

Sind die Lichter angezündet,
Freude zieht in jeden Raum;
Weihnachtsfreude wird verkündet
unter jedem Lichterbaum.
5 Leuchte, Licht, mit hellem Schein,
überall soll Freude sein.

Süße Dinge, schöne Gaben
gehen nun von Hand zu Hand.
Jedes Kind soll Freude haben,
10 jedes Kind in jedem Land.
Leuchte, Licht, mit hellem Schein,
überall soll Freude sein.

Sind die Lichter angezündet,
rings ist jeder Raum erhellt.
15 Weihnachtsfriede wird verkündet,
zieht hinaus in alle Welt.
Leuchte, Licht, mit hellem Schein,
überall soll Friede sein.

Nikolaus
lieber Gesell
fülle meine Stiefel
mit Süßkram und Nüssen
mmmh

1 Beschreibe die Stimmung des Gedichts von Erika Engel.

→ S. 293: Merkwissen

2 Lies das Elfchen über den Nikolaus.
Verfasse nach dem gleichen Muster Weihnachtselfchen.
Du kannst sie als Baumschmuck gestalten und verschenken.

Weihnachten
... ...
... ...
... ...
...

  3 Zu dem Gedicht „Sind die Lichter angezündet" gibt es eine Melodie
von Hans Sandig. Singt das Lied der Klasse vor.

In einer Bibliothek Informationen suchen

1 Du kennst bereits verschiedene Sagen, die entstanden, weil sich die Menschen in früherer Zeit viele Dinge nicht erklären konnten.

a Trage zusammen, an welche Sagen du dich erinnern kannst.

→ **S. 53:** Sagen lesen und verstehen

b Sicher ist deine Heimatregion auch reich an „Sagenhaftem". Welche Ortssagen aus deiner Heimatregion kennst du?

→ **S. 278:** Orts- und Flurnamen

c Trage zusammen, welche Flurnamen es in deiner Region gibt, die man eventuell durch eine Sage erklären könnte.

d Überlege, wo du Sagen über deine Region finden könntest.

2 Eine Möglichkeit, Bücher mit Sagen zu finden, ist die Bibliothek.

a Um Leser/-in einer Bibliothek zu werden, muss man ein Anmeldeformular ausfüllen. Sieh dir das folgende Beispiel an.

Anmeldeformular

Name

Kunden-Nr. (wird von der Stadtbibliothek eingetragen)

Vorname

Straße

Geburtsdatum

☐ . ☐ . ☐

PLZ, Wohnort

Telefon

Name d. Erziehungsberechtigten

Anschrift (nur, wenn sie nicht mit der oben genannten identisch ist)

Ich erkenne die Benutzungsordnung und Gebührensatzung der Stadtbibliothek ... an und bin mit der elektronischen Speicherung der Daten zum Zweck der Ausleihverbuchung einverstanden. Meinem Kind gestatte ich die Nutzung des Internets.

Ort, Datum

Unterschrift des Erziehungsberechtigten

---

b Suche heraus, welche Angaben du unbedingt eintragen musst.

c Überlege, welche Unterlagen du zur Anmeldung brauchst.

d Besorge dir ein Formular der Bibliothek, die für dich am günstigsten zu erreichen ist, und fülle es aus.

3 Wenn du Leserin/Leser einer Bibliothek bist, kannst du
nach Herzenslust in den Regalen herumstöbern.
Allerdings gibt es in einer Bibliothek eine Benutzungsordnung.

a Lies die folgenden Nutzungsbedingungen und begründe,
warum sie unbedingt eingehalten werden sollten.

> **Nutzungsbedingungen**
> – Die Ausleihfrist beträgt vier Wochen.
>   Alle Materialien sind pünktlich zurückzubringen.
> – Das Ausleihen ist grundsätzlich kostenlos.
> – Werden entliehene Materialien nicht pünktlich zurückgegeben,
>   dann muss eine Versäumnisgebühr bezahlt werden.
> – Alle entliehenen Materialien sind sorgfältig zu behandeln.
> – Das Essen und Trinken ist nur in den dafür vorgesehenen Räumen
>   gestattet.
> – Lärm und Unruhe sind zu vermeiden.

b Lies die Nutzungsbedingungen deiner Bibliothek und vergleiche sie
mit den in Aufgabe a genannten. Was stellst du fest?

> Wenn du in der **Bibliothek** ein bestimmtes Buch ausleihen möchtest oder
> nach Büchern zu einem Thema suchst, benutzt du den **Online-Katalog**,
> das heißt, den Katalog, den du im Internet findest. Hier kannst du nach
> Themen, nach Autorinnen/Autoren oder nach Titeln von Büchern suchen,
> z. B.: *Sagen aus Mecklenburg-Vorpommern, Hartmut Schmied,*
> *„Geister, Götter, Teufelssteine".*
> Wenn du nach einem **Thema** suchst und noch keinen genauen Buchtitel
> kennst, musst du dir **Schlagworte** überlegen, nach denen du suchen
> kannst, z. B.: *Heimatsagen, Deutsche Literatur, Mecklenburg-Vorpommern.*

4 Stelle dir vor, du suchst Bücher im Online-Katalog deiner Bibliothek.

a Überlege, was du in der Suchmaske schreiben musst, wenn du folgende
Bücher suchst.

> – *Die schönsten Harzer Märchen und Sagen / Wolfgang Knape (Text).*
>   *Anke Reimann (Ill.). – 4. veränd. Aufl. ,Wernigerode:*
>   *Schmidt-Buch-Verlag, 2016.*
> – *Deutsche Heimatsagen. Harry Trommer (Hrsg.),*
>   *Alfred Will (Illustrationen), Berlin: Kinderbuchverlag, 1966.*
> – *Sagen und Bilder aus dem Land Sachsen. Nacherzählt und erläutert*
>   *von Jost Nadolski, Taucha: Tauchaer Verlag, 2006.*

Titel ⇅	

UND ⇅	Person ⇅	

UND ⇅	Verlage ⇅	

UND ⇅	Jahr ⇅	

b Du suchst Bücher zu den folgenden Fragen. Schreibe auf, welche Schlagworte du in die Suchmaske eintragen musst.

1 Gibt es Tiermärchen in der ganzen Welt?

2 Existiert eine Sage darüber, wie das Dorf Neschwitz zu seinem Namen kam?

3 Wer schrieb das Kunstmärchen „Des Kaisers neue Kleider"?

In den **Suchergebnissen** findest du Angaben zum Buch (Autor/-in bzw. Herausgeber/-in, Titel und Untertitel, Übersetzer/-in, Verlag und Erscheinungsjahr, ISBN u. a.), z. B.: *Geisterseher und Milchzauberinnen: Märchen und Sagen aus Mecklenburg-Vorpommern / Sebastian Lau Texte. Leo Seidel Fotogr. – Berlin: Ed. Braus, 2014, 9783862280537.* Außerdem findest du eine **Signatur**, das heißt eine Kombination aus Buchstaben und Zahlen. Sie gibt an, wo das Buch in der Bibliothek zu finden ist, z. B.: *SL 12 Mär.* Du erhältst auch eine Information darüber, ob das Buch auszuleihen ist, z. B.: *ausgeliehen bis 12. Juni.*

5 Sieh dir das Suchergebnis aus dem Online-Katalog an. Suche die folgenden Angaben zu dem Buch heraus.

Die schönsten Sagen und Legenden für Kinder / Karla S. Sommer. Ill. von Anne Suess. – Köln: Schwager & Steinlein Verlag, 2017 – 128 Seiten. ISBN 9783849907532
Sag212   Standort: Kinderbibliothek (Sagen)   verfügbar

- Titel und Untertitel
- Erscheinungsjahr
- ISBN

- Autor/-in
- Verlag
- Signatur

6 Prüfe, ob deine Stadtbibliothek im Internet einen Online-Katalog anbietet.

a Suche darin nach Märchen von Wilhelm Hauff.

 b Tauscht euch über eure Suchergebnisse aus.
Überprüft, welche der Bücher ihr entleihen könntet.

→ S. 125–130:
Lesestoff

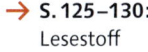 **7** Sucht in eurer Bibliothek nach Büchern zum Thema „Märchen aus
aller Welt".

a Überlegt zuerst, nach welchem Schlagwort ihr am besten suchen solltet.
Denkt darüber nach, ob ihr vielleicht mehrere Schlagworte eingeben solltet.

b Gebt das Schlagwort oder die Schlagwörter in die Suchmaske ein.
Überprüft, welche der Bücher ihr entleihen könntet.

c Tauscht euch über eure Erfahrungen mit anderen aus.

 8 Seht euch eure Suchergebnisse aus Aufgabe 7 genauer an.

a Schreibt die Titel der Bücher auf, die ihr euch zum Thema „Märchen aus
aller Welt" ansehen wollt.

b Überlegt, woran ihr erkennt, ob die benötigten Informationen
in diesen Büchern enthalten sein könnten.

c Geht in die Bibliothek und seht euch die ausgewählten Bücher an.
Geht dabei vor, wie in der Schrittfolge beschrieben.

> **So kannst du geeignete Bücher auswählen**
> 1. Lies den **Titel** und den **Untertitel** des Buches.
> 2. Sieh dir die **Inhaltsangabe** auf den Umschlagklappen oder auf der
>   hinteren Umschlagseite an.
> 3. **Blättere im Buch** und verschaffe dir dadurch einen ersten Eindruck.
> 4. Sieh dir das **Inhaltsverzeichnis** an und überprüfe, ob du geeignetes
>   Material im Buch finden wirst.
> 5. **Überfliege** den gefundenen Text. Enthält er die gesuchte Information?

**Was habe ich
gelernt?**

9 Überprüfe, was du über das **Suchen von Informationen in einer
Bibliothek** gelernt hast.
Beantworte dazu die folgenden Fragen.

1 Worauf musst du achten, wenn du Begriffe in eine Suchmaske eingibst?
2 Wie kannst du vorgehen, um zu beurteilen, ob ein Buch zum Thema
passt?

Ein Buch vorstellen

1 Tom findet in der Bibliothek ein Buch, das ihn neugierig macht.

a Lies den Klappentext und recherchiere im Internet, wie das Buch „Moritz in der Litfaßsäule" aussieht.

> *Moritz, der von zu Hause ausgerissen ist, versteckt sich in einer Litfaßsäule. Dort trifft er eine sprechende Katze, mit der er sich über viele Fragen des Lebens unterhält.*

b Würde euch das Buch interessieren? Tauscht euch aus und begründet eure Meinung.

2 Tom leiht das Buch aus und nimmt es mit nach Hause.

a Lies den folgenden Ausschnitt aus dem Buch.

Christa Kožik

Moritz in der Litfaßsäule

Moritz blätterte in der Zeitung. „Die Ernte ist eingebracht,
im Weitspringen haben wir einen neuen Weltrekord.
Und auf den Schneckeninseln ist eine Überschwemmung."
„Wo liegen die denn?", fragte die Katze interessiert.
5 „Keine Ahnung. Vielleicht im Erdinnern. Hier, kannst selber
weiterlesen." Er warf ihr die Zeitung vor die Nase.
„Danke, ich habe jetzt keine Lust zu lesen."
Moritz sah sie verschmitzt an. „Gib doch zu, du kannst gar nicht
lesen." Und er freute sich sehr, dass sie endlich mal was nicht konnte.
10 „Ich kann lesen", behauptete sie. „Aber nur Schilder: KINO, EIS
und PIZZA." „Bücher nicht?" „Bücher interessieren mich nicht.
Sie riechen langweilig, nach Staub. Und von Staub muss ich niesen."
Und sie nieste zur Anschauung gleich ein piepsiges Niesen.
„Ich finde Bücher gut. Man liest so ein Buch, und das Kind im Buch
15 heißt zwar ganz anders, aber man denkt, man erlebt alles selber,
für eine Weile jedenfalls. Das macht Spaß. Auf diese Weise
kann man viele Leben leben", erklärte Moritz.
„Das ist aber gefährlich. Kann man sich da nicht verwechseln?",
fragte die Katze.
20 „Ach, Quatsch. Das meiste vergisst man bald wieder. Nur manche
Bücher, die hat man immer in sich. Man vergisst sie nie."

b Fasse zusammen, was Moritz über Bücher sagt.

c Welche Bücher hast du nicht vergessen? Begründe, warum.

3 Tom hat ein Plakat zum Buch „Moritz in der Litfaßsäule" gestaltet.
Untersuche das Plakat.

a   Beschreibe, was er gemalt hat.

b   Fasse zusammen, was er geschrieben hat.

c   Beschreibe, wie er die Informationen geordnet hat.

So kannst du ein Leseplakat gestalten
1. Schreibe den Autor und den Titel des Buches als Überschrift.
2. Fasse den Inhalt zusammen oder schreibe den Klappentext ab.
3. Zeichne eine oder verschiedene Figuren aus dem Buch. Ergänze
   eine Sprechblase mit einem charakteristischen Satz dieser Person.
   Schreibe die Namen der Figuren dazu.
4. Stelle die Hauptperson mit ihren Eigenschaften vor.
5. Zeichne ein Bild oder einen Comic zum Text.
6. Schreibe die schönsten Textstellen heraus.

Was habe ich gelernt?

4 Überprüfe, was du über die **Buchvorstellung** gelernt hast.
Stelle dein Lieblingsbuch auf einem Leseplakat vor.

Im Internet Informationen suchen

Das **Internet** ist ein weltweites Netz von Informationen und Daten. Mit seiner Hilfe kannst du dir Informationen über verschiedene Wissensgebiete besorgen. Zu diesem Zweck „surfst" du im World Wide Web (www), indem du verschiedene Internetseiten aufrufst. Suchmaschinen für Kinder sind z.B. *http://www.blinde-kuh.de* oder *http://www.helles-koepfchen.de.*

Adressfeld —

Suchfeld —

So kannst du mit einer Suchmaschine arbeiten
1. Überlege dir, zu welchem Thema du Informationen brauchst.
2. Gib ein Suchwort / mehrere Suchwörter ein.
3. Klicke auf das Feld „Suchen".
4. Wähle ein Suchergebnis aus und klicke es an.

1

a Wähle eine der beiden Suchmaschinen für Kinder aus.
Gib die Adresse in das Adressfeld des Internetfensters ein.
Beschreibe den Aufbau der Internetseite, die sich öffnet.
Lies dir auch die Erklärungen durch, die sie enthält.

b Beschreibe jetzt die Internetseite der anderen Suchmaschine.
Gehe dabei vor wie in Aufgabe a.

c Entscheide, welche Suchmaschine du zuerst verwenden würdest,
um nach Informationen zu suchen. Begründe deine Entscheidung.

2 Um eine Suchmaschine erfolgreich nutzen zu können, benötigst du einen geeigneten Suchbegriff.

a Überlege, welchen Suchbegriff du am besten verwendest, wenn du im Internet zum Beispiel Informationen zu einem Kinderbuch lesen möchtest.

b Probiere nacheinander beide Suchmaschinen aus, die im Merkkasten auf Seite 104 genannt werden. Schreibe deinen Suchbegriff in das jeweilige Eingabefeld und klicke auf „Suchen" bzw. „los!".

c Beschreibe, was nach der Eingabe des Suchbegriffs passiert. Wie viele Ergebnisse haben die Suchmaschinen gefunden?

d Nimm das Ergebnis, das deiner Meinung nach am besten zur gesuchten Information passt, und klicke es an. Findest du das von dir Erwartete?

> Viele Suchmaschinen bieten auch **Web-Kataloge** an. Das sind Sammlungen von Internetadressen, die bereits nach bestimmten Themen oder Sachgebieten sortiert sind.

3 Gehe auf die Seite http://www.blinde-kuh.de, wo du den Button „Linksammlungen" findest. Dort werden dir verschiedene Themenbereiche angeboten, zu denen du eine Linksammlung anklicken kannst, z. B. „Kinderzeitungen".

a Klicke auf das Feld „Kinderzeitungen". Überprüfe, ob du in dieser Linksammlung auch Informationen zu Kinderbüchern findest.

b Tauscht euch darüber aus, welcher Weg schneller zur Information geführt hat: über die Suchmaschine oder über die Linksammlung?

Mit Kinderbüchern umgehen

1 „Wer lesen und schreiben kann, hat vier Augen."

a Erkläre dieses albanische Sprichwort.

b Sieh dir die abgebildeten Einbände von Kinderbüchern an.
Welche kennst du oder hast du bereits gelesen?
Wie haben sie dir gefallen?

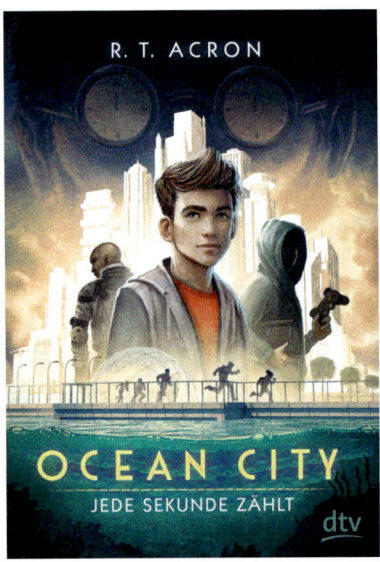

c Entscheide dich für einen der folgenden Arbeitsaufträge.

1. Suche im Internet nach Kinderbüchern, die einen Preis bekommen haben.
Fasse deine Ergebnisse auf Karteikarten zusammen.

> Autor/-in:
> Titel:
> Seitenzahl:
> Preis:
> Weitere Infos:

Tipp
Preisgekrönte Kinderbücher findest du zum Beispiel auf der Internetseite www.jugendbuch-tipps.de.

Stelle deine Ergebnisse der Klasse vor.

→ **S. 98:** In einer Bibliothek Informationen suchen

2. Gehe in die Bibliothek und informiere dich über das Angebot an Kinderbüchern für deine Altersklasse.
Kläre die folgenden Fragen:
   – Wie viele verschiedene Kinderbücher für deine Altersklasse gibt es?
   – Welche der Bücher werden am häufigsten ausgeliehen?
   – Wann wurden diese Bücher geschrieben?

3. Frage bei deinen Großeltern, Eltern, Geschwistern und Mitschülern nach, welche Kinderbücher sie am liebsten gelesen haben bzw. lesen. Stelle eine „Generationshitliste" zusammen.

Die Lieblingsbücher meiner ...	
Großeltern *Eltern* *Tanten, Onkel* *älteren Geschwister* *jüngeren Geschwister* *Freundinnen, Freunde*	*„Die rote Zora und ihre Bande"* *...*

> Die **Kinder- und Jugendliteratur** ist ein Teil der deutschen und der Weltliteratur. Bereits im 18. Jahrhundert wurden speziell für Kinder und Jugendliche Bücher geschrieben, in denen ihr Alltag, ihre Sorgen und Probleme, aber auch ihre Träume, Hoffnungen und Fantasien im Mittelpunkt standen. Bekannte Schriftsteller sind zum Beispiel Wilhelm Busch, Mark Twain, Erich Kästner, Astrid Lindgren, Gerhard Holtz-Baumert, Christa Kožik, Michael Ende und Christine Nöstlinger.

2 Finn-Ole Heinrich schrieb das Kinderbuch „Die erstaunlichen Abenteuer der Maulina Schmitt – Mein kaputtes Königreich".

a Lies den folgenden Textausschnitt vom Beginn des Buches.

> Es war einmal, da hatten wir noch alles.
> Eine Wohnung im vierten Stock, darüber nur der dunkle, etwas gruse-
> lige Dachboden, wo der Staub den ganzen Tag von Lichtstrahl zu Licht-
> strahl tanzte und wahrscheinlich auch in der Nacht durch die Dunkel-
> 5 heit, wo die Tauben und die Mäuse und die Geister und die Monster
> miteinander kämpften, wem hier was gehörte, wer hier wohl der Chef
> war. Wenn ich nicht schlafen konnte, hörte ich die kleinen Schritte,
> das Schlurfen, Gurren, Flattern und Landen, das Huschen und Bumpern,
> Rangeln, Rollen und Tollen, dann die Stille des Staubs.
> 10 Wir hatten vier Zimmer und meins war das größte, weil ich die kleinste
> war und noch am meisten Platz zum Wachsen brauchte, klare Sache. [...]
> Wir hatten vierundachtzig Topfpflanzen und einen Balkon mit Erdbeeren
> und Bilder an den Wänden und unter jedem Tisch geheime Gemälde
> von einer jungen Künstlerin (ICH!), die eines Tages damit berühmt wer-
> 15 den würde.
> Wir hatten gemütliche Schlabbersachen am Wochenende und die
> längsten Frühstücke der Welt und aufgeschlagene Bücher und zerknit-
> terte Zeitungen auf den Heizungen und Fensterbänken, in Schränken

20 und Schubladen, auf dem Fußboden und allen Tischen sowieso und
um die Kloschüssel herum auch. Weil Mama immer las, im Liegen und
Sitzen und Stehen, wie normale Leute auch, aber sie las manchmal
auch im Gehen und ganz selten sogar auf dem Fahrrad und fast un-
unterbrochen auf der Arbeit. [...]
Wir hatten Holzbalken und Striche im Türrahmen, um mein Wachsen
25 sichtbar zu machen. Wir hatten bunte Höhlenmalereien an den Tapeten
von einem kleinen Mädchen (ICH!), das zwar schon früh wusste, dass es
einmal eine Künstlerin werden würde, so früh aber noch nicht wusste,
dass man seine Kunstwerke vor seinen Eltern besser versteckt hält.
Wir hatten speckige Lichtschalter und winzige Fliegen im Obst und
30 einen Tischfußballtisch und langweilige Nachbarn, die uns mit ihren
dicken Wurstfingern mal zwischen den Fußzehen kratzen durften, bevor
sie uns den Buckel runterrutschten.*

b Tauscht euch darüber aus, ob ihr die Erzählerin gern näher kennen lernen
würdet. Begründet eure Meinungen.

Tipp
Beachte auch den
Titel des Buches.

c Gestalte mithilfe des Textauszuges einen passenden Einband für das Buch.

d Vergleicht eure Entwürfe in der Klasse und besprecht, welche
am besten gelungen sind. Begründet eure Meinungen.

→ **S.98:** In einer
Bibliothek
Informationen
suchen

3 Besorgt euch das Buch aus Aufgabe 2 oder ein anderes aus der Bibliothek.

a Seht es euch genau an und beantwortet die folgenden Fragen.
Tauscht euch über eure Ergebnisse in der Klasse aus.

1 Welche äußere Form hat das Buch: Hat es einen festen Einband oder
ist es ein Taschenbuch?
2 Wie ist der Einband gestaltet?
3 Welche Informationen findet ihr auf dem Einband?
4 Welche Angaben sind auf den ersten und den letzten Seiten enthalten?
5 Wer hat das Buch illustriert? Passen die Illustrationen zum Inhalt
der Kapitel?
6 Gefällt dir die Gestaltung des Buches insgesamt?

b Nimm ein anderes Kinderbuch zur Hand und sieh es dir genau an.
Gehe dabei vor wie in Aufgabe a. Übertrage die folgende Tabelle
in dein Heft und notiere Angaben zu den Büchern.
Finde Gemeinsamkeiten und Unterschiede heraus.

	...	...
äußere Form	*fester Einband*	...
Einbandgestaltung	*...*	...

●●● **c** Vielleicht hast du Lust bekommen, eines der Bücher zu lesen?
Berichte anschließend deinen Mitschülern darüber.

4 Comics stehen ganz oben auf der Liste der beliebtesten Bücher.

a Macht gemeinsam ein Brainstorming zum Thema „Comics".
Sucht mögliche Gründe, warum Kinder oft lieber zum Comic
als zum Buch greifen.
– *durch dazugehörige Bilder leichter zu verstehen …*
– *…*

b Welche Comic-Helden kennst du? Suche dir einen aus, zeichne ihn
oder verfasse eine Beschreibung.

 c Bringt Zeitungen und Kataloge mit, aus denen ihr etwas
ausschneiden dürft. Entwerft einen eigenen Comic.

So könnt ihr einen eigenen Comic gestalten
1. Einigt euch auf einen euch bekannten **Witz**.
2. Stellt fest, wie viele **Personen** eine Rolle spielen und in welcher
   Umgebung sie sich befinden.
3. Teilt den Witz in mehrere **Szenen** auf.
4. Überlegt euch die **Inhalte der Sprechblasen** und Blocktexte bzw.
   Zwischentexte.
5. Sucht in den **Zeitungen** passende Köpfe, Hintergründe usw.
6. **Klebt** euren Comic **auf** und vervollständigt ihn mit Sprechblasen,
   Symbolen und den weiteren Merkmalen dieser Textsorte.
7. Gestaltet ihn, wenn nötig, noch **farbig**.

Tipp
Wer gut zeichnet,
kann natürlich
auch selbst einen
Comic gestalten
(zum Beispiel
nach einer Sage).

Das Lesetagebuch

Ein Lesetagebuch ist ein persönliches Heft, in das du beim Lesen eines Buches deine Gedanken, Fragen und Gefühle schreibst. Außerdem notierst du wichtige Informationen zu Handlung und Personen. Wie du ein Lesetagebuch führen kannst, zeigen dir die folgenden Schritte. Du kannst bei allen Schritten auch den Computer mit einbeziehen.

Lesetagebuch von Leonard
zu „Die Kurzhosengang"
begonnen am: 25. April
beendet am: 3. Mai

1. Vor dem Lesen

Gestalte das Deckblatt deines Lesetagebuchs. Schreibe auf, was du über den Titel denkst und welche Erwartungen der Klappentext bei dir weckt.

26. April

Seite ... bis Seite ...
Personen: Rudolpho ...
inkognito = unerkannt

2. Beim Lesen

Beginne jeden neuen Eintrag in deinem Heft mit Datum und Seitenangaben. Schreibe auf,
- was in dem Kapitel passiert ist und wie du darüber denkst,
- was du über die Personen erfahren hast und wie sie auf dich wirken,
- was du nicht verstanden hast.

Du kannst einen Satz abschreiben und erklären, warum er dir aufgefallen ist.
Gib jedem gelesenen Textabschnitt eine eigene Überschrift.

2. Mai

Meine Eindrücke:

| *witzige* | *schwierige* |
| *Jungs* | *Wörter* |

3. Nach dem Lesen

Schreibe auf, wie dir das Buch gefallen hat. Begründe deine Meinung. Gestalte dein Heft. Zeichne etwas zu der Geschichte oder füge eigene Texte hinzu.

1 Richte zu dem folgenden Textauszug (S. 111) oder einem Text/Buch deiner Wahl dein persönliches Lesetagebuch ein.
Die Aufgaben auf den folgenden Seiten helfen dir dabei.

Victor Caspak, Yves Lanois

Die Kurzhosengang

Rudolpho erzählt als Erster seine Geschichte
zu dem Namen „Kurzhosengang".

Die Leute fragen oft, was es denn Wichtiges über die Kurzhosengang zu wissen gibt. Hier sind die fünf wichtigsten Punkte:
1)   Die Kurzhosengang sitzt im Kino immer in der siebten Reihe
auf den Plätzen 22, 23, 24 und 25. Wir gehen nur am Samstag-
5 nachmittag ins Kino. Die Kurzhosengang würde sich lieber die Filme
im Abendprogramm ansehen, das könnt ihr mir glauben. Filme
wie *Blutiges Massaker* oder *Tot und begraben und dreimal drauf-*
gehauen. Da wir aber nun mal elf Jahre alt sind, haben wir keine
große Wahl.
10 2)   Zwar feiern wir erst nächstes Jahr unseren zwölften Geburtstag,
dennoch wissen wir, wo der Bus abfährt. Einmal im Monat
fahren Snickers' Eltern übers Wochenende aufs Land und dann
bekommt Snickers von der ganzen Gang Besuch. Das ist dann was.
Kaum haben die Eltern die Wohnung verlassen, sprintet Snickers
15 zum Telefon und ruft uns an.
„Die Luft ist rein!"
Fünf Minuten später erklingt vor dem Haus ein Dröhnen. Island bremst,
kickt den Seitenständer seiner Maschine raus und prüft seine Frisur
im Chrom des Auspuffs. Gleichzeitig komme ich quietschend um
20 die Kurve und berühre mit einem Knie den Asphalt. Zement folgt mit
einer Minute Verspätung und weiß eigentlich noch nicht, dass er
schon losgefahren ist.
Im Wohnzimmer erwarten uns dann Fernseher und Videorekorder
und Tüten mit Chips. Die Kurzhosengang ist ein Riesenfan von
25 Horrorfilmen. Am liebsten etwas mit Vampiren und viel Blut und
einer Menge Geschrei. Snickers' Schwester besorgt uns die Filme
aus der Videothek. Sie ist neunzehn und das schönste Mädchen
in ganz Kanada. [...]
3)   Die Namen der Mitglieder der Kurzhosengang sind natürlich
30 nicht unsere richtigen Namen. Niemand wird geboren und heißt
Snickers oder Island oder Zement. Auch würde keine Mutter ihr Kind
Rudolpho nennen. So was nennt man *inkognito* sein. Wenn jeder
wüsste, wer die Mitglieder der Kurzhosengang sind, dann würde hier
aber die Post abgehen, das lasst euch mal gesagt sein.

35 4)   Wir leben in einer kleinen kanadischen Stadt, in der jeder
schon mal mit dem anderen gesprochen hat. Wenn wir
auf die Straße gehen, sehen wir anders aus als zu Hause.
Wir gucken und laufen und reden anders. Wir sind dann lässig
wie Eiswürfel am Strand von Tahiti. Unsere Eltern gehen
40 an uns vorbei und denken: *Da ist ja wieder die Kurzhosengang.*
Sie denken nicht: *Da sind ja unsere Kinder.* Die Kurzhosengang
hat keine Kinder als Mitglieder. Wir tun nur so, als ob wir
Kinder wären.
5)   Die Kurzhosengang wurde mitten im Winter zur Kurzhosen-
45 gang. Dieser Tag stellt ein bedeutendes Datum in der Welt-
geschichte dar. [...]*

1 Notiere dir die wichtigen Informationen zu den Personen
in dein Lesetagebuch.

2 Erkläre den Satz: „So was nennt man *inkognito* sein." (Z. 32)

Wir hatten Sportunterricht. Draußen schneite und stürmte es,
während wir durch die Turnhalle liefen und einem Basketball
hinterherjagten. [...]
50 Mittendrin muss es passiert sein.
Vielleicht bekam Zement gerade wieder den Ball zugespielt,
vielleicht wurde Island eben eingewechselt, vielleicht öffnete
sich Snickers' Schnürsenkel und er bückte sich ...
Was wir auch taten, mit einem Schlag ging das Licht aus und es
55 war stockduster in der Turnhalle. Stockduster und unheimlich still.
In dieser Stille bekamen wir das erste Mal mit, was für ein Sturm
da draußen tobte. Ich meine, wir befanden uns ja einige Meter

unter der Schule, dennoch hörten wir, wie der Sturm über
das Land fegte. Das Tosen drang durch die Lüftung herein.

60 Es klang wie ein Drachen, der sein Maul gegen die Wände
der Schule drückte und laut fauchte.

„Da draußen will ich jetzt aber nicht sein", sagte ein Junge
neben mir.

„Ich auch nicht", hörte ich einen anderen Jungen sagen.

65 Dann war wieder Schweigen.

Ein böses Knattern und Rauschen kam von allen Seiten.

„Das ist nur der Wind", sagte ein Junge.

„Was ist da oben bloß los?", sagte ein anderer Junge.

„Wir sollten vielleicht …"

70 „KEINER RÜHRT SICH VON DER STELLE, BIS DAS LICHT
WIEDER AN IST!", brüllte Kniescheibe.

Sein Brüllen klang im Dunkeln noch viel lauter. Wir rührten
uns nicht von der Stelle und warteten. Irgendwann sagte
eine Stimme völlig überrascht:

75 „Hupps, das Licht ist ja aus."

Und dann schrie das erste Mädchen. […]*

3 Was passiert in dieser Sportstunde?

4 Gib diesem Abschnitt eine Überschrift.

5 Schreibe in dein Lesetagebuch, wie du dich in dieser Situation
gefühlt hättest und was du machen würdest.

*Der Sportlehrer, den die Schüler Kniescheibe nennen, verletzt sich
bei dem Versuch, die Turnhalle im Dunkeln zu verlassen.
Zusammen mit der Sportlehrerin suchen die Jungen und Mädchen
den Hausmeister.*

Auf dem obersten Treppenabsatz öffnete ich die Tür und
wollte eben durch den Flur zum Hausmeister rübergehen –
doch ich stand im Freien. Snickers, Island und Zement

80 stellten sich neben mich. Innerhalb von Sekunden waren
wir alle vier mit einer feinen Schicht Schnee bedeckt.
Die Sportlehrerin bekam auch eine Ladung ab, dann
scheuchte sie die Mädchen und Jungen wieder runter
in die Turnhalle.

85 Jemand fing an zu weinen, jemand rief, dass die Welt untergeht,
dann hörten wir nichts mehr von unserer Klasse.
„Wo ist die Schule?", sagte Snickers.
„Wo ist mein Fahrrad?", sagte Island.
„Wo sind wir?", sagte Zement.
90 Wer genau hinsah, konnte erkennen, wo die Schule früher
gestanden hatte. Ein paar Ziegelsteine lagen herum und
die Umrisse der Mauern waren auf dem Boden zu erkennen.
Nur ein Teil vom Treppenhaus und der Türrahmen, der
in die Turnhalle hinunterführte, standen noch aufrecht im Wind.
95 „Die Schule ist weg", sagte ich und dann kreischten wir alle vier
laut und rannten zu den anderen in die Turnhalle hinunter.

Später erfuhren wir, dass die gesamte Schule wegen Orkan-
gefahr evakuiert worden war. Während wir unten unsere
Aufwärmübungen machten, war eine Rettungsmannschaft
100 den Hügel hochgetrabt. Alle Schüler und Lehrer waren
gerettet worden, bevor die Schule vom Orkan in ihre Einzelteile
zerlegt wurde. Ich hätte gerne gesehen, wie das vor sich ging,
das war sicher irre spannend. Und wir spielten die ganze
Zeit über in der Turnhalle Basketball. Es hätte uns eigentlich
105 mal jemand Bescheid sagen können. Aber nein, man hat uns
einfach vergessen. [...]

*Die Jungen beschließen, Hilfe zu holen. Sie erkennen bald,
dass sie sich nur selbst helfen können. Sie gelangen zu einer
verlassenen Feuerwehr.*

Unser größtes Problem war, dass wir nur kurze Hosen und
T-Shirts trugen. Unsere richtigen Klamotten lagen in der Umkleide-
kabine, die mit der Schule im Nichts verschwunden war. [...]
110 Wir hätten in der Antarktis stehen können, so ein Gefühl war das.
Vier Jungen in kurzen Hosen mitten in der Antarktis. [...]
Ein Hupen erklang. Zement winkte uns aus einem der drei Feuerwehrwagen, die wie polierte Münzen glänzten.
„Der Feuerwehrwagen hilft uns nicht", sagte Snickers und suchte
115 nach dem Telefon. Er fand es an einer Wand, hob den Hörer ab
und lauschte.
„Tot", sagte er und legte wieder auf.
„Der Feuerwagen hilft uns vielleicht doch", sagte ich und stieg
zu Zement in die Fahrerkabine.

120 Jetzt glaubt ihr vielleicht, ich hätte schon mal bei meinem Vater
auf dem Schoß gesessen und wäre mit dem Auto durch die
Landschaft gefahren. Falsch. Mein Vater besitzt nicht einmal
ein Auto. Aber wir haben mal ein Seifenkistenrennen gemacht,
und ich dachte mir, wie anders konnte das denn sein.
125 Es war sehr anders.
Ich kam nicht mal an die Pedale ran.
„Ich mach das schon", sagte Zement und kroch runter.

In Zeitlupe fuhren wir aus der Garage raus und wurden sofort
vom Wind durchgeschüttelt. Der Scheibenwischer war viel zu schwach
130 für den Schnee. Snickers hängte den Kopf aus dem Beifahrerfenster
und rief mir zu, wohin ich lenken sollte. Ohne Snickers wäre ich
sofort gegen eins der Häuser gefahren. Island saß am Schaltknüppel
und bewegte ihn auf und ab, wie es ihm in den Kopf kam, während
ich mit geschlossenen Augen lenkte. Ich hatte so eine Angst,
135 in die falsche Richtung zu fahren, dass ich die Augen lieber
geschlossen hielt.
„JETZT NACH LINKS!", rief Snickers.
Und ich lenkte nach links.
„JETZT GAS GEBEN!", rief Snickers.
140 Zement gab natürlich erst mal kein Gas, also trat ich ihm in den
Hintern, Zement rief „AU!" und drückte das Gaspedal durch.
„KUPPELN!"
Zement drückte die Kupplung, Island haute den Schaltknüppel
in alle möglichen Richtungen, dass er ihn beinahe abbrach.
145 Das Feuerwehrauto zuckte wie ein wildes Pferd. Manchmal
hatte ich das Gefühl, wir fuhren im Kreis, manchmal war ich
mir sicher, dass wir überhaupt nicht fuhren, sondern wie
ein Schlitten dahinglitten und gleich an der kanadischen Grenze
ankommen würden.
150 „JETZT EINFACH GERADEAUS!", rief Snickers.
Und ich umklammerte das Lenkrad, presste die Augen fest
zusammen und versuchte, den Feuerwehrwagen auf Geradeaus
zu halten.
„GERADEAUS HABE ICH GESAGT!", rief Snickers.
155 Wir rasten dahin, wir keuchten laut und uns war so heiß, als
würden wir direkt unter einer Höhensonne sitzen. Und als dann
Snickers „HALT!" rief, trat ich Zement in den Hintern, und Zement
rief „AU!" und drückte die Bremse, und ich nahm die Hände
vom Lenkrad und hielt sie in die Luft, als würde mich jemand
160 mit einer Pistole bedrohen.
„Wieso HALT?", fragte Zement von unten.
„Ja, wieso HALT?", fragte auch Island und ließ den Schaltknüppel
nicht los.
„Ja, wieso?", fragte ich.
165 „Weil wir da sind", sagte Snickers und sprang aus dem Beifahrerfenster mitten in den Schneesturm hinein.
Der Rest ging schnell.
Wir rasten in die Turnhalle und verfrachteten alle in das Feuerwehrauto. [...]*

6 Erzähle mit eigenen Worten nach, wie die Fahrt
mit dem Feuerwehrauto verläuft.

7 Gib diesem Abschnitt eine Überschrift.

170 Fragt mich nicht, wie wir es geschafft haben, wieder in
die Garage der Feuerwehr zu fahren. [...]
Nachdem wir wieder auf festem Boden standen, starrten uns
die Mädchen und Jungs an, als wären wir ein Weltwunder.
„Ich will einen Kakao", sagte Zement.
175 „Ich will nur ein heißes Bad und dann schlafen", sagte Snickers.
„Was gucken die so blöde?", sagte Island.
Die Jungs und Mädchen guckten noch eine Weile lang blöd,
dann tauchte die ganze Stadt auf und eine Reporterin mit
einem Kameramann war auch dabei. [...]
180 „Ihr habt viele Menschen gerettet, bei Sturm und Wind!", rief
die Reporterin und alle klatschten.
„Ihr habt gegen den Orkan angekämpft und sogar eure
zwei Lehrer vor dem Erfrieren bewahrt!", rief die Reporterin
und alle klatschten.
185 „Ihr seid Helden!"
„Helden!", riefen alle.
Zement schüttelte den Kopf. Sofort wurden sie still.
„Wir sind keine Helden", sagte Zement und verstummte.
Alle warteten, dass er weitersprach. Nur Snickers, Island
190 und ich wussten, dass Zement nichts mehr sagen würde.
Als er dann aber doch was sagte, waren wir so überrascht,
dass wir nur nicken konnten.
„Wir sind die Kurzhosengang", sagte Zement, „und wir sind
müde."*

8 Schreibe in dein Lesetagebuch, was du
über die Kurzhosengang denkst.

●●● **9** Der deutsche Autor Zoran Drvenkar hat die „Kurzhosengang"
geschrieben und unter den Namen der beiden erfundenen Kanadier
Caspak und Lanois veröffentlicht.
Überlegt, was seine Gründe gewesen sein könnten.

●●● **10** Wenn du erfahren möchtest, was Snickers, Island und Zement
noch über die Entstehung der Kurzhosengang erzählen,
dann lies das ganze Buch.

Märchen lesen und verstehen

1 Kennst du diese Märchen?

a Lies die folgenden Textauszüge und nenne die Märchen,
aus denen sie entnommen sind.

A Und da sann und sann sie aufs Neue, wie sie es umbringen
wollte; denn solange sie nicht die Schönste war im ganzen
Land, ließ ihr der Neid keine Ruhe. Und als sie sich endlich
etwas ausgedacht hatte, färbte sie sich das Gesicht und
kleidete sich wie …*

B Der Holzhacker musste sich unter das Bett legen und
kaum hatte er ein Weilchen da gelegen, da kam der Teufel
nach Hause. „Guten Abend, Frau." Und fing an, sich aus-
zuziehen und sagte dann: „Wie ist mir in der Stube, ich
rieche Menschenfleisch, da muss ich einmal nachsehen."
„Was wirst du wohl riechen?", sagte die Frau, „Du hast
den Schnupfen …"*

C „Geh nur hin", sagte der Butt, „sie hat sie schon." Da ging
der Mann hin, und seine Frau saß nicht mehr in dem alten
Pott, aber es stand nun eine kleine Hütte da, und seine
Frau saß vor der Tür auf einer Bank. Da nahm ihn seine
Frau bei der Hand und sagte zu ihm: „Komm nur herein,
siehst du, nun ist es doch viel besser."*

D Ach, in dem Haus sitzt eine gräuliche Hexe, die hat mich
angehaucht und mit ihren langen Fingern mir das Gesicht
zerkratzt; und vor der Tür steht ein Mann mit einem
Messer, der hat mich ins Bein gestochen; und auf dem
Hof liegt ein schwarzes Ungetüm, das hat mit einer Holz-
keule auf mich losgeschlagen; und oben auf dem Dache,
da sitzt der Richter, der rief: „Bringt mir den Schelm her."
Da machte ich, dass ich fortkam.*

E Der Schneider verschloss Nadel und Zwirn, Elle und Bügel-
eisen in einen Schrank und lebte mit seinen drei Söhnen
in Freude und Herzlichkeit. Wo aber ist die Ziege hin-
gekommen, die schuld war, dass der Schneider seine drei
Söhne fortjagte?*

→ **S. 131:** Eine
Geschichte
nacherzählen

b Suche aus A bis E ein dir bekanntes Märchen heraus und erzähle es nach.

c Welche anderen Märchen kennst du?
Nenne ein Märchen und erzähle kurz, wovon es handelt.

2

a Lies das folgende Märchen der Brüder Grimm.

Der süße Brei

Es war einmal ein armes, braves Mädchen, das lebte
mit seiner Mutter allein, und sie hatten nichts mehr
zu essen. Da ging das Kind hinaus in den Wald
und begegnete ihm da eine alte Frau, die wusste
5 seinen Jammer schon und schenkte ihm ein Töpfchen,
zu dem sollt' es sagen: „Töpfchen, koche", so kochte
es guten, süßen Hirsebrei, und wenn es sagte:
„Töpfchen, steh", so hörte es wieder auf zu kochen.
Das Mädchen brachte den Topf seiner Mutter heim
10 und nun waren sie ihrer Armut und ihres Hungers
ledig und aßen süßen Brei, sooft sie wollten.
Auf eine Zeit war das Mädchen ausgegangen, da
sprach die Mutter: „Töpfchen, koche", da kocht es
und sie isst sich satt; nun will sie, dass das Töpfchen
15 wieder aufhören soll, aber sie weiß das Wort nicht.
Also kocht es fort und der Brei steigt über den Rand
hinaus und kocht immerzu, die Küche und das ganze
Haus voll und das zweite Haus und dann die Straße,
als wollt's die ganze Welt satt machen, und ist
20 die größte Not, und kein Mensch weiß sich da
zu helfen. Endlich, wie nur noch ein einziges Haus
übrig ist, da kommt das Kind heim und spricht nur:
„Töpfchen, steh", da steht es und hört auf zu kochen
und wer wieder in die Stadt wollte, der musste sich
25 durchessen.

b Wie gefällt dir das Märchen? Begründe deine Meinung.

c Suche heraus, was typisch für Märchen ist. Übertrage dazu
die folgende Tabelle in dein Heft und ergänze sie.

Merkmale der Märchen	Beispiele aus dem Text
Spruch	*Töpfchen, ...*
...	*...*

> **Volksmärchen** wurden mündlich überliefert. Dadurch entstanden oft verschiedene Varianten eines Märchens. Der Autor, die Entstehungszeit sowie der Entstehungsort lassen sich nicht mehr eindeutig feststellen.
> Die bedeutendste deutsche Märchensammlung ist die der Brüder Jacob und Wilhelm Grimm.
> Volksmärchen sind an den folgenden **Merkmalen** zu erkennen:
> * gleicher oder ähnlicher Beginn, z. B.: *Es war einmal …*
> * gleicher oder ähnlicher Schluss, z. B.: *Und wenn sie nicht gestorben sind, so leben sie noch heute.*
> * Gegensatzpaare, z. B.: *gut – böse, schön – hässlich*
> * magische Zahlen, z. B.: *drei Wünsche, sieben Zwerge, zwölf Schwäne*
> * Fantasiewesen, z. B.: *Drachen, Feen, Zauberer*
> * wiederkehrende Sprüche, z. B.: *Spieglein, Spieglein an der Wand, …*
> * Verwandlungen, Zaubereien
> * Meist siegt das Gute über das Böse.

→ **S. 99:** Bücher recherchieren

3 Wähle dir aus einem Märchenbuch einen Text aus.
Untersuche ihn auf typische Merkmale.
Lege dazu in deinem Heft eine Tabelle nach dem Muster aus Aufgabe 2 b (S. 119) an.

● ● ● **4** Die Brüder Grimm schrieben die überlieferten Märchen auf und bündelten sie in Sammlungen.

→ **S. 98:** Informationen sammeln

Suche weitere Informationen über das Leben und Schaffen der Brüder Grimm.
Schreibe den Lückentext ab und ergänze ihn.

Jacob Grimm wurde am ▭ in ▭ geboren und starb im Jahre ▭ in Berlin. Er studierte ▭ in Marburg und nahm Anstellungen als ▭ an. Später wurde er in Göttingen als ▭ tätig. Als Mitunterzeichner eines politischen Protests geriet Jacob Grimm ▭ mit dem Gesetz in Konflikt. Der Beruf seines Vaters und der seines jüngeren Bruders Wilhelm war ▭. Wilhelm erblickte am ▭ in Hanau das Licht der Welt und verstarb ebenfalls in Berlin ▭ Jahre früher als sein Bruder. Auch er arbeitete als ▭ und studierte ▭ in Marburg. Gemeinsam mit Jacob gab er ▭ die Sammlung „Kinder- und Hausmärchen" heraus, die in etwa ▭ Sprachen übersetzt wurde. Sie gehört zu den in deutscher Sprache am häufigsten gedruckten Büchern. Außerdem sammelten sie ab 1806 ▭ für „Des Knaben Wunderhorn".

a Lies still das folgende Märchen von Hans Christian Andersen.

Die Teekanne

Es war einmal eine stolze Teekanne, stolz auf ihr Porzellan, stolz auf
ihre lange Tülle, stolz auf ihren breiten Henkel; sie hatte etwas vorne an
und hinten an, den Henkel hinten, die Tülle vorn, und davon sprach sie;
aber sie sprach nicht von ihrem Deckel, der war zerbrochen, der war ge-
5 kittet, der hatte einen Fehler, und von seinen Fehlern spricht man nicht
gerne, das tun die andern genug. Tassen, Sahnekännchen und Zuckerdose, das ganze Teegeschirr würden wohl mehr an die Gebrechlichkeit
des Deckels denken und von der sprechen als von dem guten Henkel und
der ausgezeichneten Tülle, das wusste die Teekanne.
10 „Ich kenne sie!", sagte sie zu sich selber. „Ich kenne auch wohl meine
Mängel, und ich erkenne sie, darin liegt meine Demut, meine Bescheiden-
heit, Mängel haben wir alle, aber man hat doch auch Begabung.
Die Tassen erhielten einen Henkel, die Zuckerdose einen Deckel, und ich
erhielt noch ein Ding voraus, das sie niemals erhalten, ich erhielt eine

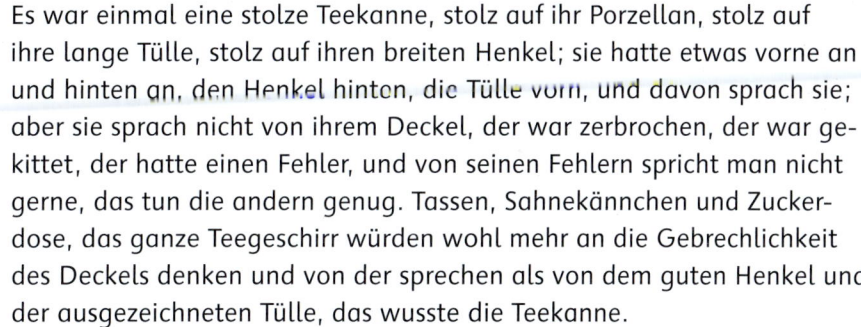

15 Tülle, die macht mich zur Königin auf dem Teetisch. Der Zuckerschale
und dem Sahnekännchen ward es vergönnt, die Dienerinnen des Wohl-
geschmacks zu sein, aber ich bin die Gebende, die Herrschende, ich
verbreite den Segen unter der durstenden Menschheit; in meinem Innern
werden die chinesischen Blätter mit dem kochenden, geschmacklosen
20 Wasser verbunden."
All dies sagte die Teekanne in ihrer unternehmenden Jugendzeit.
Sie stand auf dem gedeckten Tisch, sie wurde von der feinsten Hand
erhoben: Aber die feinste Hand war ungeschickt, die Teekanne fiel,
die Tülle brach ab, der Henkel brach ab, der Deckel ist nicht wert,
25 darüber zu reden; es ist genug von ihm geredet. Die Teekanne lag
ohnmächtig auf dem Fußboden; das kochende Wasser lief heraus.
Es war ein schwerer Schlag, den sie erhielt, und das Schwerste war,
dass sie lachten; sie lachten über sie und nicht über die ungeschickte
Hand.
30 „Die Erinnerung kann ich nicht loswerden!", sagte die Teekanne, wenn
sie sich später ihren Lebenslauf erzählte. „Ich wurde Invalide genannt,
in eine Ecke gestellt und tags darauf an eine Frau fortgeschenkt, die um
Küchenabfall bettelte; ich sank in Armut hinab, stand zwecklos, innerlich
wie äußerlich; aber da, wie ich so stand, begann mein besseres Leben;
35 man ist das eine und wird ein ganz anderes. Es wurde Erde in mich gelegt; das heißt für eine Teekanne, begraben zu werden; aber in die Erde
wurde eine Blumenzwiebel gelegt; wer sie hineinlegte, wer sie gab, das
weiß ich nicht; gegeben wurde sie, ein Ersatz für die chinesischen Blätter
und das kochende Wasser, ein Ersatz für den abgebrochenen Henkel und

40 die Tülle. Und die Zwiebel lag in der Erde, die Zwiebel lag in mir; sie wurde mein Herz, mein lebendes Herz; ein solches hatte ich früher nie gehabt. Es war Leben in mir, es war Kraft, viel Kraft; der Puls schlug, die Zwiebel trieb Keime; es war, wie um zersprengt zu werden von Gedanken und Gefühlen; sie brachen auf in einer Blüte; ich sah sie, ich trug sie, ich vergaß

45 mich selber in ihrer Herrlichkeit; gesegnet ist es, sich selber in anderen zu vergessen! Sie sagte mir nicht Dank; sie dachte nicht an mich – sie wurde bewundert und gepriesen. Ich war froh darüber, wie musste sie es da sein! Eines Tages hörte ich, dass gesagt wurde, sie verdiene einen besseren Topf. Man schlug mich mitten entzwei; das tat gewaltig weh, aber die Blume

50 kam in einen besseren Topf – und ich wurde in den Hof hinausgeworfen – liege da als ein alter Scherben – aber ich habe die Erinnerung, die kann ich nicht verlieren."

b Worin zeigt sich der Stolz der Teekanne? Beschreibe anhand von Textbeispielen.

→ S. 131: Eine Geschichte nacherzählen

c Erzähle das Märchen nach.

d Vergleiche Andersens Märchen mit Grimms Märchen „Der süße Brei" (S. 119, Aufgabe 2 a). Wähle 1. oder 2.

●●○   1. Erstelle eine Tabelle in deinem Heft mit folgenden drei Spalten und fülle sie aus.

Merkmale	„Der süße Brei"	„Die Teekanne"

●○○   2. Übertrage die Tabelle in dein Heft und ergänze sie.

Merkmale	„Der süße Brei"	„Die Teekanne"
Beginn	- Es war einmal ein armes, braves Mädchen ...	- Es war einmal eine stolze Teekanne, stolz auf ihr Porzellan ...
sprachliche Besonderheiten ...	- die wusste seinen Jammer schon - als wollt's die ganze Welt satt machen - der musste sich durchessen ...	- ich verbreite den Segen unter der durstenden Menschheit - ich sank in Armut hinab - ich vergaß mich selber in ihrer Herrlichkeit ...

Kunstmärchen sind die Schöpfung eines Dichters. Sie weisen ähnliche Merkmale wie die Volksmärchen auf, enden aber nicht immer glücklich. Deswegen wurden sie teilweise speziell für Erwachsene geschrieben. Sprachlich sind sie anspruchsvoller formuliert.
Oft haben sie mehrere Handlungsstränge, die gleichzeitig ablaufen und in einen Schluss münden. Meist enthalten sie eine Art Lehre.
Zu den bekannten Märchendichtern gehören Hans Christian Andersen (*Des Kaisers neue Kleider*), Wilhelm Hauff (*Der kleine Muck*) und E. T. A. Hoffmann (*Der goldene Topf*).

6 Deine Klasse plant die Herausgabe eines eigenen Märchenbuchs. Überlege, für wen du schreiben willst und was du beachten musst.

a Wähle dir aus den folgenden „Märchenzutaten" drei aus.

drei Nächte und drei Tage	ein lebendiges Gemälde	sieben Stare
drei Zauberpilze	eine verwunschene Mühle	gegen Mitternacht

b Plane den Inhalt deines Märchens. Schreibe *W*-Fragen untereinander in dein Heft und denke dir passende Antworten aus.

→ S. 34: Texte schreiben **c** Schreibe nun einen Entwurf deines Märchens und überarbeite ihn. Denke auch an eine spannende Überschrift.

d Stellt euch eure Märchen gegenseitig vor und sammelt sie in eurem Märchenbuch. Organisiert einen „märchenhaften Elternabend", eine Märchennacht oder präsentiert das Buch auf der Schulhomepage.

Was habe ich gelernt?

7 Überprüfe, was du über **Märchen** gelernt hast. Das Lösungswort ist der Nachname bekannter deutscher Märchensammler.

1 Es besiegt fast immer das Böse.
   (1. Buchstabe)
2 So beginnen viele Märchen.
   (letzter Buchstabe des zweiten Wortes)
3 Drei Wünsche, sieben … – das ist ein typisches Märchenmerkmal.
   (4. Buchstabe des ersten Wortes)
4 Sie wurden von Schriftstellern gedichtet.
   (6. Buchstabe)
5 Er war ein bekannter deutscher Märchendichter.
   (5. Buchstabe des Familiennamens)

Mit Märchen spielen

1 Du hast zu Hause und in der Schule viele Märchen kennen gelernt. Versuche nun, spielerisch mit Märchen und ihren Figuren umzugehen.

a Hier sind bekannte Märchen in Zeitungsschlagzeilen versteckt. Um welche Märchen handelt es sich? Ordne unten stehende Märchentitel zu.

Tierischer Mörder im Haus der Großmutter

Militärangehöriger steigt mittels Brennwerkzeug in den Adelsstand auf

Mister Namenlos wird als Erpresser gestellt

`Produkt des Schuhmacherhandwerks hilft, die richtige Braut zu finden`

Orientalischer Meilenläufer

Unbequemer Schlaf einer königlichen Tochter

Leichte Handverletzung führt zum Masseneinschlafen

Kräftiger Haarwuchs verhilft zu Liebesglück

Der kleine Muck / Rapunzel / Dornröschen / Der Soldat und das Feuerzeug / Rotkäppchen / Rumpelstilzchen / Aschenputtel / Prinzessin auf der Erbse

b Entwirf selbst eine Schlagzeile zu einem Märchen deiner Wahl.

2 Märchenfiguren haben immer typische Eigenschaften. Sie können faul oder fleißig, hilfsbereit oder herzlos, gut oder böse sein. Wähle eine Figur aus und stelle sie pantomimisch vor.

→ **S. 141:** Trainieren für die Bühne

3 Ein „altes" Märchen kann neu erzählt werden.

a Wähle ein Märchen aus und lies den Originaltext aufmerksam.

b Überlege dir Antworten zu folgenden Fragen:

- Wo soll das moderne Märchen spielen?
- Wer handelt und welche Eigenschaften haben die Figuren?
- Welche Wünsche sollen dargestellt werden?

So kannst du spielerisch mit Märchen umgehen
1. Fasse den Inhalt in Zeitungsschlagzeilen kurz zusammen. Lass die anderen raten, welches Märchen gemeint ist.
2. Stelle Figuren aus Märchen pantomimisch dar.
3. Versetze ein bekanntes Märchen in die jetzige Zeit.

Brüder Grimm

Frau Holle

Frau Holle.

Eine Witwe hatte zwei Töchter, davon
war die eine schön und fleißig, die andere
hässlich und faul.
Sie hatte aber die hässliche und faule,
5 weil sie ihre rechte Tochter war, viel lieber,
und die andere musste alle Arbeit tun
und der Aschenputtel im Hause sein.
Das arme Mädchen musste sich täglich
auf die große Straße bei einem Brunnen
10 setzen und musste so viel spinnen, dass
ihm das Blut aus den Fingern sprang.
Nun trug es sich zu, dass die Spule einmal
ganz blutig war, da bückte es sich damit
in den Brunnen und wollte sie abwaschen:
15 Sie sprang ihm aber aus der Hand und fiel
hinab. Es weinte, lief zur Stiefmutter und
erzählte ihr das Unglück. Sie schalt es aber so heftig und war so un-
barmherzig, dass sie sprach: „Hast du die Spule hinunterfallen lassen,
so hol sie auch wieder herauf." Da ging das Mädchen zu dem Brunnen
20 zurück und wusste nicht, was es anfangen sollte: Und in seiner Herzens-
angst sprang es in den Brunnen hinein, um die Spule zu holen.
Es verlor die Besinnung und als es erwachte und wieder zu sich selber
kam, war es auf einer schönen Wiese, wo die Sonne schien und viel
tausend Blumen standen. Auf dieser Wiese ging es fort und kam zu
25 einem Backofen, der war voller Brot; das Brot aber rief: „Ach, zieh
mich raus, zieh mich raus, sonst verbrenn ich, ich bin schon längst ausgebacken."
Da trat es herzu und holte mit dem Brotschieber alles nacheinander
heraus. Danach ging es weiter und kam zu einem Baum, der hing voll
30 Äpfel und rief ihm zu: „Ach, schüttel mich, schüttel mich, wir Äpfel
sind alle miteinander reif."
Da schüttelte es den Baum, dass die Äpfel fielen, als regneten sie,
und schüttelte, bis keiner mehr oben war; und als es alle in einen
Haufen zusammengelegt hatte, ging es wieder weiter. Endlich kam es
35 zu einem kleinen Haus, daraus guckte eine alte Frau; weil sie aber
so große Zähne hatte, ward ihm angst und es wollte fortlaufen.
Die alte Frau aber rief ihm nach: „Was fürchtest du dich, liebes Kind?
Bleib bei mir, wenn du alle Arbeit im Hause ordentlich tun willst,
so soll dir's gutgehn. Du musst nur Acht geben, dass du mein Bett
40 gut machst und es fleißig aufschüttelst, dass die Federn fliegen,
dann schneit es in der Welt; ich bin die Frau Holle."

Weil die Alte ihm so gut zusprach, so fasste sich das Mädchen ein Herz, willigte ein und begab sich in ihren Dienst. Es besorgte
45 auch alles nach ihrer Zufriedenheit und schüttelte ihr das Bett immer gewaltig auf, dass die Federn wie Schneeflocken umher-flogen; dafür hatte es auch ein gut' Leben bei ihr, kein böses Wort und alle Tage
50 Gesottenes und Gebratenes.
Nun war es eine Zeit lang bei der Frau Holle, da ward es traurig und wusste anfangs selbst nicht, was ihm fehlte. Endlich merkte es, dass es Heimweh war; ob es ihm hier
55 gleich vieltausendmal besser ging als zu Hause, so hatte es doch ein Verlangen dahin. Endlich sagte es zu ihr: „Ich habe den Jammer nach Haus gekriegt, und wenn es mir auch noch so gut hier unten geht, so
60 kann ich doch nicht länger bleiben, ich muss wieder hinauf zu den Meinigen."
Die Frau Holle sagte: „Es gefällt mir, dass du wieder nach Hause verlangst, und weil du mir so treu gedient hast, so will ich
65 dich selbst wieder hinaufbringen." Sie nahm es darauf bei der Hand und führte es vor ein großes Tor. Das Tor ward aufgetan, und als das Mädchen gerade darunterstand, fiel ein gewaltiger Goldregen, und alles Gold blieb an ihm hängen, sodass es über und über davon bedeckt war.
„Das sollst du haben, weil du so fleißig gewesen bist", sprach die Frau
70 Holle und gab ihm auch die Spule wieder, die ihm in den Brunnen gefallen war. Darauf ward das Tor verschlossen und das Mädchen befand sich oben auf der Welt, nicht weit von seiner Mutter Haus, und als es in den Hof kam, saß der Hahn auf dem Brunnen und rief:
„Kikeriki, unsere goldene Jungfrau ist wieder hie."
75 Da ging es hinein zu seiner Mutter, und weil es so mit Gold bedeckt an-kam, ward es von ihr und der Schwester gut aufgenommen. Das Mädchen erzählte alles, was ihm begegnet war, und als die Mutter hörte, wie es zu dem großen Reichtum gekommen war, wollte sie der andern hässlichen und faulen Tochter gerne dasselbe Glück verschaffen. Sie musste sich
80 an den Brunnen setzen und spinnen; und damit ihre Spule blutig ward, stach sie sich in die Finger und stieß sich die Hand in die Dornhecke. Dann warf sie die Spule in den Brunnen und sprang selber hinein. Sie kam, wie die andere, auf die schöne Wiese und ging auf demselben Pfade weiter. Als sie zu dem Backofen gelangte, schrie das Brot wieder:
85 „Ach, zieh mich raus, zieh mich raus, sonst verbrenn ich, ich bin schon

längst ausgebacken." Die Faule aber antwortete: „Da hätt ich Lust,
mich schmutzig zu machen", und ging fort. Bald kam sie zu dem Apfel-
baum, der rief: „Ach, schüttel mich, schüttel mich, wir Äpfel sind alle
miteinander reif." Sie antwortete aber: „Du kommst mir recht, es könnte
90 mir einer auf den Kopf fallen", und ging damit weiter. Als sie vor der
Frau Holle Haus kam, fürchtete sie sich nicht, weil sie von ihren großen
Zähnen schon gehört hatte, und verdingte sich gleich zu ihr. Am ersten
Tag tat sie sich Gewalt an, war fleißig und folgte der Frau Holle, wenn sie
ihr etwas sagte, denn sie dachte an das viele Gold, das sie ihr schenken
95 würde; am zweiten Tag aber fing sie schon an zu faulenzen, am dritten
noch mehr, da wollte sie morgens gar nicht aufstehen. Sie machte auch
der Frau Holle das Bett nicht, wie sich's gebührte, und schüttelte es nicht,
dass die Federn aufflogen. Das ward die Frau Holle bald müde und
sagte ihr den Dienst auf. Die Faule war das wohl zufrieden und meinte,
100 nun würde der Goldregen kommen; die Frau Holle führte sie auch zu
dem Tor, als sie aber darunterstand, ward statt des Goldes ein großer
Kessel voll Pech ausgeschüttet.
„Das ist zur Belohnung deiner Dienste", sagte die Frau Holle und schloss
das Tor zu. Da kam die Faule heim, aber sie war ganz mit Pech bedeckt
105 und der Hahn auf dem Brunnen, als er sie sah, rief: „Kikeriki, unsere
schmutzige Jungfrau ist wieder hie." Das Pech aber blieb fest an ihr
hängen und wollte, solange sie lebte, nicht abgehen.

 1 Kennt ihr die Redewendung „Pech gehabt"?
Überlegt und tauscht euch darüber aus, was sie
mit dem Märchen zu tun haben könnte.

 2 Teilt die Handlung in Sinnabschnitte ein und gebt
jedem Abschnitt eine Zwischenüberschrift.
Notiert dazu die entsprechenden Zeilenangaben.

Abschnitt	Überschrift	Zeile
1	Einleitung	1–3
...	...	...

3 Notiere zu jedem Abschnitt Stichpunkte zum Inhalt.

4 Erzähle die Handlung mithilfe deiner Stichpunkte nach.

Märchen aus Vietnam

Die Fliege

Es war einmal ein reicher Mann, der den armen Leuten der Gegend
Geld lieh und viel zu viel Zinsen verlangte. Ein armer Bauer war
schwer verschuldet. Deshalb wollte der reiche Mann nachsehen,
ob es bei ihm etwas zu pfänden gab. Als er zur Hütte des Bauern kam,
5 traf er dessen Sohn an, der im Hof spielte. „Sind deine Eltern da?",
fragte er. „Nein", antwortete der Junge. „Mein Vater ist gegangen,
um lebende Bäume zu fällen und tote zu pflanzen. Meine Mutter
ist auf dem Markt; sie verkauft den Wind und kauft den Mond."
Gleichgültig, ob der reiche Mann dem Jungen schmeichelte oder
10 drohte, er gab immer die gleiche Antwort. Da sagte der reiche Mann:
„Wenn du mir erklärst, was du damit meinst, erlasse ich euch
eure Schulden. Der Himmel und die Erde sind meine Zeugen."
„Himmel und Erde können nicht sprechen", entgegnete der Junge.
„Etwas Lebendes sollte unser Zeuge sein." Der reiche Mann zeigte
15 auf eine Fliege, die auf dem Türrahmen saß. „Diese Fliege
ist unser Zeuge", sagte er. Der Junge erklärte ihm: „Mein Vater
ist gegangen, um Bambus zu schneiden und einen Zaun daraus
zu machen, und meine Mutter verkauft am Markt Fächer,
um Lampenöl für uns zu kaufen."

20 Der reiche Mann lachte. „Du bist ein kluger Kerl", sagte er.
Ein paar Tage später aber kam der reiche Mann wieder und
verlangte sein Geld.

Der Junge sagte: „Vater, du brauchst nicht mehr zu bezahlen."
Doch der reiche Mann leugnete, jemals solch ein Versprechen
25 gegeben zu haben. So kam der Fall vor den Richter. –
Der reiche Mann behauptete, er hätte den Jungen noch nie
gesehen, geschweige ihm ein Versprechen gegeben. Der Junge
widersprach.
„Hier steht Aussage gegen Aussage", sagte der Richter. „Ich kann
30 kein Urteil sprechen, ohne einen Zeugen gehört zu haben."
„Es gab einen Zeugen", sagte der Junge. „Eine Fliege hat alles gehört."
Zornig fragte der Richter, ob er sich über ihn lustig mache.
„Nein", sagte der Junge. „Da war eine Fliege. Sie war schwarz
und fett und saß auf der Nase dieses Herrn."
35 „Du kleiner Lügner!", rief der reiche Mann. „Sie saß nicht
auf meiner Nase, sondern auf dem Türrahmen!"
„Nase oder Türrahmen macht keinen Unterschied", sagte der Richter.
„Du hast das Versprechen gegeben. Also ist die Schuld bezahlt."

1 Stelle die Eigenschaften des armen Jungen und des reichen Mannes
in einer Tabelle gegenüber.

armer Junge	reicher Mann
– *furchtlos*	– ...
– ...	

2 Erkläre, wie es dem Jungen gelingt, den Reichen zu überführen.

3 Dieses Märchen eignet sich zum Nachspielen.
Gestaltet ein Rollenspiel.

→ S. 134:
Szenisches Spiel

a Verteilt die Rollen (reicher Mann, armer Junge, Vater, Richter, evtl. Fliege).

b Überlegt euch, aus wie vielen Szenen euer Rollenspiel bestehen soll.

c Sucht für jede Figur die passende wörtliche Rede aus dem Text heraus.

d Spielt eure Szenen.

Märchen aus Namibia

Der Wettlauf vom Strauß und der Schildkröte

Der Strauß traf im Felde die Schildkröte und sah, wie langsam
sie sich fortbewegte. „Du läufst aber langsam!", sagte er,
„kannst du denn gar nicht schneller?"
„O ja", antwortete die Schildkröte, „ich kann noch schneller laufen
5   als du!"
„Schneller als ich?" Das wollte der Strauß nicht glauben.
„Wollen wir wetten?", fragte die Schildkröte.
„Ja", sagte der Strauß, „da wette ich all mein Geld!"
„Gut, abgemacht! [...] Nächsten Montag, früh um acht Uhr!"
10   Die Schildkröte lief nun zu allen anderen Schildkröten in der Gegend [...].
Alle hundert Schritt musste sich eine am Straßenrand verstecken.
Die aber, die mit dem Strauß gewettet hatte, traf sich mit ihm da,
wo die Wettlaufstrecke anfing. Der Strauß zog seine Jacke zurecht,
und los rannten sie beide. Die Schildkröte blieb jedoch gleich
15   am Straßenanfang stehen, der Strauß aber sauste weiter. Als er
gelaufen und gelaufen war, schaute er sich um. Die Schildkröte
war nicht mehr zu sehen. „Schildkröte?", rief er.
„Hier!", antwortete da die Schildkröte, die an dieser Stelle am Wege
versteckt war. Der Strauß hörte mit Schrecken die Stimme von vorn
20   und strengte sich noch mehr an. Nach einer Weile rief er wieder:
„Schildkröte?", und die, die ihm am nächsten am Wege versteckt war,
antwortete: „Hier!"
Der Strauß lief und lief, aber sooft er fragte, antwortete ihm
die Schildkröte von vorn. Schließlich brach er erschöpft zusammen.
25   Von dem vielen schnellen Laufen hatte er seine Hose zerschlissen,
dass er noch heute ganz kahle Beine hat. Die Schildkröte aber
bekam das Geld, weil sie die Wette gewonnen hatte.

1 Gib den Inhalt des Märchens mit eigenen Worten wieder.

2 „Dass der Strauß verliert, ist ungerecht!" Sprecht über diese Meinung.
Begründet eure Meinungen.

●●● **3** Vergleiche das Märchen mit „Hase und Igel" von den Brüdern Grimm.
Überlege, warum hier zwei andere Tiere im Mittelpunkt stehen.

Erzählen II

Eine Geschichte nacherzählen

→ **S. 118:** Märchen lesen und verstehen

→ **S. 18:** Aktiv zuhören

1 Manchmal möchtet ihr etwas, was ihr gehört, gesehen oder gelesen habt, nacherzählen.
Um das zu üben, probiert das folgende Spiel aus.

Wählt drei Schülerinnen und Schüler aus und schickt zwei von ihnen aus dem Klassenzimmer. Lest dem Ersten den Beginn eines Märchens vor. Der Zweite wird hereingerufen. Der Erste erzählt nun dem Zweiten nach, was vorgelesen wurde. Anschließend wird der dritte Schüler hereingerufen und hört vom zweiten die Nacherzählung des Märchenanfangs.

Hört gut zu, was nacherzählt wird, und beobachtet, wie sich der Märchenbeginn möglicherweise verändert. Was stellt ihr fest?

→ **S. 53:** Sagen lesen und verstehen

2 Die folgende Geschichte – eine Sage – eignet sich gut zum Nacherzählen.

a Lies sie zuerst still.

Elend

[1] Ort im Harz

Der Bauer Hippel wollte nach Schierke[1] fahren; er war dort zur Kindtaufe eingeladen. Der Sohn seines Bruders sollte getauft werden auf den Namen Ernestus [...]. Der Bauer Hippel fand [...] den Namen Ernestus unsinnig und hätte gewünscht, dass man dem Jungen einen ordentlichen Namen
5 gegeben hätte, vielleicht Otto oder Karl. Doch er konnte seinen Willen nicht durchsetzen und musste sich fügen. Um nun bei dem Taufschmause des hochfahrenden Ernestus wegen nicht gar so trübsinnig dasitzen zu müssen, hatte er einige Weinfässer auf seinen Wagen geladen. [...]
Schon war man einige Stunden unterwegs und das Ziel der Reise nahe,
10 da gelangten sie an einen Berg, der steil emporstieg und sich ihnen wie ein unüberwindliches Hindernis in den Weg stellte.
Der Bauer Hippel stöhnte, das Pferd schnaufte – dann wagten sie den Aufstieg. Zuerst ging alles gut. Das Pferd zog mit letzter Kraft, Bauer Hippel schob, dass ihm schier die Zunge aus dem Mund hing.
15 Als sie aber auf halber Höhe waren, löste sich ein Fass von den Riemen und holperte zu Tal.
Der Bauer, als er das Unheil bemerkte, rief: „Ach, Elend!"
Er hielt das Pferd an und lief dem Fass nach und schob es mit vieler Mühe wieder den Berg hinauf. Kaum hatte er es auf den Wagen geladen,
20 wieder festgebunden und das Pferd angetrieben, da löste sich das zweite Fass und kollerte bergab. Wieder rief der Bauer: „Ach, Elend!", aber er holte auch dieses Fass zurück, lud es wieder auf und trieb das Pferd an.

Berühmte Holzkirche in Elend

Diesmal gelangten sie bis zum Gipfel und schließlich bis nach Schierke, wo der Bauer Hippel mit viel Gelärm empfangen wurde.

25 Als er später von dem Elend erzählte, das ihm widerfahren war, bedauerten ihn alle, und sein Bruder meinte, einem solchen Wein, der bergab zu Tal liefe, dürfe nicht vergönnt sein, noch länger im Fass zu schlafen. So wurde ein Fass geöffnet und geleert, und das zweite Fass wurde auch geöffnet und ausgetrunken.

30 Nur das dritte Fass hob man zum Taufschmaus auf. [...]
Nach Jahren baute sich Bauer Hippel am Fuß des Berges, den seine Weinfässer herabgerollt waren, ein Haus, denn er wollte in der Nähe seines Bruders leben. Und zur Erinnerung an jene Taufe nannte er sein Haus „Elend".

35 Später siedelten sich hier noch andere Familien an, der Name „Elend" aber blieb bis zum heutigen Tag.*

b Sieh dir den Ablauf der Handlung genauer an. Wähle 1. oder 2.

●●○ 1. Notiere dir Stichpunkte zum Ablauf der Handlung.
   – *Ort: auf dem Weg nach Schierke*
   – *handelnde Personen: Bauer Hippel, ...*
   – *1. Textabschnitt: Bauer Hippel nach Schierke zur Taufe ...*

●○○ 2. Notiere dir Stichpunkte zum Ablauf der Handlung.
   Übertrage die Tabelle in dein Heft und ergänze sie.

Z. 1–8	*Bauer Hippel fährt nach Schierke zur Taufe*
Z. 9–14	*Berg; Hippel und Pferd schaffen es kaum hoch; schwere Weinfässer*
Z. 15–24	
Z. 25–30	
Z. 31–34	
Z. 35–36	

Tipp
Elend liegt im Harz, am Fuß des Brockens.

> Wenn du eine **Geschichte nacherzählen** willst, musst du den Text genau lesen oder gut zuhören. Teile den Text in Abschnitte ein.
> Notiere dir zu jedem Abschnitt Stichpunkte zum Ablauf der Handlung.
> Achte dabei auf die zeitliche Reihenfolge, auf den Ort der Handlung und auf die handelnden Personen und ihre Gedanken und Gefühle.
> Erzähle die Geschichte anschließend mit eigenen Worten nach.

c Erzähle nun die Sage nach. Halte dich dabei so genau wie möglich an den Text. Nutze dazu deine Stichpunkte.

Aus einer anderen Perspektive erzählen

1 Stelle dir vor, Ernestus fragt einige Jahre später seinen Onkel,
was damals auf dem Weg zu seiner Taufe passiert ist.

a Lies die Sage aus Aufgabe 2 a (S. 131–132) noch einmal und überlege,
an welchen Stellen du etwas ändern musst.

b Überprüfe, ob du die Stichpunkte (S. 132, Aufgabe 2 b) nutzen kannst.

c Versetze dich in die Situation des Bauern, als die Fässer vom Wagen
den Berg hinabrollten, und schreibe in wörtlicher Rede auf, was
der Bauer in diesen Momenten gedacht oder gesagt haben könnte.

> Du kannst eine Geschichte so genau wie möglich nacherzählen.
> Du kannst sie aber auch verändern, zum Beispiel **aus einer anderen
> Perspektive erzählen**: aus der Sicht des Ich-Erzählers oder
> der Sie-Erzählerin / des Er-Erzählers.
> Der **Ich-Erzähler** ist am Geschehen selbst beteiligt. Er erzählt aus
> seiner Sicht und gibt seine Gedanken und Gefühle wieder.
> Die **Sie-Erzählerin** / Der **Er-Erzähler** ist nicht selbst beteiligt,
> sondern beobachtet von außen.

2

→ S. 34: Texte schreiben **a** Schreibe die Sage nun aus der Perspektive des Bauern Hippel als
Ich-Erzähler. Nutze dazu deine Vorarbeiten aus Aufgabe 1.

b Überarbeite deinen Textentwurf und schreibe die Endfassung.
Stelle deinen Text in der Klasse vor.

**Was habe ich
gelernt?** **3** Überprüfe, was du über das **Erzählen** gelernt hast.
Beantworte dazu die folgende Frage:

Was muss man beim Nacherzählen beachten?

Bühne frei! – Szenen spielen

Einen szenischen Text kennen lernen

1

a Beschreibe die Schauspieler auf dem Foto.

b Worum könnte es in dem Stück gehen?

2 Der folgende Text unterscheidet sich deutlich von Märchen, Sagen, Fabeln oder anderen Geschichten. Lies ihn und nenne die Unterschiede.

Heinz Schmalenbach

Hausaufgaben

Der Raum ist zweigeteilt. In der einen Hälfte sitzt ein Mann und liest Zeitung. In der anderen sitzt ein zweiter Mann und liest ein Buch.

Junge *(tritt von links auf und hat ein Heft und einen Füller in der Hand)* Du, Papa?

5 **1. Mann** *(lässt die Zeitung sinken)* Ja, was ist denn los, Jens?

Junge Ach, Papa, kannst du mir mal helfen, wir haben so blöde Hausaufgaben auf.

1. Mann Blöde Hausaufgaben?! Du wolltest wohl sagen, dass du in der Schule mal wieder nicht aufgepasst hast und jetzt nicht weißt,
10 was du machen sollst.

Junge Nein, ich habe aufgepasst! Aber das sind wirklich ganz blöde Hausaufgaben.

1. Mann Na, dann zeig mal her, was musst du denn machen?

Junge Ach, wir sollen erklären, was „höflich" und „unhöflich" bedeutet.

15 **1. Mann** Aber das ist doch ganz einfach! Ich mache dir das vor. Hol doch mal das Telefonbuch. *(Junge holt das Telefonbuch.)* So, nun schlag irgendeine Seite im Telefonbuch auf.

Junge *(öffnet das Telefonbuch)* Hab ich.

1. Mann Nenn mir von dieser Seite irgendeine Telefonnummer.

20 **Junge** Hier habe ich eine, 7 34 25.

1. Mann *(steht auf und geht zum Telefon)* So, jetzt pass auf.
Am besten, du stellst dich so, dass du direkt mithören kannst.
*(Der Junge stellt sich so, dass er und sein Vater gemeinsam
an der Hörmuschel lauschen können – der Vater wählt die Nummer*
25   *und spricht dabei laut die Ziffern mit.)* 7-3-4-2-5.
So, und jetzt hör genau zu.

2. Mann *(steht auf und geht zum Telefon)* Ja bitte, hier Schulte.

1. Mann Ich hätte gern Ihren Sohn Klaus-Dieter gesprochen.

2. Mann Bitte?

30   **1. Mann** Ich hätte gern Ihren Sohn Klaus-Dieter gesprochen.

2. Mann Ich habe keinen Sohn, der Klaus-Dieter heißt. Sie müssen
sich verwählt haben. *(legt den Hörer auf und setzt sich wieder)*

1. Mann *(legt den Hörer auf)* Siehst du, Jens, das war höflich.
(nimmt den Hörer und wählt erneut) 7-3-4-2-5.

35   **2. Mann** *(steht auf, geht zum Telefon, nimmt den Hörer ab)* Schulte hier.

1. Mann Ich hätte gern Ihren Sohn Klaus-Dieter gesprochen.

2. Mann Ich habe keinen Sohn, der Klaus-Dieter heißt. Das habe
ich Ihnen doch schon einmal erklärt! Sind Sie eigentlich dämlich,
Sie Trottel? *(knallt den Hörer auf die Gabel und setzt sich wieder)*

40   **1. Mann** *(legt den Hörer auf)* Siehst du, Jens, das war unhöflich.
Kennst du jetzt den Unterschied?

Junge Ja, aber jetzt werde ich dir mal zeigen,
was stutzig macht.

1. Mann Was stutzig macht?

45   **Junge** Ja, was stutzig macht.
(hebt den Telefonhörer ab und wählt)
7-3-4-2-5.

2. Mann *(geht zum Telefon und nimmt
ärgerlich den Hörer ab)* Schulte.

50   **Junge** Hallo, Vati, hier ist Klaus-Dieter,
hat jemand für mich angerufen?

3 Untersuche, wozu die schräg gedruckten Hinweise dienen.

4 Lest den Text mit verteilten Rollen.

5 Überlegt euch ähnliche Situationen und spielt sie.

> Ein **szenischer Text** besteht ausschließlich aus wörtlicher Rede.
> Er gibt die Äußerungen der Figuren wieder, die in der Szene vorkommen.
> Zusätzlich gibt es manchmal Anmerkungen zu Zeit und Ort der Handlung
> sowie zum Aussehen und der Stimmung der Figuren. Diese nennt man
> Regieanweisungen, sie sind kursiv gedruckt.

Einen szenischen Text spielen

**** In einem Projekt hat die Klasse 5b der „Nordlicht"-Schule in Rostock die Eulenspiegelstreiche zur Vorlage für einen Theaterabend vor Schülern, Lehrern und Eltern genommen.

a Lest den szenischen Text mit verteilten Rollen.
Achtet auf Regieanweisungen, Sprechpausen und Betonung.

Till Eulenspiegel rächt sich an seinen Mitbürgern

1. Bild: Auf der Straße

Till Eulenspiegel und seine Mutter sind in einen heftigen Streit geraten.

Till *(verärgert)* Warum hast du das Seil zerschnitten, auf dem ich über dem Stadtbach balancieren wollte?

Mutter *(ruhig)* Schäme dich herumzutanzen, anstatt ehrlicher Arbeit
5   nachzugehen. Solltest du nicht Eulen und Meerkatzen backen?

Till Das tat ich, doch es war dem Bäcker nicht recht. Mein Kunststück auf dem Hochseil sollte Freude bringen. Doch nach dem Sturz ins kühle Nass kann ich mich in der Stadt kaum noch sehen lassen. Wohin ich auch gehe, überall lacht man mich aus.

10   **Fischhändler** *(ruft aus seinem Laden den beiden zu)* Ah, der Till. Bist du mit meinen Forellen um die Wette geschwommen?

Schneider *(mischt sich lachend ein)*
15   Oh, hoffentlich ist dein Rock nicht beim Tauchen eingelaufen.

Metzger *(geht mit einem Huhn oder Hasen an den beiden vorbei)* Eine warme Rinderbrühe wird dich wieder auf
20   die Beine bringen.

Mutter Deine Mitbürger haben den Spaß verstanden, du wolltest sie belustigen und ich habe meinen Beitrag zur Unterhaltung geleistet.

25   **Till** Zum Gespött der Leute wollte ich nicht werden. Jetzt muss ich mir etwas wirklich Originelles einfallen lassen, um meinen guten Ruf wiederherzustellen.

b Worüber sind Till und seine Mutter in Streit geraten?
Tauscht euch darüber aus.

Eulenspiegel-Denkmal in Mölln

c Lest mit verteilten Rollen über Tills nächsten Streich.

2. Bild: Auf dem Marktplatz vor der Kirche

Till *(auf einem festen Seil zwischen zwei Bäumen)* Diesmal werde ich
30   schon allein für die Unterhaltung sorgen.

Mutter *(beunruhigt)* Was er wohl nun wieder anstellt?

Bürgermeister Sagt, junger Till, welches Kunststück wollt Ihr uns
    denn heute zum Besten geben?

Fischhändler Werden es diesmal fliegende Fische sein?
35   Der Bach liegt am anderen Ende der Stadt.

Metzger Hoffentlich ist der Teufelsbraten nicht auf Ärger aus.

Till Keine Sorge, heute biete ich euch etwas wirklich Außergewöhnliches.
    Holt nur eure Frauen und Kinder aus den Stuben und der Kirche,
    ich zeige euch etwas, das ihr euer Lebtag nicht vergesst.
40 **Mutter** Übertreib's nur nicht, mein Sohn!

Till *(ruft der Menge zu)* Jeder von euch gebe mir seinen linken Schuh.
(Die Bürger ziehen ihre linken Schuhe aus und geben sie Till.)

Greta Hurra, ein Zauberkunststück.

Anna Oder er ist ein Jongleur.
45 **Hans** Vielleicht kann er aus meinen alten Holzschuhen lederne machen,
    dann kann auch ich zur Schule gehen.

Bürgermeister Wartet nur nicht zu lange mit dem Kunststück,
    die Leute werden schnell ungeduldig.

Till Nur Geduld, liebe Bürger. Ihr werdet selbst die Hauptakteure meiner
50   Darbietung sein. Ich werde eure Schuhe auf meine Zauberschnur fädeln.

Fischhändler Mach schneller, sonst werden meine Fische zu Katzenfutter.

Schneider Eile dich, der Graf will endlich seinen maßgeschneiderten
    Umhang bewundern.

Metzger Lass uns nicht warten, sonst endest du am Fleischerhaken.
55 *(Till tanzt mit den aufgefädelten Schuhen auf dem Seil.)*

Bürger *(aufgebracht)* Nun mach schon. Beginne mit deiner Vorstellung
    oder gib uns unsere Schuhe wieder.

Till Was, ihr wollt nicht warten? Beim Sturz in den kalten Stadtbach
    habt ihr doch auch Zeit genug gehabt zu gaffen und zu lachen.
60   Aber ein Schelm weiß, wann es Zeit für eine Lehre ist. *(wirft sämtliche*
    Schuhe wieder in die Menge)

Greta Das ist meiner. Er hat ganz schiefe Absätze.

Anna Der sieht aber nach meinem aus.

Hans Ich bin stärker, deshalb gehört er mir.
65 **Fischhändler** Dieser riecht nach ranzigem Fisch, der muss mir gehören.
    Was, er ist zu klein? Dann nehm ich besser noch zwei.

Schneider Ich stech mit meiner Schere zu, wenn ihr mir meine Galoschen
    stehlt.

Metzger Lass das sein, sonst …

70 *(Es kommt zu einer wilden Rauferei.*
Die Leute beeilen sich, so viele Schuhe
wie möglich zusammenzuraffen.)
Till Das geschieht euch recht, warum
habt ihr mich auch ausgelacht? Jetzt lacht
75 über euch selbst.
Bürgermeister Lachen? Das Lachen
wird dir gleich vergehen.
Fischhändler Na warte, dir werde ich
die Flausen austreiben!
80 **Metzger** Bleib stehen, ich will dir schon
den Schinken ausklopfen.
Mutter Ach Till, das wird dir noch viel Unglück bringen.
Bürgermeister *(streng)* Du solltest
85 schnell die Stadt verlassen, denn Rache
folgt sicher auf dem Fuße.
Till *(lässt seine Schelmenmütze bimmeln*
und zieht noch ein paar Grimassen)
Ich hatte sowieso vor, mir meinen Lebens-
90 unterhalt leichter zu verdienen, da trifft es
sich gut, in die Welt zu ziehen. Lebt wohl,
aber denkt daran, wer zuletzt lacht,
lacht am besten!
(Ab.)

d Welchen Streich hat sich Till ausgedacht?
Beschreibe, was er auf dem Seil macht.

e Wie reagieren die Bürger auf Tills Streich?
Nenne Beispiele.

 2 Spielt die Szene nun in der Klasse.
Überlegt euch vorher Antworten auf folgende Fragen:

→ **S. 141:** Trainieren
für die Bühne

– Welche Eigenschaften von Till Eulenspiegel wollt ihr zeigen?
– Welche Personen sind am Spiel beteiligt?
– Wie sprechen sie und wie bewegen sie sich?

Einen Theaternachmittag gestalten

1 Wenn ihr einen Theaternachmittag gestalten wollt, müsst ihr
zunächst überlegen, was ihr spielen oder vortragen wollt.
Ihr habt folgende Spielmöglichkeiten:

a Ihr wählt einen szenischen Text aus und lest ihn mit verteilten
Rollen vor oder ihr spielt ihn.
Wenn ihr eine Eulenspiegel-Geschichte darbieten wollt, könnt ihr
eine der Szenen auf den Seiten 134–138 auswählen.

b Ihr gestaltet eine Szene pantomimisch.
Zum Beispiel könntet ihr folgende Geschichte darstellen:

Eulenspiegel und die Bienendiebe

Nach einem Kirchweihfest torkelte Till Eulenspiegel zu einem leeren Bienenkorb, um
seinen Rausch auszuschlafen. Er kroch in den größten, weil für ihn bequemsten.
Zwei Diebe wollten in dieser Nacht einen möglichst prall gefüllten Bienenkorb stehlen
und trugen deshalb den schwersten Korb, den mit Till, auf einem Tragegestell davon.

5 Till erwachte und neckte die
Diebe abwechselnd, indem er
sie an den Haaren oder Ohren
zog, sodass diese dachten,
der jeweils andere hätte ihnen
10 einen Streich gespielt.
Sie gerieten sich in die Haare,
prügelten sich bald und entfernten sich immer weiter vom
Korb. So konnte Till vergnügt
15 nach Hause schleichen.

c Für eine pantomimische Vorführung könnt ihr auch auf
Redewendungen zurückgreifen.
Zum Beispiel könnt ihr folgende Redewendungen darstellen,
die von Eulenspiegel wörtlich genommen werden.

– jemanden an der Nase herumführen;
– jemandem einen Bären aufbinden;
– jemanden auf den Arm nehmen.

●●● **d** Ihr verwandelt einen Erzähltext, der euch gefällt und den ihr gerne
aufführen wollt, in einen szenischen Text mit Regieanweisungen.

→ **S. 143:** Gestaltendes
  Sprechen

→ **S. 141:** Trainieren
  für die Bühne

2 Wenn ihr wisst, was ihr spielen wollt, beginnt mit den Proben. Falls ihr eine Szene mit Text spielt, achtet auf eine klare, hörbare Aussprache. Falls ihr ohne Worte spielt, achtet auf Minenspiel und Bewegungen.

So könnt ihr einen Theaternachmittag vorbereiten
1. Verteilt die Rollen.
2. Besorgt die Requisiten.
3. Gestaltet das Bühnenbild und die Kostüme.
4. Wählt aus eurer Gruppe eine Regisseurin / einen Regisseur.
5. Erstellt einen Zeitplan und bestimmt eine/-n Verantwortliche/n, die/der ihn regelmäßig überprüft.
6. Gestaltet Einladungen und/oder Werbeplakate.
7. Legt Zeit und Ort für Proben und Aufführung fest.
8. Bittet Eltern oder anderen Personen um Hilfe, falls nötig.
9. Sorgt für genügend Zuschauerplätze.
10. Kümmert euch um die Technik (Licht, Ton).

3 Während der Proben solltet ihr folgende Punkte beachten:
– Sorgt dafür, dass sich niemand ausgestoßen fühlt. Jede/-r von euch besitzt Fähigkeiten, die für die Gruppe wichtig sind.
– Überlegt genau, welches Publikum ihr mit eurer Aufführung erreichen wollt. Vor den Eltern aufzutreten, erfordert mehr Organisation als der Auftritt in der eigenen Schulklasse.
– Denkt darüber nach, welche Wirkung ihr erzielen wollt. Soll euer Publikum lachen, nachdenklich werden …?
– Bemüht euch, euer Publikum anzusehen und ihm nie den Rücken zuzukehren.

Was habe ich gelernt?

4 Überprüft, was ihr über das **Spielen von Szenen** gelernt habt. Beantwortet dazu folgende Frage:
Worauf müsst ihr beim Gestalten von Szenen besonders achten?

Trainieren für die Bühne

Theater kann man nicht nur mithilfe von Texten spielen,
oft reicht es schon, den eigenen Körper so einzusetzen,
dass die Zuschauer in den Bann gezogen werden.
Hier findet ihr Tipps, wie ihr ausdrucksstark spielen könnt.

 1 Wähle eine der folgenden Situationen aus und stelle dir vor,
wie du dich fühlst. Deine Mitschüler sollten anhand deiner
Mimik erkennen können, wie es dir geht.

– *Du hast gerade einen Brief bekommen und liest ihn jetzt.*
  In dem Brief steht, dass du eine Ballonfahrt gewonnen hast.
– *Du hast einen traurigen Anruf bekommen: Der Hund,*
  mit dem du immer gespielt hast, ist gestorben.
– *In der Pause erfährst du, dass du bei der Schulaufführung*
  die Hauptrolle spielen darfst. Das hast du dir so sehr gewünscht.
– *Dein Fußballtrainer hat dir gerade gesagt, dass du bei einem*
  wichtigen Spiel deiner Mannschaft nicht dabei sein darfst.

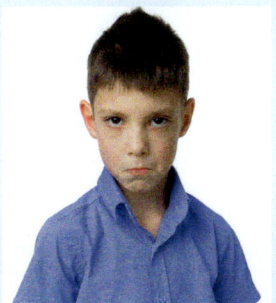   

 2 Beim Spielen nur mithilfe von Mimik und Gestik musst du
besonders genau und langsam sein. Dies könnt ihr bei der
Spiegelbildpantomime üben. Stellt euch zu zweit gegenüber.
Einer führt morgendliche Tätigkeiten im Bad vor dem
„Spiegel" auf. Der andere ist sein „Spiegelbild" und macht
jede Bewegung spiegelverkehrt nach.

– *Wische dir den Schlaf aus den Augen.*
– *Kämme dir die Haare.*
– *Putze dir gründlich die Zähne.*
– *Säubere am Schluss den Spiegel.*

3 Nun könnt ihr schon kleine Stegreifspiele zu zweit oder in größeren Gruppen üben. Wählt dafür eine der folgenden Situationen aus.

– *Im Park begegnen sich unterschiedliche Leute:*
  eine alte Frau, ein Polizist bei der Verfolgung eines Taschendiebes,
  ein Mädchen, das Musik über Kopfhörer hört, spielende Kinder …
  Wie reagieren sie aufeinander?
– *Bei einer großen Modenschau laufen Models über einen Laufsteg.*
  Sie werden bejubelt oder ausgepfiffen, führen sportliche oder
  elegante Mode vor, stolpern …
  Teilt eure Gruppe in Models und Publikum ein.
– *Ein schweres Paket soll in die neue Wohnung geschafft werden:*
  Dies probieren ein kleines Mädchen, ein Muskelprotz, eine alte Frau,
  zwei Jungen …
  Verändert weder Form noch Größe des „unsichtbaren" Pakets.

4 Von der Pantomime ausgehend, könnt ihr anschließend probieren, zusätzlich eure Sprache im Spiel einzusetzen. Wählt euch dafür eine der folgenden Situationen aus.

– *Ein sehr voller Bus: Menschen stoßen aneinander, beschimpfen sich,*
  jemand bittet um einen Sitzplatz.
– *Eine Schulklasse: Der Lehrer hat für kurze Zeit den Raum verlassen,*
  gleich soll eine Mathearbeit geschrieben werden.
– *Euer Wohnzimmer: Du bist zu spät gekommen und deine Eltern*
  warten schon auf dich.
– *Das Wartezimmer*
  eines Tierarztes: Besitzer
  verschiedener Tierarten
  treffen aufeinander.

So könnt ihr für die Bühne trainieren
1. Führt kurze Stegreifspiele durch, d. h., ihr probiert ohne Vorbereitung.
2. Spielt zunächst pantomimische Szenen, in denen ihr euer Mienenspiel und eure Bewegungen trainiert, aber keinen Text sprecht.
3. Führt euer Mienenspiel und eure Bewegungen bewusst ganz langsam durch.
4. Ergänzt euer Training dann durch kleine Szenen mit Worten.

Gestaltendes Sprechen

 1

a Lest folgenden szenischen Text mit verteilten Rollen.
Achtet auf die Regieanweisungen und betont eure Sätze entsprechend.

> *(Rotkäppchen tritt in die Stube. Der Wolf liegt als Groß-*
> *mutter verkleidet im Bett.)*
> **Rotkäppchen** *(freundlich)* Großmutter, die Mutter
> schickt mich. Ich bringe dir einen Korb mit lauter
> 5 leckeren Sachen.
> **Wolf** *(spielt Freude)* Rotkäppchen, was für eine Freude!
> **Rotkäppchen** *(besorgt)* Ich hoffe, es geht dir schon
> etwas besser.
> **Wolf** *(jammernd)* Ach, ach ich fühl mich noch sehr
> 10 schwach. Komm doch etwas näher.
> **Rotkäppchen** *(neugierig)* Großmutter, was hast du
> für große Ohren!?
> **Wolf** *(hinterlistig)* Damit ich dich besser hören kann.
> **Rotkäppchen** *(etwas ängstlich)* Großmutter, was hast du
> 15 für große Augen!?
> **Wolf** *(unheimlich)* Damit ich dich besser sehen kann.
> **Rotkäppchen** *(noch ängstlicher)* Großmutter, was hast du
> für große Hände!?
> **Wolf** *(furchterregend)* Damit ich dich besser packen kann.
> 20 **Rotkäppchen** *(sehr ängstlich)* Großmutter, was hast du
> für einen großen Mund!?
> **Wolf** *(brutal)* Damit ich dich besser fressen kann!!!
> *(Wolf springt aus dem Bett und verschlingt das Rot-*
> *käppchen.)*
> 25 **Rotkäppchen** *(Schrei)* Ahhhhhhh!
> *(Stille)**

b Besprecht, was ihr bei der Aussprache und der Betonung der Sätze
verbessern könnt. Lest die Szene noch einmal.

Sprechübungen

2 Übt so lange, bis ihr folgenden Vers fehlerfrei und betont sprechen könnt.
Er enthält viele „a"-Laute.

> Was hallt am Waldbach da?
> Jagdklang schallt nah: Trara!

3

a   Lest euch folgendes Spaßgedicht gegenseitig laut vor.
Nehmt dabei eine ernste und bedeutungsvolle Sprechhaltung ein.

Dunkel wars, der Mond schien helle
Auf die grün beschneite Flur,
Als ein Wagen blitzeschnelle
Langsam um die Ecke fuhr.
Drinnen saßen stehend Leute,
Schweigend ins Gespräch vertieft,
Als ein totgeschossner Hase
Auf dem Wasser Schlittschuh lief.
Und ein blond gelockter Knabe
Mit kohlrabenschwarzem Haar
Auf die grüne Bank sich setzte,
die gelb angestrichen war.

b   Lernt das Gedicht auswendig und tragt es vor.

4   Mit „Zungenbrechern" könnt ihr üben, schnell und gleichzeitig deutlich
zu sprechen. Sucht euch einen Satz aus. Sprecht ihn schnell und fehlerfrei.

Der Cottbusser Postkutscher putzt
den Cottbusser Postkutschkasten.

Es klapperten die Klapperschlangen,
bis ihre Klappern schlapper klangen.

Fetter Speck schmeckt der Schnecke schlecht,
schlecht schmeckt der Schnecke fetter Speck.

So könnt ihr einen Text gut sprechen/vortragen
1. Sprecht so laut, dass die Zuhörer alles verstehen können.
2. Sprecht nicht zu schnell, die Zuhörer sollen gut folgen können.
3. Sprecht deutlich.
4. Achtet auf die Betonung. Wichtige Wörter oder Wortgruppen
   müssen betont werden. Satzzeichen, wie z. B. Ausrufezeichen
   oder Fragezeichen, müsst ihr dabei beachten.
5. Macht Sprechpausen. Satzzeichen (z. B. Kommas, Punkte)
   helfen euch dabei.
6. Versucht die Stimmung „eurer" Figur wiederzugeben, z. B.
   traurig, glücklich, entschlossen, ängstlich, schüchtern, stolz.
7. Achtet auf die Regieanweisungen.

Wortarten und Wortformen

 1 Wiederholt, welche Wortarten ihr schon kennt.

a Lest den Text. Übertragt die Tabelle in eure Hefte und ordnet alle unterstrichenen Wörter richtig ein. Ergänzt die Überschrift in der dritten Spalte.

Wusstest du schon, dass es auch in Deutschland sportliche Wettkämpfe mit Huskys, den Schlittenhunden, gibt? Ein Verein in Sachsen-Anhalt organisiert im Februar diese Veranstaltung. Das Interesse wird immer größer. Voriges Jahr gingen 49 Schlittenführer an den Start. Die zahlreichen Zuschauerinnen und Zuschauer feuern die Teams laut an.

Verben	Nomen/Substantive	...
wusstest	...	...
...		

b Tauscht euch darüber aus, woran man die einzelnen Wortarten erkennt.

> Wortarten lassen sich an ihrer **Bedeutung** erkennen. Sie bezeichnen zum Beispiel Gegenstände und Personen oder Tätigkeiten und Vorgänge oder Eigenschaften und Merkmale.
> Außerdem kann man sie an ihren **grammatischen Besonderheiten** erkennen. Sie können ein grammatisches Geschlecht haben, sich in Person, Zahl und Zeit verändern oder eine Steigerungsform bilden.

2 Untersuche, ob Wörter einer anderen Sprache, die du sprichst oder gerade lernst, auch solche grammatischen Besonderheiten haben. Stelle ein Beispiel vor.

Nomen/Substantive

Merkmale der Nomen/Substantive

1 Der folgende Text über das härteste Hundeschlittenrennen der Welt ist schwer zu verstehen, weil wichtige Angaben fehlen.
Lies den Text und ordne die fehlenden Informationen zu.

Starterin / Mensch / Hundeschlittenrennen / Hunde / Unfall / Eisloch / Alaska / Monate / Tage und Nächte / Zuversicht / Erschöpfung

Jüngste **1** beim **2** in **3** war die US-Amerikanerin Melissa O. Sechs **4** hatte sich die Achtzehnjährige mit ihren 16 Huskys vorbereitet. Voller **5** ging sie ins Rennen. Acht **6** später spürte sie nur noch **7** . Dann passierte der **8** . Ihr Schlitten kippte in ein **9** . Kein **10** weit und breit, nur der vereiste Yukon-River. Aber Melissa konnte sich auf ihre **11** verlassen.

 2 Weist nach, dass alle in Aufgabe 1 eingesetzten Wörter zur Wortart Nomen/Substantiv gehören.

a Lest dazu den folgenden Merkkasten.

> **Nomen/Substantive** bezeichnen Lebewesen und Gegenstände, aber auch Orte, Zeitangaben, Ereignisse und Gefühle, z. B.:
> *der Hund, die Kamera, der Hof, das Jahr, der Wettkampf, die Freude.*
> Nomen haben ein **grammatisches Geschlecht (Genus)**: männlich, weiblich, sächlich. Das Geschlecht wird am Artikel deutlich, z. B.:
> *der Hund* (männlich), *die Leine* (weiblich), *das Stroh* (sächlich).
> Nomen schreibt man immer **mit großem Anfangsbuchstaben**.

b Überlegt, was die in Aufgabe 1 eingesetzten Wörter jeweils bezeichnen. Schreibt ab und ordnet zu.

Lebewesen: Starterin, ...

c Übertragt die Tabelle in eure Hefte und ordnet die Nomen aus Aufgabe b mit dem passenden Artikel in die richtige Tabellenspalte ein.

männlich (Artikel: der)	weiblich (Artikel: die)	sächlich (Artikel: das)
der Mensch	die Starterin	das Hundeschlittenrennen
...	...	...

3 Bestimmt die Zahl der unterstrichenen Nomen. Übertragt dazu die Tabelle in eure Hefte und ordnet die Nomen richtig ein.

1 An jedem Kontrollpunkt haben nur Hunde und Schlitten eine längere Pause.

2 Die Schlittenführer bereiten ihren erschöpften Tieren ein Lager aus Stroh.

3 Sie müssen auch Fleischsuppe kochen, Pfoten eincremen und Rücken massieren.

4 Tierärzte kontrollieren an den Stopps den Zustand der Vierbeiner.

5 Kranke Tiere werden mit dem Flugzeug zum Ziel transportiert.

6 Neun Hunde werden es aus Melissas Team sein.

Singular (Einzahl)	Plural (Mehrzahl)	nicht erkennbar
Kontrollpunkt	Hunde	Schlitten
…	…	…

> Jedes **Nomen/Substantiv** tritt in einer bestimmten **Zahl (Numerus)** auf.
> Die meisten Nomen haben eine Form für den **Singular (Einzahl)** und eine
> andere Form für den **Plural (Mehrzahl)** mit folgenden **Pluralsignalen**,
> z.B.:
> *der Hund – die Hunde, der Fluss – die Flüsse, die Flasche – die Flaschen,*
> *die Fahrt – die Fahrten, das Lied – die Lieder, das Kino – die Kinos.*
> Manche Nomen haben **nur eine Form** für Singular und Plural.
> Die Mehrzahl wird dann mit anderen Wörtern markiert, z.B.:
> *der Schlitten – die Schlitten, zwei/viele Schlitten; Schlitten sind am Start.*

4 Bilde die Pluralformen. Wähle Aufgabe a, b oder c.

●○○ **a** Schreibe ab und ergänze die Pluralformen. Nutze jeweils das Muster zur Pluralbildung und unterstreiche die Pluralsignale.

Tipp
Markiere Plural-
formen, die du dir
besonders merken
willst, und präge
sie dir gut ein.

1 der Flur – die Flure:
der Tisch / der Stift / der Tag / der Hund / das Jahr

2 der Zahn – die Zähne:
der Kran / der Rock / der Schrank / die Kraft

3 die Tasche – die Taschen:
die Matte / die Brücke / die Feder / die Amsel

4 die Wahl – die Wahlen:
die Tür / die Uhr / die Zahl / die Frau / das Ohr

5 das Buch – die Bücher:
das Tuch / das Schloss / das Loch / das Haus

6 das Auto – die Autos:
das Kino / das Handy / das Sofa / das Foto

●●○ **b** Schreibe ab und ergänze die Pluralformen. Unterstreiche die Pluralsignale.

1	der Kopf	**4**	die Tante	**7**	die Klasse	**10**	das Gewürz
2	der Kranz	**5**	das Glas	**8**	das Wort	**11**	die Qual
3	die Oma	**6**	der Zaun	**9**	die Kiwi	**12**	die Schwester

1. der Kopf – die Köpfe,   2. ...

●●● **c** Schreibe ab und ergänze die Pluralformen. Unterstreiche die Pluralsignale.

1	der Zopf	**4**	der Junge	**7**	die Bank	**10**	die Nachbarin
2	die Wiese	**5**	der König	**8**	die Pflanze	**11**	die Banane
3	der Traum	**6**	die Maus	**9**	der Wald	**12**	die Lehrerin

5 Bei folgenden Nomen gibt es eine Besonderheit.

a Schreibe ab und ergänze die Pluralformen. Unterstreiche die Pluralsignale.

1	das Messer	**4**	der Teller	**7**	der Rahmen	**10**	der Vierbeiner
2	der Schüler	**5**	der Füller	**8**	der Computer	**11**	der Wagen
3	der Lehrer	**6**	der Sessel	**9**	der Fernseher	**12**	der Artikel

1. der Computer – die Computer,   2. ...

Tipp
Formuliere
in Gedanken
die Sätze mit
den Nomen
im Singular.

b Lies die Sätze und nenne die Wörter, die hier den Plural der unterstrichenen Nomen anzeigen.

1 Im Zimmer stehen Sessel.
2 Sind Messer vorhanden?
3 Auf dem Schrottplatz landen auch Fernseher.
4 Computer sind das Hobby meines Bruders.
5 Passen Rahmen zu den Fotos?

6 Einige Nomen gibt es nur im Singular, andere nur im Plural.

a Ordne die folgenden Nomen zu und schreibe sie in dein Heft.

das Eis / die Ferien / das Salz / der Hunger / die Geschwister /
das Wasser / die Jeans / die Großeltern / das Obst / das Mehl

nur Singular: das Eis, ...
nur Plural: die Ferien, ...

b Verwende die Wörter aus Aufgabe a in kurzen Sätzen.

c Ergänze weitere Lebensmittel, die nur eine Singularform haben.

6b Nutze folgende Verben.
ich habe / du holst / es gibt / du brauchst / ich kaufe

> **Nomen/Substantive** werden im Satz **in unterschiedlicher Funktion** verwendet und deshalb gebeugt. Sie stehen immer in einem bestimmten **Fall (Kasus)**, den man mithilfe der **Frageprobe** erfragen kann:
>
> | | | | | |
> |---|---|---|---|---|
> | **Nominativ (1. Fall)** | Wer? Was? | *der Ball* | *die Maus* | *das Auto* |
> | **Genitiv (2. Fall)** | Wessen? | *des Balls* | *der Maus* | *des Autos* |
> | **Dativ (3. Fall)** | Wem? | *dem Ball* | *der Maus* | *dem Auto* |
> | **Akkusativ (4. Fall)** | Wen? Was? | *den Ball* | *die Maus* | *das Auto* |
>
> Die Bildung der vier Fälle von Nomen nennt man **Deklination** (Beugung, Verb: deklinieren).

7 Das Iditarod-Rennen führt über 1850 Kilometer durch Alaska (USA).

a Lies, was ein Teilnehmer erzählt.

1 Wir verbringen <u>den ganzen Tag</u> bei 5 bis 40 Grad minus. **2** Ein guter Schlafsack hilft <u>uns Hundeführern</u>, denn wir schlafen unter freiem Himmel. **3** Bei höheren Minusgraden bekommt jeder Husky <u>einen Mantel</u>. **4** Alle Hunde tragen <u>Schuhe</u>, Booties genannt. **5** Sie dienen <u>dem Schutz</u> ihrer Pfoten, damit sich keine Eis- und Schneeklumpen festsetzen.

 b Entscheidet, ob das markierte Nomen im Dativ oder im Akkusativ steht. Lest dazu den Satz ohne die unterstrichene Wortgruppe und erfragt sie.

1. Wir verbringen (Wen? Was?): den ganzen Tag (Akkusativ)
2. ...

7b	**Wer? Was? → Nominativ**	*der* Hund	*die* Leine	*das* Stroh
	Wem? → Dativ	*dem* Hund	*der* Leine	*dem* Stroh
	Wen? Was? → Akkusativ	*den* Hund	*die* Leine	*das* Stroh

8 Setze die Nomen im richtigen Fall ein. Wähle Aufgabe a, b oder c.

●○○　a　Wähle ein passendes Nomen aus und setze es im geforderten Fall ein. Schreibe die Sätze in dein Heft.

Tipp
Wende die
Frageprobe an.

1 ▭ zieht den Schlitten. *(Nominativ)* –
der Leithund / die Hundestaffel
2 Der Schlitten gehört ▭. *(Dativ)* –
der Verein / die Sportlerin
3 Der Leithund zieht ▭. *(Akkusativ)* –
der Schlitten / die Ausrüstung

1. (Nominativ) Wer zieht den Schlitten? –
<u>*Der Leithund*</u> *zieht den Schlitten.* <u>*Die*</u> *...*
2. (Dativ) ...

●●○　b　Ersetze die Fragewörter durch Nomen im richtigen Fall. Schreibe je zwei Sätze auf.

der Leithund / der Schlitten / der Sportler / unser Nachbar /
die Ausrüstung / ein Motor / die Hunde / der Schlittenführer /
der Wagen / die 18-Jährige

1 *(Wer?)* zieht *(Wen? Was?)*.
2 *(Wem?)* gehört *(Wer? Was?)*.

1. Der Leithund zieht den Schlitten. ...
2. Der Schlitten gehört dem Sportler. ...

●●●　c　Bilde möglichst viele Sätze mit folgenden Nomen und bestimme deren Fall.

der Leithund / der Schlitten / der Sportler / unser Nachbar /
die Ausrüstung / ein Motor / die Hunde / der Schlittenführer /
der Wagen / die 18-Jährige

1. Der Leithund (Wer? Nominativ) zieht den Schlitten (Was? Akkusativ).
2. ...

Im Satz entscheidet das **Verb** über den Fall eines Nomens/Substantivs.

16 Huskys	⟵ *Wer? Was?* (Nominativ)	*ziehen*	*Wen? Was?* ⟶ (Akkusativ)	den Schlitten.

Der Schlitten	⟵ *Wer? Was?* (Nominativ)	*gehört*	*Wem?* ⟶ (Dativ)	der 18-Jährigen.

9 Welche Verben bestimmen jeweils über den Fall des Nomens?
Wähle Aufgabe a oder b.

●○○ **a** Schreibe die Satzanfänge in dein Heft. Ergänze die Nomen im richtigen Fall
und unterstreiche das Verb, das über den Fall bestimmt.

1 Ein Sieg fehlt ▭ *(Wem?)*. –
der Trainer / die Mannschaft / das Team
2 Erdbeeren schmecken ▭ *(Wem?)*. –
der Junge / die Tante / das Kind
3 Der Hund bewacht ▭ *(Wen? Was?)*. –
der Hof / die Wohnung / das Kind
4 Die Fans erwarten ▭ *(Wen? Was?)*. –
der Sieg / die Mannschaft / das Aus

1. Ein Sieg fehlt dem Trainer. Ein Sieg fehlt der Mannschaft. …
2. …

●●○ **b** Verwende die Verben in Sätzen und entscheide, ob sie den Dativ oder
Akkusativ fordern. Schreibe sie geordnet in dein Heft.

fehlen / bewachen / verteidigen / helfen / brauchen / gefallen /
kennen / schmecken

Dativ: fehlen, …   *Akkusativ: bewachen, …*

●○○ **10** Welche Verben fordern welchen Fall?

Tipp
Prägt euch die
Verben mit ihrem
Fall gut ein.

a Untersucht die Beispiele in der Tabelle. Schreibt die Verben geordnet
nach Akkusativ und Dativ in eure Hefte.

Wen? Was?	**1** Huskys bewachen <u>den Schlitten</u>.
	2 Die Hunde kennen <u>ihren Schlitten</u>.
	3 Die Hunde verteidigen <u>ihr Revier</u>.
	4 <u>Einen Leithund</u> braucht jede Hundestaffel.
Wem?	**5** Das Futter schmeckt <u>den Hunden</u>.
	6 Der Tierarzt hilft <u>dem Hund</u>.
	7 Die Route gefällt <u>der Starterin</u>.
	8 <u>Dem Team</u> fehlt ein Leithund.

Akkusativ: bewachen, …   *Dativ: schmeckt, …*

b Lest euch die Sätze aus Aufgabe a mehrmals laut vor.
Achtet auf die genaue Aussprache.

9a *Wer? Was?* → **Nominativ**	*<u>der</u> Hund*	*<u>die</u> Leine*	*<u>das</u> Stroh*
Wem? → **Dativ**	*<u>dem</u> Hund*	*<u>der</u> Leine*	*<u>dem</u> Stroh*
Wen? Was? → **Akkusativ**	*<u>den</u> Hund*	*<u>die</u> Leine*	*<u>das</u> Stroh*

Mit der **Frageprobe** lässt sich der Fall eines Nomens/Substantivs bestimmen. Dazu muss man allerdings wissen, welchen Fall ein Verb verlangt, z.B:

gehören + Dativ: *Der Schlitten gehört …* (Wem?) – *dem Mann*

Hilfreich kann auch die **Ersatzprobe** sein: Nomen weiblichen Geschlechts ersetzt man in Gedanken durch Nomen männlichen Geschlechts. Die Endung -*m* signalisiert den Dativ und die Endung -*n* den Akkusativ, z.B.:

Der Schlitten gehört <u>der Frau</u>. → *<u>dem</u> Mann / jemande<u>m</u>* – Dativ

Sie füttert <u>die Hündin</u>. → *<u>den</u> Hund / jemande<u>n</u>* – Akkusativ

11 Wende die Ersatzprobe an. Ersetze die unterstrichenen Nomen in Gedanken durch die Nomen in Klammern und bestimme deren Fall.

1 Eine gute Vorbereitung hilft <u>der Mannschaft</u>. (der Neuling / der Torwart)

2 Die Hunde beschützen <u>die Wohnung</u>. (der Sportler / der Schlitten)

3 Das kalte Wetter gefällt <u>der Läuferin</u>. (der Läufer / der Anfänger)

4 Der Starter kennen <u>die Route</u>. (der Weg / der Abschnitt)

12 Wähle den Artikel im richtigen Fall aus. Nutze die Frageprobe.

1 Das Iditarod-Rennen folgt einem/einen Rennen mit dem Namen Nome-Serum-Run[1] aus dem Jahr 1925.

2 Im Januar 1925 behandelte der Arzt in Nome einem/einen Patienten nach dem anderen. Alle waren an Diphtherie erkrankt.

3 Diphtherie ist eine hoch ansteckende, oft tödliche Krankheit. Fünf Kinder waren schon gestorben. Der Arzt befürchtete dem/den Ausbruch einer Epidemie.

4 Er forderte einem/ein Medikament an.

5 Die Stadt Anchorage, 1500 Kilometer entfernt, half dem/den Arzt mit ihren Vorräten.

6 Wegen des Packeises konnten Schiffe nicht fahren. Hundeschlitten übernahmen dem/den Transport.

[1] *sprich:* Rann

12 Dativ: *folgen, helfen*

Akkusativ: *behandeln, befürchten, anfordern, übernehmen*

Artikel als Begleitwörter der Nomen/Substantive

1 Du weißt, Nomen/Substantive werden häufig von einem Artikel begleitet. Nenne die Artikel aus den Sätzen in den Sprechblasen.

Iiih, dort läuft eine Ratte.

Die Ratte tut dir doch nichts!

Nomen/Substantive haben oft ein **Begleitwort** bei sich, z. B.:
- den **bestimmten Artikel**: *der Nager, die Ratte, das Tier*,
- den **unbestimmten Artikel**: *ein Nager, eine Ratte, ein Tier*.

Den **unbestimmten Artikel** verwendet man, um Lebewesen, Gegenstände o. Ä. neu ins Gespräch oder in den Text einzuführen.
Den **bestimmten Artikel** verwendet man für Lebewesen, Gegenstände o. Ä., die schon bekannt oder bereits eingeführt sind, z. B.:
In Afrika hat man eine Lösung gefunden. Die Lösung heißt „Hero Rats".
Artikel lassen sich **deklinieren** (beugen) und passen sich dem Nomen in **Geschlecht** (männlich, weiblich, sächlich), **Zahl** (Singular, Plural) und **Fall** (Nominativ, Genitiv, Dativ, Akkusativ) an.

2 Untersuche die Artikel im folgenden Text.

a Lies den Text.

1 Landminen sind in vielen Regionen der Welt <u>eine Gefahr</u>.   **2** <u>Eine Minenexplosion</u> ist für viele Menschen jedes Jahr tödlich.   **3** <u>Die Suche</u> nach Landminen ist gefährlich und teuer, ihre Beseitigung auch.
4 Angola, Tansania, Mosambik, Kambodscha und Kolumbien haben <u>einen Ausweg</u> gefunden: Ratten.   **5** <u>Eine Detonation</u> lösen <u>die Hero Rats</u> dank ihres geringen Gewichts nämlich nicht aus.

b Übertrage die folgende Tabelle in dein Heft. Ordne die unterstrichenen Nomen mit den Artikeln richtig ein.

Nomen mit bestimmtem Artikel	Nomen mit unbestimmtem Artikel
…	eine Gefahr …

●○○ ③ Ergänze den bestimmten und den unbestimmten Artikel.

1 ___ / ___ Mine aufspüren   5 ___ / ___ Tier vertrauen
2 ___ / ___ Sprengstoff finden   6 ___ / ___ Kind gehören
3 ___ / ___ Lösung haben   7 ___ / ___ Gefahr beseitigen
4 ___ / ___ Menschen schaden   8 ___ / ___ Nagetier ausbilden

1. die/eine Mine aufspüren,   2. ...

④ Bestimmter oder unbestimmter Artikel?
Setze ein und begründe deine Entscheidung.

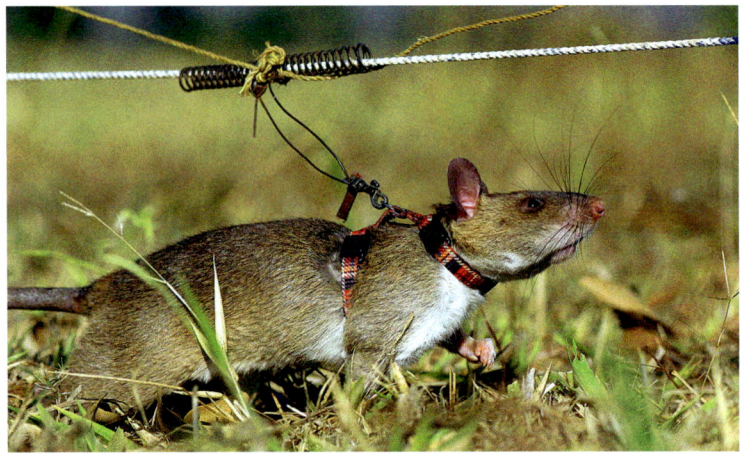

1 ___ Landmine ist oft nicht zu sehen, bis jemand darauf tritt.   2 Häufig trifft es ___ Kind beim Spielen.   3 ___ Ratte Rantanplan hat ___ Ausbildung von drei Monaten absolviert.   4 Sie ist nun fit für ___ Einsatz.
5 ___ Nager trippelt hin und her, schnuppert, bleibt stehen und scharrt mit den Krallen.   6 Sein Besitzer weiß sofort: ___ Tier hat ___ Landmine entdeckt.   7 Nach der Ausbildung erkennt Rantanplan ___ Geruch von TNT sofort.   8 Zur Belohnung erhält die Ratte ___ Stückchen Banane.
9 Sie verschlingt ___ Leckerbissen sofort.   10 Bei ihrem nächsten Einsatz gibt es ___ andere Belohnung.

⑤ Entscheide, an welcher Stelle der unbestimmte Artikel sinnvoll wäre, und überarbeite den Text.

Das Erdbeben erschütterte Nepal am 25. April 2015. In dem asiatischen Land stürzten die Gebäude ein. Viele Bewohner wurden verschüttet. Der Mensch verliert in solchen Situationen leicht den Überblick, aber der Rettungshund nicht. Mit seiner empfindlichen Nase führt der Hund die Rettungskräfte an die richtige Stelle. Aber dafür müssen sie die Ausbildung zum Rettungshund absolvieren.

---

3 **Nominativ:**
der/ein Sprengstoff / der/ein Mensch / die/eine Mine / die/eine Lösung / das/ein Kind / das/ein Tier / die/eine Gefahr / das/ein Nagetier

Pronomen als Stellvertreter oder Begleitwörter der Nomen/Substantive

1 Überarbeite den folgenden Text so, dass du störende Wiederholungen vermeidest. Erkläre anschließend, wie du vorgegangen bist.

1 In Indien stehen an fast jeder Straßenecke Kühe.

2 Die Kühe werden von den Menschen als heilige Tiere verehrt.

3 Niemand würde die Kühe verscheuchen, auch nicht auf den Märkten.

4 Für alte Kühe gibt es in Indien Pflegeheime.

5 Im Bundesstaat Uttar Pradesh stehen den Kühen neuerdings sogar Krankenwagen zur Verfügung.

> **Nomen/Substantive** können **durch Personalpronomen ersetzt** werden, um unnötige Wiederholungen zu vermeiden. Die Personalpronomen treten dann als **Stellvertreter** der Nomen auf und erfüllen deren Aufgaben im Satz.
>
> männlich: *Der Hund ist ein Dackel.*   *Er ist ein Dackel.*
> *Wir rufen den Hund Bello.*   *Wir rufen ihn Bello.*
> weiblich: *Die Katzen gehören der Nachbarin.*   *Sie gehören ihr.*
> sächlich: *Das Pferd ist verletzt.*   *Es ist verletzt.*

2 Ersetze folgende Nomen durch Personalpronomen.

a Ersetze die markierten Nomen und ihre unterstrichenen Begleitwörter durch Personalpronomen.

1 Der 11-jährige Anish lebt im Bundesstaat Uttar Pradesh.

2 Seine Mutter arbeitet als Lehrerin.

3 Seinem Vater gehört ein Reparaturladen.

4 Das Geschäft liegt an einer belebten Straße.

5 Anish hilft seinen Brüdern bei den Hausaufgaben.

6 Mein Bruder und ich verbringen viel Zeit im Laden.

7 Seiner Mutter gefällt die Arbeit in der Schule.

b Bestimme das grammatische Geschlecht und die Zahl der Nomen und ihrer Stellvertreter in den Sätzen aus Aufgabe a.

1. Der 11-jährige Anish (er) lebt ... (männlich, Singular)
2. ...

2a Nutze die folgenden Personalpronomen.
wir / ihr / ihnen / sie / es / ihm / er

Personalpronomen lassen sich **deklinieren**, das heißt, sie haben Formen für alle vier **Fälle** (Kasus).

Nominativ (Wer? Was?)	Genitiv (Wessen?)	Dativ (Wem?)	Akkusativ (Wen? Was?)
ich	meiner	mir	mich
du	deiner	dir	dich
er	seiner	ihm	ihn
sie	ihrer	ihr	sie
es	seiner	ihm	es
wir	unserer	uns	uns
ihr	eurer	euch	euch
sie	ihrer	ihnen	ihnen

3 Setze die Personalpronomen in denselben Fall wie die Nomen, die sie ersetzen. Wähle Aufgabe a oder b.

●○○ **a** Ersetze die unterstrichenen Nomen durch das Personalpronomen im richtigen Fall. Orientiere dich dabei am Fragewort in Klammern. Nimm auch den Merkkasten zu Hilfe.

1 Die Kinder unterstützen die Eltern / den Großvater. *(Wen? Was?)*
2 Meine Geschwister helfen den Großeltern / dem Onkel. *(Wem?)*
3 Meine Eltern versorgen das Dorf / die Nachbarn. *(Wen? Was?)*
4 Der Laden gehört meinem Vater / meiner Familie. *(Wem?)*
5 Ich vertraue meinen Eltern / meinem Bruder. *(Wem?)*
6 Ich liebe meine Mutter / meinen Vater. *(Wen? Was?)*

1. unterstützen sie / unterstützen ihn
2. ...

●●○ **b** Ersetze die unterstrichenen Nomen durch Personalpronomen im richtigen Fall.

Tipp
Nutze die Frageprobe.

1 Die Arbeit macht Anishs Mutter Freude.
2 Anishs Vater hat den Laden vom Großvater übernommen.
3 Nach der Schule hilft Anish seinem Vater im Laden.
4 Auch seinen Bruder findet man von früh bis abends dort.
5 Das Reparieren von Fahrrädern und Mopeds macht dem Bruder riesigen Spaß.
6 Anish und seine Brüder unterstützen ihre Familie.

1. macht ihr Freude
2. ...

4 Über Anish wurde ein Artikel in der Zeitung abgedruckt.

a Lest, was der Reporter geschrieben hat.

> Anish lebt im indischen Bundesstaat Uttar Pradesh. Seine Eltern und er
> sind Hindus. Für sie sind Kühe unantastbar. Der neue Krankenwagen-
> Service für Kühe macht sie stolz. Wenn der 11-Jährige eine verletzte oder
> kranke Kuh sieht, wählt er die kostenlose Notrufnummer. Ein Kranken-
> 5 wagen mit Tierarzt und Sanitäter sammelt die Kuh ein und fährt sie in
> eine Tierklinik. Ihn schockiert, dass Kühe sterben, weil sie Plastiktüten
> oder giftigen Müll von der Straße fressen. Er und seine Freunde verstehen
> aber auch, dass manche Inder Krankenwagen für Kühe kritisch sehen.
> Sie finden auch, in Indien sollten arme kranke Menschen genauso gut
> 10 versorgt werden wie Kühe.

b Gebt Anishs Geschichte so wieder, wie er sie dem Reporter
erzählt haben könnte. Wechselt euch Satz für Satz ab.

Ich lebe im indischen Bundesstaat Uttar Pradesh. ...

5 Wem gehören die Tiere?

a Nenne das Wort in den Sprechblasen, das den Besitzer anzeigt.

Tipp
Präge dir das
Fachwort
Possessivpronomen
ein, indem du es
mehrmals vor dich
hin sprichst.

b Lies den folgenden Merkkasten und fasse mit eigenen Worten zusammen,
welche Aufgabe Possessivpronomen haben.

> Nomen/Substantive können von **Possessivpronomen** begleitet werden,
> z.B.: *mein Hund*, *unsere Katze.*
> Possessivpronomen zeigen den **Besitz** an. Zu jedem Personalpronomen
> gehört ein Possessivpronomen, z.B.:
>
> | | **Possessivpronomen** | | **Possessivpronomen** |
> |---|---|---|---|
> | *ich* | *mein, meine, mein* | *wir* | *unser, unsere, unser* |
> | *du* | *dein, deine, dein* | *ihr* | *euer, eure, euer* |
> | *er, es* | *sein, seine, sein* | *sie* | *ihr, ihre, ihr* |
> | *sie* | *ihr, ihre, ihr* | | |

6 Nenne das Wort, auf das sich das unterstrichene Possessivpronomen bezieht.

1 Saschas kleine Schwester möchte <u>ihre</u> ganze Zeit mit Pferden verbringen. **2** Der zehnjährige Lindu verbringt <u>sein</u> Leben im Stall und auf der Rennbahn. **3** Der Junge arbeitet seit <u>seinem</u> 5. Lebensjahr als Jockey. **4** Er reitet bei Pferderennen in <u>seiner</u> Heimat Indonesien.

7 In folgenden Sätzen fehlen die Possessivpronomen. Wähle Aufgabe a oder b.

●○○ **a** Ergänze die Possessivpronomen in Lindus Erzählung. Achte jeweils auf das unterstrichene Bezugswort.

1 <u>Ich</u> liebe   Arbeit.
2 Als Jockey verdienst <u>du</u> gutes Geld für   Arbeit.
3 <u>Wir</u> Reiter sind für   Pferde verantwortlich.
4 <u>Die Pferdebesitzer</u> bezahlen uns extra, wenn wir mit   Pferden gewinnen.
5 Aber <u>einige Besitzer</u> beteiligen   Jockeys nicht am Preisgeld.
6 Wenn <u>ich</u> für   Arbeit zu schwer und zu groß bin, möchte ich eine Schule besuchen.

1. Ich liebe <u>meine</u> Arbeit.
2. ...

●●○ **b** Ergänze die Possessivpronomen. Nenne jeweils das Bezugswort.

1 Die Pferdebesitzer bezahlen   Jockeys pro Renntag umgerechnet 5 Euro.
2 Wenn Lindu mit   Pferden gewinnt, erhält er manchmal auch mehr.
3 Der Junge braucht das Geld, denn   Familie ist arm.
4 In Indonesien werden die Pferde ohne Sattel geritten. Lindu krallt sich deshalb an   Mähne fest.
5 Wenn er herunterfällt, riskiert er   Gesundheit und   Job.

Possessivpronomen lassen sich **deklinieren** und passen sich dem Nomen/Substantiv in **Geschlecht (Genus), Zahl (Numerus)** und **Fall (Kasus)** an, z. B.:
*Lilly sucht **ihre** <u>Katze</u>.* (weiblich, Singular, Akkusativ)

Nominativ	*mein Vater*	*unsere Mutter*	*euer Kind*
Genitiv	*meines Vaters*	*unserer Mutter*	*eures Kindes*
Dativ	*meinem Vater*	*unserer Mutter*	*eurem Kind*
Akkusativ	*meinen Vater*	*unsere Mutter*	*euer Kind*

8 Lies die Sätze und ergänze das Possessivpronomen in Klammern.
Passe es in Geschlecht, Zahl und Fall dem Nomen an.

1 Lilly ruft: „Oje!   Katze ist auf den Baum geklettert!" (mein)

2 „Sascha, ihr müsst   Hund an die Leine nehmen!", meint Milo. (euer)

3 „Du, Anna,   Kaninchen habe ich im Gebüsch entdeckt." (dein)

4 „   Hamster findest du unterm Strauch, Milo", sagt Anna. (dein)

9 Überarbeite die folgenden Sätze. Wähle Aufgabe a, b oder c.

●○○ **a** Ersetze die unterstrichenen Artikel durch Possessivpronomen.

> **Tipp**
> Achte auf die Übereinstimmung von Possessiv-pronomen und Nomen in Geschlecht, Zahl und Fall.

1 Ich muss erst noch die Hausaufgaben erledigen.

2 Er muss den Hasen und die Fische füttern.

3 Du musst die T-Shirts und den Pullover aufräumen.

4 Sie will die Freundin und den Freund anrufen.

5 Wir dürfen die Freunde und den Trainer einladen.

6 Sie möchten den Eltern und dem Onkel gratulieren.

7 Das Kind will den Schwestern und dem Bruder helfen.

1. Ich muss erst noch meine Hausaufgaben erledigen.
2. ...

●●○ **b** Lies folgende Sätze und überlege, welche Artikel du durch Possessiv-pronomen ersetzen könntest.

1 Ich muss erst noch die Hausaufgaben erledigen.

2 Er muss den Hasen und die Fische füttern.

3 Du musst die T-Shirts und den Pullover aufräumen.

4 Sie will die Freundin und den Freund anrufen.

5 Wir dürfen die Freunde und den Trainer einladen.

6 Sie möchten den Eltern und dem Onkel gratulieren.

7 Das Kind will den Schwestern und dem Bruder helfen.

●●● **c** Vermeide störende Wiederholungen, indem du Personalpronomen oder Possessivpronomen verwendest.

1 Hinter dem Nordseedeich in der Gemeinde Butjadingen (Niedersachsen) liegt ein Gnadenhof für Kühe.   **2** Alle Tiere stammen aus Schlachthöfen, Versuchszentren oder verwahrlosten Bauernhöfen.   **3** Das Leben der Tiere wurde von Tierschützern gerettet.   **4** Bis zum Jahr 2002 war hier ein Milchviehbetrieb mit rund 60 Milchkühen.   **5** Dann wollte der Bauer die Tiere nicht länger quälen, indem er die Tiere zum Schlachten vor-bereitet.   **6** Die Kühe, Pferde, Schweine und Gänse auf dem Hof des Bauern brauchen das Metzgermesser nicht mehr zu fürchten.   **7** Nach Auskunft des Deutschen Tierschutzbundes in Bonn gibt es in Deutschland mehrere hundert Gnadenhöfe.   **8** Die Gnadenhöfe sind eine wichtige Ergänzung zu den Tierheimen.

Verben

Merkmale der Verben

1 Lea arbeitet mit Tieren.

a   Lies, mit welchen Wörtern sie ihren Beruf beschreibt, und benenne ihn.

füttern / desinfizieren / ausmisten / messen / wiegen / aufziehen /
streicheln / säubern / beobachten / kraulen

b   Nenne, welche Wortart Lea für die Beschreibung verwendet hat.

c   Beschreibe ebenfalls einen Beruf nur mit Verben und lass ihn von den
anderen in der Klasse erraten.

> **Verben** bezeichnen vor allem **Tätigkeiten** (was jemand tut), aber auch
> **Vorgänge** (was geschieht) und **Zustände** (was ist), z. B.:
> Tätigkeit: *Lea füttert die Orang-Utans.*
> Vorgang: *Der Futtereimer fällt um und rollt durch das Gehege.*
> Zustand: *Der kleine Schimpanse schläft. Ob er friert oder schwitzt?*

2 Die folgenden Verben bezeichnen unterschiedliche Tätigkeiten.
Ordne sie in drei Themenbereiche.

rennen / salzen / kochen / skaten / erforschen / klettern / nachlesen /
zerschneiden / boxen / schälen / schwimmen / untersuchen / analysieren /
umrühren / anbraten / joggen / erhitzen

3 Bilde Verben zu folgenden Nomen/Substantiven. Verwende sie in Sätzen.

der Zucker / das Wasser / das Gewürz / der Trockner / die Schleuder /
die Wäsche / die Farbe / der Pfeffer / das Salz / die Schale / der Schnitt

der Zucker – zuckern: Das saure Obst kannst du noch etwas zuckern. ...

2 Ordne die Verben folgenden Themenbereichen zu.
kochen / Sport treiben / entdecken

Finite Verbformen (Personalformen) der Verben

1 Lies, wie Frau Meyer ihren Beruf als Tierpsychologin beschreibt, und ergänze die Endungen. Begründe, warum du gerade diese Endungen gewählt hast.

1 Der Hund schnapp▮ plötzlich nach Frauchens Beinen?
2 Die Katze zerkratz▮ neuerdings die Tapete?
3 Die Tierhalter erklär▮ mir, zu Hause sei alles beim Alten.
4 Du muss▮ aber als Tierpsychologin nachfragen.
5 Und dann erfähr▮ du: Frauchen hat einen neuen Freund oder die Familie ist umgezogen.

Verben haben eine **Grundform**, den **Infinitiv**, und Formen für die 1., 2. und 3. Person im Singular und im Plural. Diese Formen nennt man Personalformen oder **finite Verbformen**, z. B.:

Infinitiv: *rufen*   *warten*   *klettern*   *sammeln*
finite Verbform: *ich rufe*   *du wartest*   *er klettert*   *wir sammeln*
Die Veränderung der Verbformen nennt man **Konjugation** (Beugung, Verb: konjugieren).
Im Satz muss die Endung der finiten Verbform in **Person** und **Zahl** dem Subjekt entsprechen.

Subjekt		finite Verbform (Wortstamm + Personalendung)
1. Person Singular	*Ich*	*fütter- e* den Hund.
2. Person Singular	*Du*	*fütter- st* die Katze.
3. Person Singular	*Er (Tom) / Sie (Lea)*	*fütter- t* den Hasen.
1. Person Plural	*Wir*	*fütter- n* die Fische.
2. Person Plural	*Ihr*	*fütter- t* die Hühner.
3. Person Plural	*Sie (Tom und Lea)*	*fütter- n* die Kaninchen.

2 Bilde die finite Verbform zum Infinitiv in Klammern. Schreibe sie mit dem Subjekt in dein Heft.

1 Jede Veränderung ▮ ein Tier. (verunsichern)
2 Als Tierpsychologin ▮ ich zwischen Tier und Mensch. (vermitteln)
3 Denn ein Tier ▮ ja nicht sprechen. (können)
4 Was macht eine Katze? Sie ▮ die Tapete. (zerkratzen)
5 Was macht ein Kater? Er ▮ auf Herrchens Kopfkissen. (pinkeln)
6 Und der Hund? Er ▮ nach Frauchens Beinen. (schnappen)

1. jede Veränderung verunsichert
2. ...

Zeitformen (Tempusformen) der Verben

1 Bestimme, wann sich die folgenden Ereignisse zugetragen haben (in der Vergangenheit, Gegenwart oder Zukunft).
Benenne die Wortform, der du diese Information entnimmst.

1 Die Polizei hatte Hinweise auf einen Mord in einer Wohnung erhalten.
2 Dort fanden Kriminalbeamte lediglich einen Haufen frisch gewaschener Kleidung.
3 Die Hündin Asta jedoch erschnüffelte in dieser Kleidung Blutspuren.
4 Die Blutspuren waren sechs Monate alt.
5 Asta riecht Blut sogar hinter neu tapezierten Wänden.
6 Sie bellt im Treppenhaus vor einer Wohnungstür, hinter der ein Toter liegt.
7 Das alles hat Asta im Training gelernt.
8 Die Polizei wird noch weitere Spürhunde ausbilden.

Verben bilden **Zeitformen (Tempusformen)**. Diese bezeichnen, ob die Tätigkeiten, Vorgänge und Zustände schon vergangen und abgeschlossen sind, noch andauern bzw. immer gelten oder aber erst in der Zukunft stattfinden werden, z. B.:

Präsens	Die Polizei <u>sucht</u> den Mann. Er <u>ist</u> vermutlich der Täter. Hunde <u>erschnüffeln</u> Spuren.	Gegenwart (andauernd) (immer gültig)
Präteritum	Der Hund <u>fand</u> eine Spur.	Vergangenheit (abgeschlossen)
Perfekt	Der Täter <u>hat gestanden</u>.	Vergangenheit (abgeschlossen)
Plusquamperfekt	Die Spur <u>hatte</u> zum Täter <u>geführt</u>.	Vergangenheit (abgeschlossen)
Futur	Sie <u>werden</u> Hunde <u>einsetzen</u>.	Zukunft

2 Untersuche die Zeitformen der Verben in den folgenden Sätzen.

a Entscheide in jedem Satz, ob Vergangenheit, Gegenwart oder Zukunft ausgedrückt wird.

1 Die Bärin Mischka <u>lebte</u> 21 Jahre in einem Zookäfig auf 16 Quadratmetern Betonboden.

2 Schließlich <u>brachte</u> man sie in den Bären- park Worbis in Thüringen.

3 Dort <u>leben</u> seit 1996 Bären in einer tier- gerechten Umgebung.

4 Tierpfleger des Bärenparks <u>haben</u> Mischka über mehrere Wochen <u>beobachtet</u>.

5 In der ersten Zeit <u>lief</u> die Bärin wie früher in ihrem Käfig hin und her.

6 Jetzt <u>gräbt</u> sie in ihrem Revier Höhlen für den Winterschlaf.

7 Seit ein paar Wochen <u>planscht</u> sie sogar im Teich.

8 Mischka <u>wird</u> im Bärenpark ein besseres Leben <u>haben</u>.

b Übertrage die folgende Tabelle in dein Heft und ordne die unterstrichenen Zeitformen der Verben richtig ein.

Präsens	Präteritum	Perfekt	Futur
…	lebte	…	…

c Ergänze in jeder Spalte jeweils zwei weitere Beispiele.

 3 Bildet die Zeitformen Präteritum und Perfekt.

a Übertragt die Tabelle in eure Hefte und diktiert euch gegenseitig die Infinitive. Ergänzt dann die Zeitformen im Präteritum und im Perfekt.

Infinitiv	Präteritum	Perfekt
lachen	er lachte	er hat gelacht
lernen	…	…
suchen	…	…
warten	…	…
kochen	…	…
leben	…	…

b Untersucht, wie Infinitiv, Präteritum und Perfekt gebildet werden.

Tipp
Lies die Verb-
formen mehrmals
laut.

●OO **4** Ergänze die geforderten Verbformen.

a Lies die folgenden Zeitformen (Präsens, Präteritum, Perfekt)
und schreibe den dazugehörigen Infinitiv auf.

1 er fliegt, er flog, er ist geflogen
2 sie singt, sie sang, sie hat gesungen
3 sie schwimmt, sie schwamm, sie ist geschwommen
4 er schießt, er schoss, er hat geschossen
5 sie läuft, sie lief, sie ist gelaufen
6 sie liest, sie las, sie hat gelesen

1. fliegen,   2. ...

b Bilde zu folgenden Infinitiven die vier Zeitformen: Präsens, Präteritum,
Perfekt, Futur. Schreibe sie jeweils mit einem Personalpronomen auf.

1 ziehen   **2** schließen   **3** finden   **4** halten   **5** sehen   **6** treffen

1. ziehen: ich ziehe, ich zog, ...
2. schließen: er ...

5 Untersuche, was zuerst passierte und was danach.

a Vergleiche dazu die Satzpaare a und b jeweils miteinander.

1 a Ein Adlerrochen <u>tötete</u> eine Frau an Bord eines Ausflugsbootes
in Florida (USA).
b Der riesige Rochen <u>war</u> vor der Küste Floridas auf ihr Ausflugs-
boot <u>gesprungen</u>.
2 a Der Fisch <u>erschlug</u> die Frau aus Michigan.
b Sie <u>hatte</u> sich zum Sonnenbaden auf das Schiffsdeck <u>gelegt</u>.
3 a Durch den Zusammenprall mit dem Rochen <u>starb</u> die 55-Jährige.
b Das 35 Kilogramm schwere Tier <u>war</u> mit voller Wucht auf ihren
Kopf <u>gefallen</u>. Adlerrochen können mit dem ganzen Körper
aus dem Wasser springen.

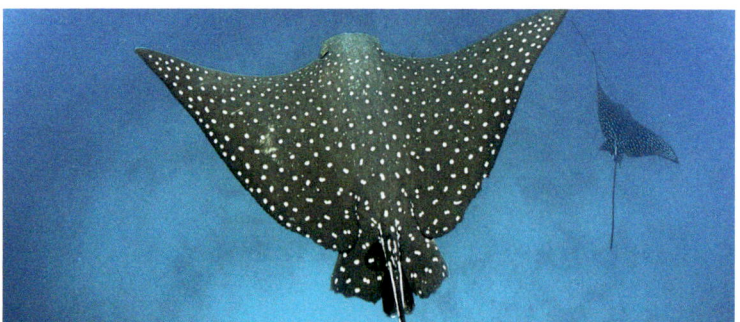

b Weise nach, dass alle Zeitformen in den Sätzen b der Satzpaare Formen im
Plusquamperfekt sind. Nimm den Merkkasten auf S. 165 zu Hilfe.

Die Zeitform **Plusquamperfekt** bezeichnet Vorgänge oder Zustände, die schon in der Vergangenheit abgeschlossen sind. Sie sind vor dem passiert, wovon im Präteritum oder im Perfekt erzählt wird. Deshalb wird das Plusquamperfekt auch Vor-Vergangenheit genannt.

Das Plusquamperfekt wird mit dem **Präteritum von** *haben* (*hatte, hattest, …*) oder *sein* (*war, warst, …*) **+ dem Partizip II** eines anderen Verbs gebildet, z.B.:

Nachdem sie von dem Rochen gehört hatten, gingen sie in den Zoo.
                       Plusquamperfekt Präteritum
Bevor sie nach Berlin kamen, waren sie noch nie im Aquarium gewesen.
                  Präteritum Plusquamperfekt

 6 Untersucht die Zeitformen der folgenden Verben.

a Lest die Verbformen und entscheidet, ob es eine Zeitform im Perfekt oder im Plusquamperfekt ist.

1 sie hatten gewartet	**4** er hatte gespielt	**7** ich bin geflogen
2 sie haben gelacht	**5** sie ist geklettert	**8** ich war gerannt
3 sie hat gepostet	**6** sie war hingefallen	**9** er ist gegangen

b Ordnet die Verben nach ihrer Bildung mit Formen von *haben* oder *sein*.

7 Übertrage die Tabelle in dein Heft und ergänze die Formen im Plusquamperfekt.

Perfekt	Plusquamperfekt
ich <u>habe</u> gehört	ich <u>hatte</u> gehört
du <u>hast</u> gefragt	du …
er <u>ist</u> gerannt	er …
wir <u>sind</u> geflogen	wir …
ihr <u>habt</u> eingeladen	ihr …
sie <u>sind</u> angekommen	sie …

8 Entscheide, ob du Formen von *haben* oder *sein* verwenden musst.

1 Ich ▨ ans Meer gefahren / geflogen / gekommen / geradelt / gereist / gezogen / gegangen.

2 Ich ▨ am Meer gewohnt / gespielt / gelernt / Verwandte besucht / gearbeitet / gefeiert.

3 Du ▨ eine Postkarte gekauft / geschrieben / abgeschickt / erhalten.

4 Sie ▨ angekommen / verloren gegangen / liegen geblieben.

Tipp
Präge dir die Verben mit *sein* gut ein.

Tipp
Überlege jeweils, welche Handlung zuerst stattfand.

9 Setze die Verben in Klammern in der richtigen Zeitform ein: Präteritum oder Plusquamperfekt.

1 Am 6. Dezember ▨ die Haie im Aquarium Besuch vom Nikolaus. (bekommen)
2 Ein Taucher ▨ sich mit Mantel, Mütze und Bart ▨. (verkleiden)
3 In diesem Kostüm ▨ er ins Haifischbecken ▨. (steigen)
4 Er ▨ Makrelen und Tintenfische an die Haie. (verfüttern)
5 Diese Leckerbissen ▨ er vorher noch ▨. (einpacken)
6 Die Besucherinnen und Besucher des Aquariums ▨ sich über diese Aktion. (freuen)

10 Untersuche, aus wie vielen Verben die unterstrichenen Zeitformen in den folgenden Satzpaaren bestehen.

1 a Maria <u>hilft</u> traumatisierten Bären.
  b Sie <u>hat</u> schon einigen Bären <u>geholfen</u>.
2 a Maria <u>arbeitet</u> im Bärenpark Worbis in Thüringen.
  b Mehrere Jahre <u>hatte</u> sie bei einem Zirkus <u>gearbeitet</u>.
3 a Als 15-Jährige <u>begann</u> sie, im Zoopark Erfurt zu arbeiten.
  b Sie <u>wird</u> jetzt die Bärin Mischka <u>therapieren</u>.

Präsens und Präteritum sind **einfache Zeitformen**. Sie bestehen nur aus der finiten Verbform. Perfekt, Plusquamperfekt und Futur bestehen aus mindestens zwei Verbformen, man nennt sie deshalb auch **zusammengesetzte Zeitformen**, z. B.:

einfache Zeitform	zusammengesetzte Zeitform
Präsens	**Perfekt**
ich <u>gehe</u> *er <u>sieht</u>*	Ich <u>bin</u> in den Zoo <u>gegangen</u>. Er <u>hat</u> Delphine <u>gesehen</u>. (Präsens von *haben* oder *sein* + Partizip II)
Präteritum	**Plusquamperfekt**
ich <u>ging</u> *er <u>sah</u>*	Ich <u>war</u> in den Zoo <u>gegangen</u>. Er <u>hatte</u> den Hai <u>gesehen</u>. (Präteritum von *haben* oder *sein* + Partizip II)
	Futur
	Ich <u>werde</u> in den Zoo <u>gehen</u>. Er <u>wird</u> den Rochen <u>sehen</u>. (Präsens von *werden* + Infinitiv)

9 Präteritum – Plusquamperfekt:
bekamen – hatten bekommen / verkleidete sich – hatte sich verkleidet / stieg – war gestiegen / verfütterte – hatte verfüttert / packte ein – hatte eingepackt / freuten sich – hatten sich gefreut

11 Einfache oder zusammengesetzte Zeitform?

a   Eine Verbform ist in jedem Satz schon markiert. Prüfe, ob es noch eine zweite gibt. Ermittle sie und bestimme die Zeitform.

> **1** Wieder <u>hat</u> uns aus Nepal die Meldung von einem Yeti erreicht.
> **2** Den Namen *Yeti* hatte das Volk der Sherpa aus *Ye* (Fels) und *The* (Tier) <u>gebildet</u>.
> **3** Schneemenschen <u>beschreibt</u> man als behaarte Wesen von zwei Metern Größe.
> **4** Jetzt hat ein Forscherteam aus den USA erstmals die Spuren gründlich <u>untersucht</u>.

b   Untersuche, an welcher Stelle im einfachen Satz die Teile der zusammengesetzten Zeitformen stehen.

12 Ergänze die Verben in Klammern in der angegebenen zusammengesetzten Zeitform.

> **1** Die Forscher ▨ DNA-Proben der vermeintlichen Yeti-Überreste ▨.
>   (analysieren, Perfekt)
> **2** Die neun Proben ▨ sie aus Knochen, Zähnen oder Exkrementen ▨.
>   (gewinnen, Plusquamperfekt)
> **3** Acht Proben ▨ sie Bären ▨: dem Tibetischen Braunbären,
>   dem Himalaya-Braunbären oder dem Asiatischen Schwarzbären.
>   Die neunte Probe stammt von einem Hund.
>   (zuordnen, Perfekt)
> **4** Die angeblichen Yetis waren wohl Bären aus der Umgebung.
>   Das ▨ die Forscher ▨.
>   (erklären, Perfekt)

1. haben ... analysiert
2. ...

●●● **13** Setze in dem folgenden Zeitungsbericht die Verben im Präteritum, Perfekt bzw. Plusquamperfekt ein.

angreifen / surfen / beißen / können / verlieren / erliegen / sehen

Sydney. Ein Hai ▨ in Australien einen 16-jährigen Surfer ▨. Der Jugendliche ▨ mit einem Freund im Meer, als der Hai ihn mehrfach ins Bein ▨. Sein Freund ▨ ihn noch ans Ufer ziehen. Der junge Surfer ▨ jedoch schon viel Blut ▨. Er ▨ seinen Verletzungen. Anwohner ▨ vor dem Unfall schon mehrfach Bullenhaie ▨. Der Strandabschnitt wurde deshalb vorsorglich gesperrt.

Leitformen/Stammformen der Verben

1 Du kennst schon viele verschiedene Verbformen.

a Übertrage die folgende Tabelle in dein Heft und ordne die Verbformen ein.

gesucht / treffen / klettern / getanzt / spielen / ging / gefunden / trank

Infinitiv	Präteritum (3. Person Singular)	Partizip II
suchen treffen	suchte …	gesucht …

b Ergänze jeweils die beiden fehlenden Verbformen.

 c Untersuche, welche Endung Infinitive haben und wie die Partizipien II gebildet werden. Stelle dein Ergebnis in der Klasse vor.

2 Die Bildung dieser Verbformen ist wichtig.

a Sortiere die Partizipien II aus Aufgabe 1 nach ihrer Endung.

Tipp
Achte besonders auf den Stammvokal.

→ **S. 175:** Wortschatzerweiterung

b Sieh dir Infinitiv und Präteritum zu diesen Partizipien an. Welche weiteren Unterschiede zwischen den beiden Gruppen fallen dir auf?

Um alle Formen eines Verbs richtig bilden zu können, muss man in der Regel die **Leitformen** oder **Stammformen** dieses Verbs kennen: **Infinitiv – Präteritum** (1./3. Person Singular) – **Partizip II**. An den Leitformen lassen sich **schwache** und **starke Verben** unterscheiden:

schwache Verben	starke Verben
• Stammvokal ändert sich nicht • Präteritum hat eine Endung *-t* • Partizip II endet auf *-t*	• Stammvokal ändert sich • Präteritum ist endungslos • Partizip II endet auf *-en*
lachen – lachte – gelacht *träumen – träumte – geträumt*	*singen – sang – gesungen* *fahren – fuhr – gefahren*

Im Deutschen sind heute noch ungefähr 200 starke, sehr alte Verben gebräuchlich.
Alle neuen Verben werden schwach gebildet, z. B.:
scannen – scannte – gescannt.

 3 Bildet zu folgenden Infinitiven die anderen Leitformen. Bestimmt, ob es schwache oder starke Verben sind. Wechselt euch dabei ab.

warten / springen / schenken / laufen / streiten / lesen / surfen / joggen / tauchen / schwimmen / paddeln / segeln / fahren / finden / retten

Imperativ

a   Lies den Ausschnitt aus der Besucherordnung des Zoos Hoyerswerda.

§ 4   Verhalten im Zoo

(2)   Den Besuchern ist insbesondere nicht erlaubt:

a) die Zootiere zu füttern, mit Ausnahme der Tiere im Streichelgehege
   (Bitte nur mit Pellets aus den Automaten!),

b) die Tiere zu necken oder zu erschrecken,

c) laute Musik zu hören,

d) die Absperrungen zu übersteigen und sich auf Brüstungen zu setzen,

e) in die Käfige oder Gehege zu greifen,

f) Gegenstände in Gehege oder
   Wasserbecken zu werfen
   oder den Zoo in anderer Weise
   zu verunreinigen,

g) Bauten, Anlagen, Einrichtungen
   oder Wege zu beschriften,
   zu bemalen oder zu bekleben,

h) Blätter, Zweige oder Pflanzen
   zu schädigen,

i) Fahrräder, Roller, Skateboards
   zu benutzen.

b   Ein Angestellter des Zoos erklärt eurer Klasse, was ihr im Zoo
nicht tun dürft. Schreibe auf, was er sagt. Formuliere die Verben
entsprechend um.

a) Füttert die Zootiere nicht!
b) Neckt oder ...

Tipp
Überlege, was
die Verbformen
ausdrücken.

c   Unterstreiche die Verben in deinen Sätzen. Erkläre, warum hier
diese Verbformen verwendet werden.

> Von Verben kann man eine **Aufforderungs-** oder **Befehlsform (Imperativ)**
> bilden. Es gibt eine Form im Singular und eine im Plural. Der Imperativ
> wird aus der 2. Person Singular oder der 2. Person Plural abgeleitet, z. B.:
> *Du isst – Iss! Ihr esst – Esst!*

d   Beim nächsten Zoobesuch forderst du deinen kleinen Bruder auf,
einige Dinge zu unterlassen. Formuliere deine Sätze entsprechend um.

a) Füttere die Zootiere nicht!
b) Necke oder ...

Adjektive

→ **S.82:** Beschreiben

1 Erkennst du die Hunderassen?

a Lies die Beschreibungen und ordne sie den Fotos zu.

A

B

C

D

1 Der **Afghanische Windhund** hat langes, seidiges Haar und
eine schmale Kopf- und Körperform. Er rennt elegant und leicht.
Er ist selten gehorsam.

2 Der **Mops** ist ein kleiner, kompakter Hund mit kurzem, glattem Fell.
Hartnäckig verfolgt er seine Ziele.

3 Der **Dalmatiner** ist ein großer, schlanker, lauffreudiger Hund.
Er ist an den schwarzen Tupfen auf weißem Fell gut erkennbar.
Der Dalmatiner mag viel Bewegung. Unter Zwang reagiert er störrisch.

4 Der **Puli** ist ein mittelgroßer ungarischer Hirtenhund mit dickem,
bodenlangem Fell aus verfilzten, langen Haaren.
Seinen Bereich verteidigt er wachsam, mutig und laut.

b Wähle eine Beschreibung aus. Benenne die Wörter, die das Aussehen und
das Verhalten der Hunderasse beschreiben. Bestimme die Wortart.

> **Adjektive** bezeichnen **Eigenschaften** und **Merkmale** von Lebewesen,
> Gegenständen, Tätigkeiten und Vorgängen und beschreiben diese
> genauer, z. B.:
> *Die* <u>wilden</u> *Sprünge des Hundes ängstigen das Kind. Es rennt* <u>schnell</u> *weg.*

2 Entscheide, ob die unterstrichenen Adjektive das Nomen/Substantiv
oder das Verb genauer beschreiben.

Der Puli ist ein <u>wasserscheues</u> Tier. Sein <u>dickes, verfilztes, bodenlanges</u> Fell
saugt sich <u>schnell</u> mit Wasser voll, behindert ihn beim Schwimmen und
trocknet <u>langsam</u>.

> **Adjektive** lassen sich **deklinieren**. Als **Begleitwort von Nomen/ Substantiven** passen sie sich in **Geschlecht (Genus)**, **Zahl (Numerus)** und **Fall (Kasus)** dem Nomen an. Dabei ist es wichtig, ob ein bestimmter oder ein unbestimmter Artikel vor der Wortgruppe steht, z. B.:
>
> _der_ **wilde** _Hund_ – _ein_ **wilder** _Hund_
>
> _die_ **süße** _Katze_ – _eine_ **süße** _Katze_
>
> _das_ **große** _Kaninchen_ – _ein_ **großes** _Kaninchen_
>
> _Einen_ **großen** _Hund_ hat er auch. _Den_ **großen** _Hund_ trainiert er.
>
> _Eine_ **kleine** _Katze_ ist besonders süß. _Die_ **kleine** _Katze_ ist fünf Wochen alt.
>
> _Einem_ **kleinen** _Kaninchen_ gefällt das Heu am besten. _Dem_ **kleinen** _Kaninchen_ schmeckt es.

●○○ **3** Untersuche die folgenden Wortgruppen. Gehe dazu so vor:
- Schreibe die Wortgruppen untereinander in dein Heft. Unterstreiche die bestimmten Artikel.
- Schreibe die Wortgruppe mit einem unbestimmten Artikel daneben. Unterstreiche ihn.
- Untersuche, was sich außerdem verändert hat. Unterstreiche es.

1 das gestreifte Zebra

2 die schwarze Amsel

3 das kleine Känguru

4 der flinke Affe

5 die giftige Schlange

6 der bunte Schmetterling

1. das gestreifte Zebra – ein gestreiftes Zebra,   2. …

4 Adjektive und Nomen stimmen in Geschlecht, Zahl und Fall überein.

Tipp

Um das Geschlecht zu ermitteln, ersetze die Pluralformen durch eine Form im Singular.

a Bestimme das grammatische Geschlecht und die Zahl der unterstrichenen Adjektive und Nomen.

1 In vielen Filmen spielen echte Tiere mit.

2 Tiertrainer bringen ihnen oft wundersame Eigenschaften bei.

3 Eine Schnee-Eule musste sieben Monate üben, bis sie einen spektakulären Flug beherrschte.

4 Einen erfahrenen Trainer beunruhigt die mehrmonatige Dauer des Trainings nicht.

5 Er hat gelernt, auch wilde Tiere zu bändigen.

1. echte Tiere – Plural, Singular: das echte Tier (sächlich)
_2. …_

b Vier Nomen und Adjektive stehen im Akkusativ. Suche sie mithilfe der Frageprobe.

●●● **c** Bestimme den Fall aller Nomen und Adjektive. Orientiere dich am Verb und nutze die Frageprobe.

4b _Wen? Was?_ **(Akkusativ):**

den Hund / _die_ Leine / _das_ Stroh

5 Wähle Katze oder Ratte als Haustier und ergänze Adjektive in der folgenden Beschreibung. Entscheide dich bei der Auswahl der Adjektive für die Variante A oder B.

A Du magst Katzen/Ratten.   **B** Du magst Katzen/Ratten nicht.

> Hi, Clara,
> es gibt Neuigkeiten! Unsere Nachbarn haben neuerdings
> eine ____ (Katze/Ratte) als Haustier! Sie heißt Blackie und ist
> so was von ____! Neulich klingelte ich bei ihnen, da springt
> dieses ____ Tier ____ auf mich zu. Im Anhang findest du
> ein Foto von ihrem ____ Liebling.
> Bis nächste Woche!
> Lilly

 6 Wer läuft schneller?

a Seht euch die Illustration an und formuliert Vergleiche.
Nutzt dazu folgende Satzmuster.

> X läuft / ist <u>schneller</u> / <u>langsamer als</u> Y.
> X ist (fast) <u>genauso schnell wie</u> Z.
> Z läuft / ist <u>am schnellsten</u>.

5 Wähle aus den folgenden Adjektiven aus.
klein / groß / verschmust / aggressiv / verfressen / fett / dünn / süß / sauber / intelligent / gesellig / eklig / lieb / widerlich / zutraulich / stubenrein / possierlich / aufmerksam / grässlich / anhänglich / gut erzogen / reinlich / frech / neugierig

6a			
Die Katze	läuft	schneller als	der Hirsch.
Die Maus		langsamer als	die Katze.
Der Wolf	ist	(fast) genauso schnell wie	die Maus.
Der Hirsch			der Wolf.
Der Hirsch		am schnellsten.	

b Lies den folgenden Merkkasten und benenne die Steigerungsstufen, die du in den Sätzen der Aufgabe a gebildet hast.

> Adjektive lassen sich meist **steigern**. Die Steigerung nennt man die **Komparation** (Verb: komparieren). Sie bilden drei Stufen:
>
> | den **Positiv** (die Grundstufe) | den **Komparativ** (die Mehrstufe) | den **Superlativ** (die Meiststufe) |
> |---|---|---|
> | *der schnelle Läufer* *Kolja rennt schnell.* | *der schnellere Läufer* *Mina rennt schneller.* | *der schnellste Läufer* *Max rennt am schnellsten.* |

7 Steigere die folgenden Adjektive.

a Übertrage die Tabelle in dein Heft und ergänze die fehlenden Steigerungsformen.

Positiv	Komparativ	Superlativ
laut	…	am lautesten
schön	…	…
…	mutiger	…
komisch	…	…
…	weiter	…
…	…	am jüngsten

b Erkläre an einem Beispiel, wie Komparativ und Superlativ gebildet werden.

8 Diese Adjektive haben eigene Formen für Komparativ und Superlativ.

a Schreibe sie in die Tabelle in deinem Heft und präge dir die Formen ein.

viel – mehr – am meisten / hoch – höher – am höchsten / gut – besser – am besten / gern – lieber – am liebsten

b Setze passende Komparative oder Superlative aus Aufgabe a ein.

1 Kennst du den ▨ Berg Deutschlands? **2** Hier gibt es das ▨ Eis der Stadt. **3** Ich esse ▨ Zitroneneis. **4** Moderne Musik gefällt mir ▨. **5** Die ▨ Leute kamen wegen der neuen Ausstellung ins Schloss.

> Mithilfe von **Adjektiven** kann man **Vergleiche** ausdrücken.
> - Bei **Gleichheit** verwendet man den **Positiv** (die Grundstufe) **+ wie**, z.B.: *Ich bin genauso groß wie du.*
> - Bei **Ungleichheit** verwendet man den **Komparativ** (die Mehrstufe) **+ als**, z.B.: *Ich bin größer als du.*

9 Stellt euch gegenseitig die Fragen und beantwortet sie mit Vergleichen. Verwendet dabei folgende Wendungen.

besser als / lieber als / weniger gut als / genauso gut wie / genauso gern wie

1 Was isst du lieber?
   (Äpfel / Bananen / Weintrauben / Möhren / Kohlrabi / …)
2 Was trinkst du lieber?
   (Wasser / Cola / Tee / Kakao / Obstsaft / …)
3 Was schmeckt dir besser?
   (Pizza / Nudeln / Suppen / Gemüse / …)
4 Was magst du lieber?
   (Fernsehen / Bücher / Filme / Computerspiele / Kartenspiele / …)

1. Ich esse Äpfel lieber als Birnen. …

10 Ergänze jeweils das passende Adjektiv im Superlativ.

hoch / lang / tief / trocken / viel

1 Der ▨▨ See der Welt ist der Baikalsee in Russland.
   Er ist 1 642 m tief.
2 Zu den ▨▨ Gebieten der Welt zählt die Atacama-
   Wüste in den Anden zwischen Chile und Peru.
   Dort regnet es fast nie.
3 Der ▨▨ Wasserfall liegt in Venezuela.
   Er hat eine Fallhöhe von 979 Metern.
4 Die ▨▨ Flüsse der Erde sind der Nil und der Amazonas.
5 Die Länder mit den ▨▨ Einwohnern sind China
   und Indien.

● ● ● **11** Suche selbst nach interessanten Informationen und formuliere Sätze wie in Aufgabe 10.

9

Äpfel …	esse ich	genauso gern wie lieber als	Bananen. …
Wasser …	trinke ich	genauso gern wie lieber als	Cola. …
Pizza …	schmeckt mir	genauso gut wie weniger gut als besser als	Nudeln. …
Nudeln …	schmecken mir		Pizza. …
Fernsehen …	mag ich	genauso gern wie lieber als	Bücher. …

Wortschatzerweiterung

 1 Wie erweitert sich unser Wortschatz und warum?
Tragt eure Ideen zusammen.

2 Welche Wörter werden gesucht? Schreibe die Lösungen in dein Heft.

1 Ein Zirkus, der von Ort zu Ort wandert,
ist ein ▨.

2 Eine Aufführung mit Musik, Tanz, Akrobatik
usw. nennt man heute eine ▨.

3 Eine Frau, die auf einem Seil tanzt,
ist eine ▨.

4 Das kuppelförmige Dach eines Zirkuszeltes
ist die ▨.

5 Mehrere Bälle in die Luft werfen und
auffangen nennt man ▨.

6 Der kreisförmige Schauplatz für Zirkus-
darbietungen ist die ▨.

> Der **Wortschatz** einer Sprache erweitert sich ständig, vor allem
> - durch die **Übernahme** von Wörtern aus anderen Sprachen, z.B.:
>   *skaten, scannen, downloaden, (Musik) streamen* (aus dem Englischen),
> - durch die **Wortbildung** mithilfe von Zusammensetzungen und
>   Ableitungen:
>   - **Zusammensetzung** aus zwei oder mehr selbstständigen Wörtern,
>   z.B.:
>   *das Wort + der Schatz → der Wortschatz; ab + leiten → ableiten;*
>   *das Bild + schön → bildschön,*
>   - **Ableitung** mithilfe von Präfixen (Vorsilben) und Suffixen (Nachsilben),
>   z.B.:
>   *ent- + decken → entdecken; leiten + -ung → die Leitung;*
>   *das Bild + -haft → bildhaft.*

3 Sieh deine Lösung aus Aufgabe 2 an.

a Nenne die Wörter, die aus einer anderen Sprache ins Deutsche
übernommen wurden.

b Welche Wörter sind eine Zusammensetzung, welche eine Ableitung?
Ordne zu und begründe.

2 Wähle aus folgenden Wörtern aus.
Manege / Zirkuskuppel / Wanderzirkus / jonglieren / Show / Seiltänzerin

Zusammengesetzte Nomen/Substantive

 1 Jenny, Oleg, Sara und Max spielen ein Sprachspiel.

a Erkennt ihr die Spielregel? Setzt das Spiel fort.

Jenny sagt: „Mark<u>thalle</u>". Oleg ruft: „<u>Hallen</u>bad". Sara sagt: „Bade<u>meister</u>". Max meint: „Meisterschaft". „Falsch!", rufen die drei. „Verstanden", seufzt Max, „dann eben <u>Meister</u>koch."

b Erklärt, was Max missverstanden hatte.

c Probiert das Spiel mit einem neuen Startwort aus, zum Beispiel mit dem Wort *Fußball*.

2 Untersuche folgende Zusammensetzungen.

a Welches Wort passt zu welcher Beschreibung?

1 Die Halle, in der ein Markt stattfindet, ist eine ▮▮▮.
2 Das Bad in einer Halle nennt man ein ▮▮▮.
3 Der Meister, der für Ordnung im Schwimmbad sorgt, ist der ▮▮▮.
4 Der Koch, der wie ein Meister kocht, ist ein ▮▮▮.

b Zerlege die Zusammensetzungen aus Aufgabe a in Grundwort und Bestimmungswort.

c Erkläre an einem Beispiel, welches Wort über Geschlecht und Wortart des zusammengesetzten Wortes entscheidet.

d Benenne die Fugenelemente, die in zwei Zusammensetzungen eingefügt werden mussten.

Zusammensetzungen bestehen aus einem **Bestimmungswort** und einem **Grundwort**. Die Wortart des Grundwortes entscheidet über die Wortart der Zusammensetzung und damit über die Groß- oder Kleinschreibung sowie über ihr grammatisches Geschlecht. Manchmal muss eins der **Fugenelemente** *-(e)s-, -(e)n-, -er-* die beiden Wörter verbinden, z. B.:

Bestimmungswort	+ Grundwort	= zusammengesetztes Wort
die Luft	*der Sprung*	*der Luftsprung*
der Fasching	*die Zeit*	*die Faschingszeit*
die Bühne	*der Raum*	*der Bühnenraum*
hoch	*der Druck*	*der Hochdruck*

2a Ordne die folgenden Wörter zu.
ein Meisterkoch / ein Bademeister / ein Hallenbad / eine Markthalle
2c *ein Markt – der Markt, eine Halle – die Halle, ein Bad – das Bad, ein Meister – der Meister,*
ein Koch – der Koch

3 Kuchen, Kuchen, Kuchen ... Wähle Aufgabe a oder b.

●○○ a Wähle aus und schreibe Wörter mit dem Grundwort *Kuchen* auf.

Apfel / Pflaume / Mandel / Nuss / Obst / Quark / Schokolade /
Zitrone / Möhre

der Apfelkuchen, der Pflaumenkuchen, ...

●●○ b Verwende das Wort *Kuchen* als Grundwort und als Bestimmungswort und
schreibe je drei Zusammensetzungen mit dem bestimmten Artikel auf.

der Apfelkuchen,   *die Kuchenform,*
...   *...*

> **Tipp**
> Denke an das
> Fugenelement
> *-n-*.

4 Das folgende Gedicht hat Franz Fühmann geschrieben.

a Lies das Gedicht.

Franz Fühmann

In der Kuchenfabrik

Im Streuselkuchen ist Streusel,
im Pflaumenkuchen sind Pflaum',
im Marzipankuchen ist Marzipan,
im Baumkuchen ist ein Baum.

5 Im Kirschkuchen sind Kirschen,
im Obstkuchen ist Obst,
im Reibekuchen eine Küchenreibe,
ich hoffe, dass du ihn lobst.

Im Käsekuchen ist Käse,
10 im Hundekuchen ein Hund,
und wenn der Jens so weiterfrisst,
wird er noch kugelrund.

b Erkläre, was der Baumkuchen mit dem Baum und der Hundekuchen
mit dem Hund zu tun hat.

●●○ c Nenne die zusammengesetzten Nomen/Substantive mit ihrem bestimmten
Artikel, in denen das Wort *Kuchen* als Grundwort auftritt.

d Nenne alle zusammengesetzten Nomen und zerlege sie in Grund- und
Bestimmungswort.

●●● e Suche die zwei Zusammensetzungen im Gedicht, die keine Nomen sind.
Bestimme auch hier Grund- und Bestimmungswort sowie die Wortart.

5 Welche Wörter sind gesucht?

a Schreibe die Zusammensetzungen auf und markiere das Grundwort.

1 Eine Wanne, in der man badet, ist eine [____].
2 Ein Zirkus, der wandert, ist ein [____].
3 Ein Schuh, der rollt, ist ein [____].
4 Eine Flasche, aus der man trinkt, ist eine [____].
5 Eine Karte, mit der man fährt, ist eine [____].

1. eine Bade<u>wanne</u>,   2. ...

b Bestimme die Wortart von Grund- und Bestimmungswort.

c Begründe, warum die neuen Wörter großgeschrieben werden müssen.

6 Bilde sinnvolle Zusammensetzungen und schreibe sie mit dem bestimmten Artikel in dein Heft.

Bestimmungswort	Grundwort
rennen	der Becher
trinken	der Platz
schwimmen	das Rad
spielen	der Tag
feiern	die Flosse

das Rennrad, ...

7 Jenny möchte ihren Geburtstag feiern.

a Lies Jennys Entwurf für eine Einladungskarte.

> Liebe Leslie, lieber Oleg, lieber Janosch,
> ich lade euch zu meiner Feier zu meinem Geburtstag am Sonnabend um 15 Uhr ein. Der Punkt unseres Treffens ist der neue Platz zum Spielen hinter unserer Schule. Wenn die Sonne scheint, feiern wir draußen.
> Bringt ein paar Ideen für Spiele mit.
> Ich freue mich auf euch!
> Jenny

b Überarbeite Jennys Text. Ersetze umständlich formulierte Stellen durch ein zusammengesetztes Wort und schreibe es auf.

zu meiner Geburtstagsfeier, ...

Tipp
Schreibe mit deinem Lieblingsstift auf schönes Briefpapier.

c Schreibe die gesamte Einladung neu. Achte dabei auf eine flüssig geschriebene und gut lesbare Handschrift.

Zusammengesetzte Adjektive

 1 Sucht nach verschiedenen Ausdrucksmöglichkeiten.
Wählt Aufgabe a, b oder c.

● ○ ○ **a** Bildet zusammengesetzte Adjektive und schreibt sie auf.
Verwendet folgende Nomen/Substantive als Bestimmungswörter
und die Adjektive als Grundwörter.

> **Tipp**
> Überlege, wie
> rund, wie schwer,
> wie schnell usw.
> etwas sein kann.

Kugel / Blei / Pfeil / Riese / Faust / Felsen / Blitz / Stein / Spiegel
rund / schwer / schnell / groß / reich / glatt / fest

kugelrund (rund wie eine Kugel), ...

● ● ○ **b** Tauscht euch darüber aus, was das Wörtchen *sehr* in den folgenden
Beispielen leistet und ob sich diese Wirkung auch anders erreichen lässt.

sehr rund / sehr schwer / sehr schnell / sehr groß /
sehr reich / sehr glatt / sehr fest

● ● ● **c** Formuliert bildhaft zusammengesetzte Adjektive. Begründet die Kleinschreibung der zusammengesetzten Adjektive.

rund / schwer / schnell / groß / reich / glatt / fest

> Mithilfe **zusammengesetzter Adjektive** lassen sich Dinge und Situationen
> genauer, aussagekräftiger und anschaulich beschreiben, z. B.:
> *sehr rund – kugelrund (rund wie eine Kugel)*
> *sehr glatt – spiegelglatt (glatt wie ein Spiegel)*

> **Tipp**
> Überlege, wie
> blau, wie grün,
> wie rot usw.
> etwas sein kann.

2 Auch Farben lassen sich bildhaft ausdrücken. Lies die Sätze und
ergänze zusammengesetzte Farbadjektive.
Nutze folgende Bestimmungswörter.

Tinte / Wasser / Eis / Pflaume / Kirsche / Brombeere / Himbeere / Blut /
Maus / Knall / Sonne / Senf / Zitrone / Gras / Tanne

1 Meine neuen Jeans sind   blau.
2 Sein T-Shirt ist   blau.
3 Die Farbe der Saison ist   grün.
4 Ihre Schuhe sind   rot.
5 Meine Schwester liebt   rote Fingernägel.
6 Mein Großvater trägt immer einen   grauen Anzug.
7 Die Zwillinge lieben die gelbe Kleidung.
   Ina bevorzugt   gelbe Shirts und Tina   gelbe.

1. tintenblau
2. ...

3 Suche anschauliche Adjektive. Wähle Aufgabe a oder b.

a Lies die folgenden Vergleiche und bilde zusammengesetzte Adjektive. Schreibe sie auf. Verwende die Adjektive anschließend, um die Überschriften in Aufgabe b wirkungsvoller zu gestalten.

Tipp
Probiere verschiedene Möglichkeiten aus.

1 glatt wie ein Spiegel, die Seide
2 schwarz wie der Rabe, die Nacht, das Pech
3 hoch wie ein Meter, ein Haus, ein Turm
4 groß wie eine Faust, ein Tennisball, ein Kirschkern
5 schwer wie eine Tonne, ein Zentner
6 hart wie ein Stein, ein Knochen

1. spiegelglatt, ...
2. ...

b Gestalte die folgenden Überschriften wirkungsvoller durch zusammengesetzte Adjektive.

MEHRERE UNFÄLLE WEGEN GLATTER STRASSEN

Ein schwarzer Tag für den Weltmeister

Insel von hohen Wellen überschwemmt

Unwetter mit großen Hagelkörnern

Haus von schwerem Meteoritenteil zerstört

Mehrere Unfälle wegen spiegelglatter Straßen, ...

 4 Achtet auf die richtige Groß- und Kleinschreibung.

Tipp
Beachtet die Wortart des Grundwortes.

a Diktiert euch gegenseitig die folgenden Zusammensetzungen. Schreibt sie richtig auf.

ZIRKUSKUPPEL / FLOHZIRKUS / KNOCHENHART / SCHIFFFAHRT / WESTWIND / WINDSCHIEF / TIEFDRUCK / BÄRENSTARK / STARKREGEN

b Verwendet die Zusammensetzungen in kurzen Sätzen.

c Erfindet eine kurze Geschichte, in der mindestens fünf der Zusammensetzungen vorkommen.

Abgeleitete Nomen/Substantive

1 Du weißt, mithilfe von Wortbausteinen kann man neue Wörter bilden. Schreibe folgende Wörter ab und trenne die Wortbausteine, die du erkennst, durch senkrechte Striche ab.

die Kindheit / die Landschaft / das Erlebnis / die Heiterkeit / die Leitung / der Reichtum

die Kind|heit, ...

> An **Suffixen** (Nachsilben) wie *-heit, -keit, -ung, -schaft, -nis, -tum*
> erkennt man **Nomen/Substantive**, z.B.:
>
> *neu + -heit → die Neuheit*   *der Freund + -schaft → die Freundschaft*
> *tapfer + -keit → die Tapferkeit*   *erleben + -nis → das Erlebnis*
> *sitzen + -ung → die Sitzung*   *eigen + -tum → das Eigentum*

2 Bilde abgeleitete Nomen/Substantive. Wähle Aufgabe a, b oder c.

●○○   **a**   Bilde abgeleitete Nomen und schreibe sie mit dem bestimmten Artikel in dein Heft. Markiere die Suffixe.

     1   *-heit:*   gesund, schön, frei
     2   *-keit:*   kostbar, heimlich, gemeinsam
     3   *-ung:*   umleiten, erfinden, prüfen
     4   *-schaft:*   Meister, Freund, verwandt
     5   *-nis:*   erleben, wagen, geheim
     6   *-tum:*   eigen, Helden, reich

     1. die Gesundheit, ...

●●○   **b**   Entscheide, welches Suffix zu welcher Reihe passt.
Schreibe die Ableitungen in dein Heft. Markiere die Suffixe.

     1   prüfen, rechnen, rüsten, erfinden
     2   erleben, kennen, wagen, geheim
     3   berühmt, dunkel, frei, schön
     4   bitter, heiter, kostbar, gemeinsam
     5   Freund, Feind, verwandt, bereit
     6   wachsen, reich, Helden, Alter

2a   1   *die Gesundheit, ...*   4   *die Meisterschaft, ...*
    2   *die Kostbarkeit, ...*   5   *das Erlebnis, ...*
    3   *die Umleitung, ...*   6   *das Eigentum, ...*

c Welche abgeleiteten Nomen stecken in den folgenden Zusammensetzungen? Schreibe ab und markiere die Wortbausteine durch
senkrechte Striche und das Suffix durch Unterstreichung.

1 das Freundschaftsspiel   **4** die Großschreibung

2 der Schönheitswettbewerb   **5** der Weltmeisterschaftstitel

3 die Zeugnisausgabe   **6** die Fütterungszeiten

1. das Freund|schaft|s|spiel

2. ...

An den Suffixen *-chen* und *-lein* erkennt man **Nomen/Substantive**
in ihrer Verkleinerungsform, z. B.:
das Häuschen, das Öfchen, das Männlein, das Küchlein.
An den Suffixen *-er* und *-in* erkennt man Nomen, die meist Personen-
bezeichnungen ausdrücken, z. B.:
der Spieler, der Schüler, der Berliner; die Schülerin, die Ärztin, die Bärin.

---

 3 Lest folgenden Beginn eines Märchens.

a Ersetzt die Nomen in Klammern durch Verkleinerungsformen.
Entscheidet jeweils, ob ihr das Suffix *-chen* oder *-lein* verwenden wollt.
Begründet eure Meinungen.

1 Es war einmal ein (Kind) namens Moro.
2 Das lebte mit drei (Katzen) in einem
winzigen (Haus) am Waldrand.   **3** Es war
ein hübsches (Ort), doch vom Wald wehte
meist ein kühles (Luft).   **4** Deshalb trug
Moro stets ein grünes (Mütze).   **5** Und
die (Katzen) liebten ihr wärmendes (Korb)
am Ofen.

1. ein Kindlein, ein Kindchen
2. drei ...

 **b** Schreibt das Märchen weiter oder erfindet ein eigenes Märchen.
Verwendet möglichst viele Verkleinerungsformen.

Tipp
Achte auf die
Konsonanten-
verdopplung
im Suffix *-innen*.

4 Ergänze zu folgenden Wörtern die weibliche oder männliche Form.
Notiere sie jeweils im Singular und Plural und unterstreiche die Suffixe.

1 der Gärtner   **3** der Einwohner   **5** die Fahrerin

2 der Schneider   **4** die Meisterin   **6** die Schwimmerin

1. der Gärtner, die Gärtnerin – die Gärtner, die Gärtnerinnen
2. ...

Abgeleitete Verben

1 Du weißt, Verben können ihre Bedeutung durch Wortbausteine verändern.

a Finde heraus, was hier nicht stimmt. Schreibe die Lösungen in dein Heft.

1 Murat hat seinen Schlüssel zerlegt.
2 Mia hätte beinahe ihren Hamster verdrückt.
3 Tine kann mühelos fünf Pfannkuchen zerdrücken, ohne dass ihr schlecht wird.
4 Maiks Vater hat das Wildschwein verlegt.
5 Der Arzt hat Bens Fuß verhandelt.

1. ver|legt
2. ...

b Bestimme die Form der Wortbildung, die hier vorliegt.
Erkläre sie an einem Beispiel.

> Durch das Anfügen von **Präfixen** (Vorsilben) wie ***be-, er-, ent-, miss-, ver-, zer-*** ändern Verben ihre Bedeutung, z. B.:
> *raten – beraten – erraten – verraten – missraten;*
> *reißen – entreißen – zerreißen*

2 Bilde abgeleitete Verben mit den Präfixen. Wähle Aufgabe a oder b.

a Bilde abgeleitete Verben und schreibe sie in dein Heft.

1 *be-, ent-, ver-:* decken, richten, werten
2 *be-, ver-:* arbeiten, achten, folgen
3 *be-, miss-, ver-:* achten, handeln
4 *er-, zer-:* legen, schlagen, drücken

1. bedecken, entdecken, verdecken; ...
2. ...

b Bilde so viele abgeleitete Verben wie möglich. Schreibe sie in dein Heft.

| be- | er- | ent- | miss- | ver- | zer- |

decken / achten / richten / handeln / schlagen / streuen

bedecken, ...

c Bildet mit den abgeleiteten Verben aus den Aufgaben a oder b Wortgruppen und stellt sie euch gegenseitig vor.

die Wunde bedecken, eine Höhle entdecken, ...

3 Welche Verben mit dem Präfix *ent-* passen in die Sätze? Ergänze sie.

1 Mein Bruder konnte sich wieder einmal nicht für eine Eissorte ▮▮.
2 Leyla konnte den Fleck in ihrer Jeans zum Glück ▮▮.
3 Toni kam zu spät. Er hat sich dafür ▮▮.
4 Sina, hast du die Fahrkarte schon ▮▮?
5 Wer hat Amerika ▮▮?

> Es gibt das **Präfix** (Vorsilbe) **ent-** und es gibt den Wortstamm **-end-**.
> Wörter mit dem Wortstamm *-end-* haben immer die Bedeutung von *Ende*.
> Zum Unterscheiden eignet sich deshalb die **Bedeutungsprobe**, z. B.:
> *die En▮station* → Ende? → ja, deshalb: *die Endstation,*
> *en▮decken* → Ende? → nein, deshalb: *entdecken*.

4 Überprüfe, ob in den folgenden Wörtern die Bedeutung *Ende* steckt.

1 den Streit beenden
2 an der Endstation aussteigen
3 das Schuljahresende
4 die Endung des Wortes
5 auf das Endergebnis warten
6 in die Endrunde kommen
7 das Tier verendet
8 eine unendliche Geschichte

 5 Diktiert euch gegenseitig die folgenden Wörter.

Tipp
Nutzt die
Bedeutungsprobe.

endgültig / entzückt / entfernen / die Entdeckung / die Endung /
endlos / der Endlauf / entziffern / entmachten

6 Drücke mithilfe eines Präfixes das Gegenteil aus.

1 Ich habe deine Frage verstanden. Er hat sie ▮▮.
2 Dein erster Sprung ist dir gut gelungen. Der zweite Sprung ist dir ▮▮.
3 Ihm gefällt ihre Antwort. Mir ▮▮ sie.
4 Der Hund wurde korrekt behandelt. Er wurde nicht ▮▮.
5 Meine Mutter billigt meine Entscheidung. Mein Vater ▮▮ sie.
6 Ich vertraue ihm. Aber er ▮▮ mir.

1. missverstanden,   2. ...

7 Korrigiere folgende Wörter. Schreibe sie richtig in dein Heft und trenne
Vorsilbe und Wortstamm durch einen senkrechten Strich voneinander ab.

1 veraten
2 entäuschen
3 benden
4 eringen
5 verechnen
6 vereiben
7 zereiben
8 ereichen

1. ver|raten,   2. ...

Achtung, Fehler!

3 Wähle aus folgenden Verben aus.
*entdecken / entfernen / entmachten / entschädigen / entscheiden / entschlüsseln / entschuldigen /
enttäuschen / entwerten*

Abgeleitete Adjektive

 1 Ihr wisst, Adjektive kann man durch Wortbausteine bilden.

a Lest den Text einmal still durch. Lest ihn anschließend laut vor.

Ein <u>verführerisches</u> Produkt kam in die Welt

Seit 1922 gibt es die <u>niedlichen</u> Gummibärchen. Die <u>essbaren</u> Bärchen wurden der Welt in Bonn <u>feierlich</u> vorgestellt. Sie haben die <u>winzige</u> Größe von zwei Zentimetern. Heute gibt es auch noch
5 kleinere Exemplare. Dass die <u>nahrhaften</u> Bären überall auf der Welt zu Hause sind, ist <u>seltsam</u>. Früher waren sie <u>tierischer</u> Herkunft, seit dem Jahr 2000 gibt es sie auch vegan. Gummibärchen sind <u>friedliche</u> Tiere. Freunde (k)leben oft <u>unzer-</u>
10 <u>trennlich</u> zusammen.

b Was haben die unterstrichenen Adjektive gemeinsam, was unterscheidet sie? Analysiert ihre Wortbausteine.

→ **S. 250:** Richtig schreiben

> An den **Suffixen** (Nachsilben) **-ig-, -lich, -isch, -sam, -bar** und **-haft** erkennt man **Adjektive**, z. B.:
> *Saft – saft<u>ig</u>, Tag – täg<u>lich</u>, Kritik – krit<u>isch</u>, Traum – traum<u>haft</u>,*
> *Furcht – furcht<u>bar</u>, furcht<u>sam</u>.*

2 Bilde mit den Suffixen abgeleitete Adjektive. Wähle Aufgabe a oder b.

●○○ **a** Bilde mit den Suffixen abgeleitete Adjektive und schreibe sie in dein Heft. Zerlege sie mit senkrechten Strichen in ihre Wortbausteine.

    1 *-lich:* Herbst, Süden, Gefahr, Ort, Norden
    2 *-ig:* Sonne, Wolke, Nebel
    3 *-isch:* Sturm, Regen

    1. herbst|lich, ...

●●○ **b** Bilde mit den Suffixen *-ig, -isch* und *-lich* abgeleitete Adjektive und schreibe sie in dein Heft. Zerlege sie mit senkrechten Strichen in ihre Wortbausteine.

1 Herbst	**4** Sturm	**7** Ort	**10** Süden
2 Sommer	**5** Winter	**8** Nebel	**11** Gefahr
3 Wind	**6** Sonne	**9** Regen	**12** Wolke

    1. herbst|<u>lich</u>
    2. ...

3 Diese Adjektive braucht man zum Beispiel im Wetterbericht.

a Vervollständige den Wetterbericht mit den abgeleiteten Adjektiven
aus Aufgabe 2. Lies den Text leise vor.

1 Das ▭ (Herbst) Wetter wird in den ▭ (Norden) Regionen anhalten.
2 Nachts ist ▭ (Ort) mit niedrigen Temperaturen zu rechnen.
3 In den frühen Morgenstunden ist es gelegentlich ▭ (Nebel).
4 ▭ (Sturm) Winde sorgen für Aufheiterungen.
5 Im ▭ (Süden) Raum ist es zunächst ▭ (Sonne), später ▭ (Regen).
6 In höheren Lagen kann es zu ▭ (Gefahr) Glatteisbildung kommen.

b Lies den folgenden Merkkasten und erkläre, wie man
die Adjektivendung -ig ausspricht.

> Endet ein **Adjektiv** auf das **Suffix** (die Nachsilbe) **-ig,** wird es [-ich] ge-
> sprochen. Die **Verlängerungsprobe** eignet sich zur Prüfung, ob -ig oder
> -lich geschrieben werden muss. Man verlängert das Wort um ein -e
> und spricht es laut aus, z. B.:
> *sommerli▭* → *sommerlich-e* → *sommer-lich,*
> *wolki▭* → *wolkig-e* → *wolk-ig.*
> Endet der Wortstamm auf -l, folgt immer das Suffix -ig, z. B.:
> *langweil-ig, well-ig, einstell-ig, nebl-ig,* aber: *herr-lich.*

Tipp
Nutze die Media-
thek und höre
den Wetterbericht
möglichst mehr-
mals.

c Höre einen Wetterbericht im Radio oder im Fernsehen.
Achte auf die Aussprache der Adjektive.

d Lest die folgenden Adjektive und Wortgruppen laut vor.
Achtet auf die unterschiedliche Aussprache des Suffixes -ig.

1 winzig – winzige Spinnen
2 riesig – riesige Käfer
3 wacklig – wacklige Stufen
4 hügelig – hügelige Strecken
5 wellig – welliges Haar
6 einstellig – einstellige Zahlen

Tipp
Nutze die Verlän-
gerungsprobe.

4 Bilde Adjektive mit den Suffixen -ig oder -lich und schreibe sie auf.
Trenne Wortstamm und Suffix mit einem senkrechten Strich voneinander ab.

Schreck / Ekel / Winkel / Ärger / Mehl / Zufall
rund / faul / gelb / eilen / einmal

schreck|lich, ...
rund|lich, ...

---

4 Suche zuerst diejenigen Wörter heraus, deren Wortstamm auf -l endet.
Bilde von ihnen die Adjektive mit dem Suffix -ig.
Bilde von den anderen Wörtern die Adjektive mit dem Suffix -lich.

5 Umschreibt mit eigenen Worten, was die unterstrichenen Adjektive ausdrücken.

1 Sind diese Pilze <u>essbar</u>?
2 Keine Sorge, die Krankheit ist <u>heilbar</u>.
3 Das war aber ein <u>seltsamer</u> Film.
4 Der Aufenthalt an der See war für meine Mutter <u>erholsam</u>.
5 Sein Verhalten ist schon <u>krankhaft</u>.
6 Stalking ist <u>strafbar</u>.

6 Bilde abgeleitete Adjektive. Wähle Aufgabe a oder b.

●○○ **a** Bilde abgeleitete Adjektive und schreibe sie in dein Heft. Unterstreiche die Suffixe.

1 *-bar:* der Brauch, der Teil, die Strafe, tragen, verwenden
2 *-haft:* der Fehler, die Formel, krank, wohnen, schmeicheln, böse
3 *-sam:* die Arbeit, der Rat, die Furcht, die Mühe, einprägen, mitteilen

1. brauchbar, ...

●●○ **b** Entscheide, welches Suffix passt: *-bar*, *-haft* oder *-sam*. Bilde abgeleitete Adjektive und schreibe sie in dein Heft.

1 der Brauch	**9** wohnen
2 der Rat	**10** schmeicheln
3 die Arbeit	**11** krank
4 der Fehler	**12** böse
5 die Formel	**13** die Mühe
6 die Strafe	**14** verwenden
7 tragen	**15** die Furcht
8 einprägen	**16** mitteilen

7 Verschiedene Endungen, verschiedene Bedeutungen!

a Lies folgende Adjektive und erkläre ihre Bedeutung.

1 wirklich, wirksam
2 schrecklich, schreckhaft
3 furchtsam, furchtbar
4 löslich, lösbar

b Verwende die Adjektive in Sätzen.

●●● **c** Erkläre die Bedeutung folgender Adjektive. Verwende sie jeweils in Sätzen.

1 heilsam, heilbar, heilig
2 wunderbar, wundersam, wunderlich

Wortfamilien

1 Betrachte den Wörterbaum.

a Lies die Wörter erst leise, dann noch einmal laut vor.

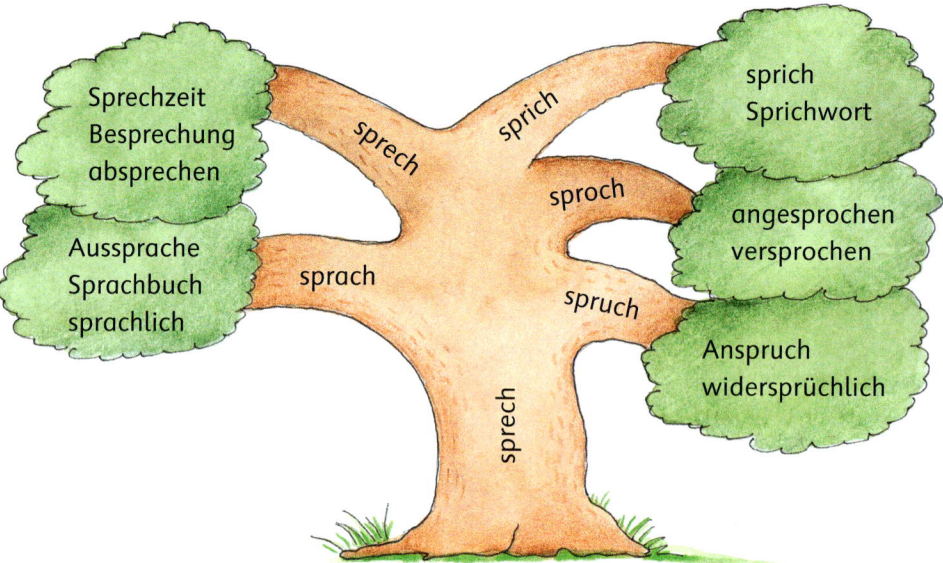

Tipp
Der Wortstamm kann verschiedene Vokale aufweisen.

b Nenne den Wortstamm, den alle Wörter gemeinsam haben.

c In welchen Teil des Wörterbaumes gehören die folgenden Wörter? Ordne zu.

sprichwörtlich / Muttersprache / Nachrichtensprecher / ausgesprochen / vorsprechen

●●● **d** Suche fünf weitere Wörter, die zu dieser Wortfamilie gehören.

> Wörter, die aufgrund ihrer Herkunft miteinander verwandt sind, bilden eine **Wortfamilie**. Sie entstehen durch **Ableitung** und **Zusammensetzung**. Das heißt, alle Wörter, die von einem **gemeinsamen Wortstamm** abgeleitet oder mit ihm zusammengesetzt sind, gehören zu einer Wortfamilie, z. B.:
>
> | | | | | | |
> |---|---|---|---|---|---|
> | | sprach | -lich | | der Sprech | -er |
> | die Mutter- | sprach | e | ver- | sprech | en |
> | die Ab- | sprach | e | die Be- | sprech | -ung |
> | die | Sprach | -reise | der Ein- | spruch | |
> | das Ge- | spräch | | der Zauber- | spruch | |
>
> Der **Wortstamm** entspricht meist der Nennform, in der die Wörter im Wörterbuch aufgeführt werden, z. B.: *Mann, Hose, Kleid; jung, schön, groß.* Bei Verben wird vom Infinitiv (Nennform) die Endung *-(e)n* abgestrichen, z. B.: *such-en, renn-en, seh-en; sammel-n, ärger-n, schummel-n.*

2 Zu welcher Wortfamilie gehören die Wörter? Wähle Aufgabe a oder b.

●○○ **a** Ordne die folgenden Wörter nach Wortfamilien. Schreibe sie in dein Heft und markiere den Wortstamm.

das Rathaus / der Radweg / ratsam / der Ratskeller / die Radtour / beraten / der Ratschlag / der Radsport / radeln / das Einrad

das Rathaus: ...   *der Radweg: ...*

●●○ **b** Schreibe die Wörter in der richtigen Rechtschreibung in dein Heft. Überlege, welche Bedeutung im Wortstamm steckt.

1 der Ra▮geber
2 das Rennra▮
3 der Vorra▮
4 der Ra▮sport
5 die Bera▮ung
6 das Ra▮haus

7 der Stadtra▮
8 ra▮sam
9 der Ra▮schlag
10 der Ra▮weg
11 einen Ra▮ geben
12 das Ra▮fahren

3 Lies die Wörter halblaut vor und suche die zwei schwarzen Schafe je Wortfamilie.

1 der Einbrecher, brüchig, das Schulbuch, abbrechen, ausbrechen, der Eisbecher
2 der Lehrling, das Lehrbuch, das Leergut, gelehrig, der Leerlauf, die Belehrung
3 der Schnellzug, einziehen, die Ziege, die Ziehung, der Umzug, zucken

4 Wenn du noch eine andere Sprache außer Deutsch sprichst, überlege, wie es sich da mit Wortfamilien verhält. Stelle der Klasse Beispiele dafür vor.

Englisch?
to read, reader, reading, readable

Russisch?
прочитать/читать, читатель, чтение, прочитанный

Polnisch?
czytać, czytelnik, czytanie, czytelny

●●● **5** Übertrage die Tabelle in dein Heft und ordne die Beispiele aus dem Merkkasten zu.

Ableitung	Zusammensetzung
sprach-lich	die Mutter-sprache
...	...

3 Als „schwarzes Schaf" bezeichnet man etwas, das auffallend anders ist. Dadurch passt es nicht in die Reihe.

Wortfelder

1 Lena war am Wochenende auf einer Familienfeier.

a Lies, was sie ihren Freundinnen erzählt. Wie wirkt der Text auf dich?

> Die Feier war toll: die Musik, das Essen… So richtig vornehm an festlich
> gedeckten Tischen haben wir gegessen. Meine Mutter hat alle Speisen
> vorher gegessen. Sascha konnte sich mal wieder nicht beherrschen und
> hat alles in sich hineingegessen, bis ihm schlecht wurde. Mein Vater aß
> 5 still vor sich hin. Nur Tante Mimi aß die ganze Zeit an einem Salatblatt
> herum. Tine glaubte sich unbeobachtet und aß von der Torte. Aber die
> war wirklich lecker! Sogar ich habe zwei Stück geradezu gegessen.

●○○ b Beschreibe mit einem Verb aus dem Wortfeld *essen* aus Aufgabe c genauer,
wie gegessen wird.

1 das Mittagessen hastig ⬜   **2** an dem Eis ⬜   **3** heimlich vom
Pudding ⬜   **4** an einer festlich gedeckten Tafel ⬜   **5** ohne Appetit
an etwas ⬜   **6** Salzstangen ⬜   **7** die heiße Suppe vorsichtig ⬜
8 einen großen Burger in sich hinein ⬜   **9** alles bis auf den letzten
Bissen ⬜

Tipp
Überlege jeweils,
welches Verb zur
Situation passt.

c Überarbeite den Text in Aufgabe a, indem du das sich wiederholende Verb
essen durch treffendere Verben ersetzt.

essen / beißen / futtern / hineinwürgen / kauen / knabbern / kosten /
lecken / löffeln / mampfen / nagen / naschen / schlecken / schlemmen /
schlingen / schmausen / speisen / verschlingen / verzehren / verdrücken

  d Sucht die Verben aus dem Wortfeld *essen*, die schnell und viel essen
bezeichnen.

schlingen, …

> Wörter, die eine gleiche oder ähnliche Bedeutung haben, bilden ein
> **Wortfeld**. Wenn man viele Wörter eines Wortfeldes kennt, kann man
> sich genauer ausdrücken, z. B.:
> *gehen: laufen, rennen, rasen, eilen, sausen, hasten, stürzen, schreiten,
> stelzen, marschieren, wandern, spazieren, schlendern.*

2 Sammle Verben zu einem der beiden Wortfelder und schreibe sie auf.

1 Essen zubereiten: schneiden, erhitzen, …
2 sehen: schauen, erkennen, …

Ober- und Unterbegriffe

 1 Nennt das Wort, das nicht in die Wortreihe passt, und begründet.

1 der Löffel, die Gabel, das Messer, das Glas
2 der Tee, das Salz, das Mehl, der Zucker
3 die Johannisbeere, die Himbeere, der Apfel, die Stachelbeere
4 der Bäcker, der Lehrer, der Lehrling, der Koch
5 der Bass, das Schlagzeug, die Gitarre, die Geige
6 der Fisch, der Käse, der Quark, die Butter

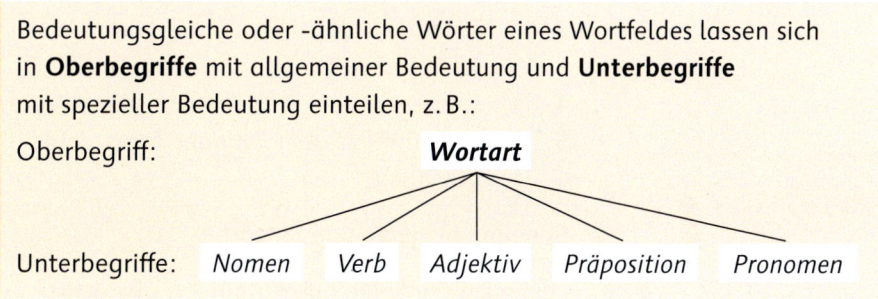

Bedeutungsgleiche oder -ähnliche Wörter eines Wortfeldes lassen sich in **Oberbegriffe** mit allgemeiner Bedeutung und **Unterbegriffe** mit spezieller Bedeutung einteilen, z. B.:

Oberbegriff: *Wortart*

Unterbegriffe: *Nomen*   *Verb*   *Adjektiv*   *Präposition*   *Pronomen*

2 Strukturiere die Wortfelder.

a Suche zu folgenden Wortreihen den Oberbegriff.

1 der Mantel, der Anorak, das T-Shirt, der Pullover, das Hemd
2 das Garn, die Nadel, der Faden, das Maßband, die Stecknadel
3 der Bus, die Straßenbahn, das Motorrad, das Fahrrad, das Flugzeug
4 das Segelboot, das Frachtschiff, das Paddelboot, die Fähre
5 Arabisch, Deutsch, Englisch, Spanisch, Chinesisch
6 die Amsel, die Drossel, der Star, die Nachtigall, das Rotkehlchen

b Ergänze mindestens einen weiteren Unterbegriff je Wortreihe.

 3 Gar nicht so einfach!

a Findet heraus und erklärt, welche Bedeutung folgenden Verben und Adjektiven gemeinsam ist und worin sie sich unterscheidet.

1 löffeln / aufgabeln / aufspießen / beißen / zerbeißen / abbeißen / ablecken / ausschlecken
2 nass / feucht / klamm / glitschig / matschig / schmierig

b Verwendet einige der Wörter in Sätzen.

2 a Wähle aus folgenden Oberbegriffen aus.
das Nähzeug / das Fahrzeug / die Sprachen / die Bekleidung / die Vögel / das Boot

Satzbau und Zeichensetzung

Satzarten und ihre Satzschlusszeichen

1 Kennst du das Buch „Trick 347 oder der mutigste Junge der Welt"
von Nina Weger?

a Schreibe die folgenden Sätze ab und ergänze die Satzschlusszeichen.
Begründe deine Entscheidungen.

Achtung, Fehler!

1 Die Geschichte spielt in der Zirkuswelt
2 Im Mittelpunkt steht ein Junge
3 Wie heißt die Autorin
4 Der Junge auf dem Trapez sucht seinen Vater
5 Ist der Mann mit dem Zylinder Toms Vater
6 Lies das Buch

b Benenne die jeweilige Satzart.

c Lest euch die Sätze aus Aufgabe a abwechselnd
laut vor und verdeutlicht die Satzart mit ihrer Satzmelodie.

> Der Satzbau und die **Satzart** sind abhängig von der Aussageabsicht
> der Schreibenden oder Sprechenden:
> • Um etwas mitzuteilen, bildet man einen **Aussagesatz**, z.B.:
>   *Nina Weger schreibt Kinderbücher.* (Satzschlusszeichen: Punkt)
> • Um etwas zu erfahren, bildet man einen **Fragesatz**, z.B.:
>   *Was hat Nina Weger geschrieben? Kennst du Bücher von ihr?*
>   (Satzschlusszeichen: Fragezeichen)
> • Um jemanden zum Handeln aufzufordern, bildet man einen
>   **Aufforderungssatz**, z.B.:
>   *Frage in der Bibliothek nach. Gib sofort mein Buch zurück!*
>   (Satzschlusszeichen: Punkt; nach einem Befehl oder einer nachdrück-
>   lichen Aufforderung: Ausrufezeichen)
> Mündlich macht man Aussageabsicht und Satzart mit der **Satzmelodie**
> deutlich.

2 Entscheide, welches Satzzeichen zu setzen ist. Wähle Aufgabe a oder b.

●●○ **a** Schreibe den Text in dein Heft und ergänze die Satzzeichen.

Wie kam Nina Weger zum Zirkus ▢ Mit ihren Geschwistern besuchte sie
eine Vorstellung des Zirkus Roncalli ▢ Danach lernte sie Seiltanzen ▢
Kannst du auf einem Seil laufen ▢ Probiere es aus ▢

---

1 b Es gibt drei Satzarten: Aussagesatz, Fragesatz, Aufforderungssatz.
2 a Der Text enthält zwei Aussagesätze, zwei Fragesätze und einen Aufforderungssatz.

b Schreibe die folgenden Sätze in dein Heft und ergänze die Satzzeichen. Achte auch auf die Großschreibung am Satzanfang.

> Wie kam Nina Weger zum Zirkus mit ihren Geschwistern besuchte sie eine Vorstellung des Zirkus Roncalli danach lernte sie Seiltanzen kannst du auf einem Seil laufen probiere es aus

c Lest euch eure Lösungen gegenseitig vor. Markiert mit der Satzmelodie die jeweilige Aussageabsicht.

3 Wo steht die finite Verbform? Wähle Aufgabe a, b oder c.

a Untersucht, wo in den Sätzen von Aufgabe 1a jeweils die finite (gebeugte) Verbform steht. Geht dazu so vor:
- Übertragt die folgende Tabelle in eure Hefte und ergänzt die fehlenden Satzbausteine aus den Sätzen der Aufgabe 1a.
- Unterstreicht die finite (gebeugte) Verbform in jedem Satz.
- Nennt die Satzgliedstelle, in der die finite (gebeugte) Verbform im Aussagesatz, Fragesatz und Aufforderungssatz steht.

Tipp
Ermittle die finite Verbform mithilfe der Ersatzprobe: Ersetze das Subjekt durch eine Form im Plural.

Satzgliedstelle 1	Satzgliedstelle 2	Satzgliedstelle 3
Die Geschichte	spielt	in der Zirkuswelt.
Im Mittelpunkt	…	ein Junge.
Wie	…	die Autorin?
Der Junge auf dem Trapez	sucht	…
…	der Mann mit dem Zylinder	…?
…	das Buch!	

b Untersuche, wo in den Sätzen von Aufgabe 1a jeweils die finite (gebeugte) Verbform steht. Gehe dazu so vor:
- Ermittle in den Sätzen die finite (gebeugte) Verbform.
- Untersuche, an welcher Stelle sie in den einzelnen Satzarten steht.
- Formuliere für jede Satzart eine Regel.

c Schreibe für jede Satzart zwei eigene Beispiele auf. Unterstreiche die finiten Verbformen und formuliere für jede Satzart eine Regel.

3a Ersatzprobe:
Die Geschichte spielt in der Zirkuswelt. – Die Geschichten spielen in der Zirkuswelt.
Im Mittelpunkt steht ein Junge. – Im Mittelpunkt stehen zwei Jungen.

Die **Sätze** im Deutschen haben einen typischen **Aufbau**. Entscheidend ist immer, an welcher **Satzgliedstelle** die **finite (gebeugte) Verbform** steht:

im **Aussagesatz** (Satzschlusszeichen: Punkt)	steht die finite Verbform an zweiter Satzgliedstelle, z.B.: *Ich feiere meinen Geburtstag.*
im **Fragesatz** (Satzschlusszeichen: Fragezeichen)	steht die finite Verbform an erster Satzgliedstelle, z.B.: *Feierst du deinen Geburtstag?* Bei Fragen mit einem Fragewort steht die finite Verbform an zweiter Satzgliedstelle, z.B.: *Wann feierst du?*
im **Aufforderungssatz** (Satzschlusszeichen: Ausrufezeichen)	steht die finite Verbform an erster Satzgliedstelle, z.B.: *Feiere doch mal im Park!*

4 Bilde Aussagesätze, Fragesätze und Aufforderungssätze.

a Bilde mit folgenden Wortgruppen je zwei Sätze als Frage, Aussage und Aufforderung und schreibe sie auf. Achte auf die Satzzeichen.

gern lesen / lesen / am liebsten spielen / hören / sehen / essen

Liest du gern Gedichte? Ich lese gern Tiergeschichten.
Lies mal diese Geschichte! ...

b Markiere die finite Verbform in deinen Sätzen und prüfe, ob sie an der richtigen Stelle im Satz stehen.

5 Im folgenden Beginn einer Tiergeschichte fehlen die Satzschlusszeichen.

Tipp
Achte auf die Großschreibung der Satzanfänge.

Achtung, Fehler!

a Schreibe ab und setze die Satzschlusszeichen. Überlege jeweils, wie du die Geschichte damit spannender gestalten kannst.

Schlauer Papagei
hast du schon einmal einen Papagei sprechen hören unsere Nachbarn haben einen wirklich lustigen Kerl er begrüßt alle Leute mit einem laut krächzenden Hallo er schimpft auch, wenn ihn etwas stört

●●● **b** Ergänze die Geschichte. Mache eine spannende oder lustige Erzählung daraus.

Bau des einfachen Satzes

Die Satzglieder

1 Sätze bestehen aus Satzgliedern.

a Bilde mit den Satzgliedern vier unterschiedliche Aussagesätze
und schreibe sie in dein Heft.

	dienstags	
Milo	trainiert	das Einradfahren
	in der Turnhalle	

Milo trainiert dienstags …
Dienstags trainiert Milo …

Tipp
Ermittle die finite
Verbform mithilfe
der Ersatzprobe:
Ersetze das
Subjekt durch eine
Form im Plural.

b Unterstreiche die finite (gebeugte) Verbform und untersuche,
an welcher Satzgliedstelle sie jeweils steht.

> Die meisten Wörter oder Wortgruppen eines Aussagesatzes kann man
> umstellen. Eine Ausnahme macht nur die **finite (gebeugte) Verbform**.
> Sie steht im Aussagesatz immer an der **zweiten Satzgliedstelle**.
> An der ersten Satzgliedstelle, also vor der finiten Verbform, kann immer
> nur *ein* Satzglied (Wort oder Wortgruppe) stehen.
> Alle weiteren Satzglieder folgen nach der finiten Verbform. Deshalb hilft
> die **Umstellprobe**, die Anzahl der Satzglieder eines Satzes zu ermitteln.
> Zu einem **Satzglied** gehören jeweils die Wörter, die sich nur zusammen-
> hängend umstellen lassen, z. B.:
>
> | *Mein Bruder* | *übt* | *jeden Montag* | *im Zirkus* | *das Jonglieren.* |
> |---|---|---|---|---|
> | *Jeden Montag* | *übt* | *mein Bruder* | *das Jonglieren* | *im Zirkus.* |
> | *Im Zirkus* | *übt* | *mein Bruder* | *jeden Montag* | *das Jonglieren.* |
> | *Das Jonglieren* | *übt* | *mein Bruder* | *jeden Montag* | *im Zirkus.* |

2 Weise nach, dass ein Satz meist aus mehreren Satzgliedern besteht.
Wähle dazu Aufgabe a, b oder c.

●○○ **a** Zwölf Wörter, aber nur drei Satzglieder? Erfrage die Satzglieder mit
Wer? und *Wen? Was?* und ermittle, welche Wörter ein Satzglied bilden.
Die finite Verbform ist markiert.

> Meine ganze Familie <u>liebt</u> den Zirkus mit seinen Akrobaten und
> den Clowns.

Wer liebt? Meine …

●●○ **b** Zwölf Wörter, aber nur drei Satzglieder? Überprüfe das mithilfe der Umstellprobe.

> Meine ganze Familie liebt den Zirkus mit seinen Akrobaten und den Clowns.

●●● **c** Ermittle, aus wie vielen Satzgliedern der folgende Satz besteht, und begründe deine Antwort.

> SEITGENERATIONENGEHÖRTDIELIEBEMEINERGANZENFAMILIEDEM ZIRKUSMITSEINENAKROBATENUNDDENCLOWNS.

3 Bandwurmsätze gesucht! Wähle Aufgabe a oder b.

●○○ **a** Bilde Bandwurmsätze und schreibe sie auf. Beginne mit dem ersten Satzglied und probiere aus, welche der Wörter oder Wortgruppen du sinnvoll anhängen kannst. Verfahre genauso mit den anderen Satzgliedern.

Tipp
Es gibt mehrere Lösungen.

> Dienstags / trainiert / Milo / das Einradfahren / in der Turnhalle.

immer / außer in den Schulferien /
der Nachbarschule /
mit Jungen aus der 5 a /
ganz konzentriert / der zehnjährige

Immer dienstags / trainiert / ...

●●○ **b** Erweitere den Satz sinnvoll um folgende Wörter und Wortgruppen. Schreibe deinen Bandwurmsatz auf.

> Dienstags trainiert Milo das Einradfahren in der Turnhalle.

der zehnjährige / ohne Lehrer / der Nachbarschule /
mit Jungen aus der 5 a / ganz konzentriert / aus der 5 b /
seit mehreren Monaten / außer in den Schulferien

Dienstags trainiert der zehnjährige Milo ...

3 *Bandwurmsatz:* ein besonders langer Satz

4 Untersucht in folgenden Sätzen die Satzverknüpfung.

a Lest euch die Sätze abwechselnd vor und besprecht, welche Variante sich flüssiger liest: a oder b?

1 **a** Ich wohne mit meiner Mutter und meinen Brüdern hier in Jordanien. Wir lebten vor dem Krieg in Syrien in einer Wohnung.

b Ich wohne mit meiner Mutter und meinen Brüdern hier in Jordanien. Vor dem Krieg lebten wir in Syrien in einer Wohnung.

2 **a** Hier in Zaatari ist es sehr heiß, staubig, trocken und öde. Clowns und andere Zirkusartisten kamen eines Tages ins Flüchtlingscamp.

b Hier in Zaatari ist es sehr heiß, staubig, trocken und öde. Eines Tages kamen Clowns und andere Zirkusartisten ins Flüchtlingscamp.

3 **a** Sie zeigten uns Kindern kostenlos Seiltanzen, Jonglieren und Einradfahren. Beim Trampolinspringen vergesse ich die Hitze, den Staub und vor allem die Sorge um meine Großeltern in Syrien.

b Sie zeigten uns Kindern kostenlos Seiltanzen, Jonglieren und Einradfahren. Ich vergesse beim Trampolinspringen die Hitze, den Staub und vor allem die Sorge um meine Großeltern in Syrien.

b Lest die Sätze noch einmal. Tauscht euch darüber aus, welche Information im Satz jeweils hervorgehoben wird und warum.

> Durch die **Umstellung von Satzgliedern** an den Satzanfang oder das Satzende kann man einerseits **Informationen hervorheben** und andererseits **Sätze flüssiger miteinander verbinden**, z.B.:
> *Ich wohne hier in Jordanien. <u>Ich</u> lebte vor dem Krieg in Syrien.*
> *Ich wohne hier in Jordanien. <u>Vor dem Krieg</u> lebte ich in Syrien.*
> *Ich wohne hier in Jordanien. <u>In Syrien</u> lebte ich vor dem Krieg.*

Tipp
Es gibt mehrere Lösungen.

5 Sofie hat Informationen über die Autorin Nina Weger gesammelt. Gestalte Sofies Text flüssiger, indem du Satzglieder umstellst.

> Nina Weger hat selbst im Zirkus gearbeitet. Sie ist als Seiltänzerin mit dem Circus Belly durchs Land gezogen. Sie schreibt jetzt Kinderbücher für 10- bis 14-Jährige. Ein Buch von ihr heißt „Club der Heldinnen". Sie leitet gemeinsam mit einer Freundin ehrenamtlich einen Kinderzirkus.

Nina Weger hat selbst im Zirkus gearbeitet. Als Seiltänzerin ...

  6 Probiert aus, wie sich die Sätze aus Aufgabe 4 a auf verschiedene Weise sinnvoll verknüpfen lassen.

Subjekt

1 In der folgenden Inhaltsangabe fehlen entscheidende Informationen.

a Ergänze die fehlenden Informationen in den Sätzen mithilfe der folgenden Wörter und Wortgruppen.

Tom / die Geschichte / der Elfjährige / du / eine alte Eintrittskarte für den Zirkus Merlini / der berühmte Artist Arthur Merlini

1 _____ lebt mit seiner Mutter in München. **2** _____ kennt seinen Vater nicht. **3** Dann fällt dem Jungen _____ in die Hände. **4** Gehört _____ zu Toms Familie? **5** Wie geht _____ weiter? **6** Das erfährst _____ in dem Buch „Trick 347 oder der mutigste Junge der Welt" von Nina Weger.

b Erfrage die Informationen, die du ergänzt hast, und beantworte die Fragen.

1. Wer lebt mit seiner Mutter in München? Tom.
2. ...

c Lies den Merkkasten und bestimme das Satzglied, das du ergänzt hast.

> Das **Subjekt** ist das **Satzglied**, über das etwas ausgesagt wird.
> Man nennt es auch den **Satzgegenstand**. Das Subjekt lässt sich mit *Wer?* oder *Was?* erfragen. Es steht immer im Nominativ, z. B.:
> *Toms Mutter* leitet eine Expedition.   Wer?
> *Die Expedition* führt in die Antarktis.   Was?

2 Ordne die Satzteile 1 bis 6 den Satzteilen A bis F so zu, dass sinnvolle Aussagen entstehen. Schreibe die Sätze in dein Heft und unterstreiche die Subjekte.

1 Toms Mutter   **A** gastiert in Hannover.

2 die Expedition   **B** muss deshalb nach Hannover zur Oma ziehen.

3 Tom   **C** hat etwas über den Zirkus Merlini herausgefunden.

4 der Junge   **D** dauert drei Monate.

5 der Zirkus Merlini   **E** heißt Arthur Merlini.

6 der Zirkusbesitzer   **F** soll eine Expedition in die Arktis leiten.

1. Toms Mutter soll ...

Prädikat

1 Du weißt, Verben bilden das Prädikat eines Satzes.

a In den folgenden Sätzen fehlt das Prädikat. Setze die Verben in Klammern in der richtigen Form ein.

1 Wie ____ man einen Rummel bei euch? (nennen)
2 Wir ____ Nadja und Kira in Hamburg. (treffen)
3 Die beiden Mädchen ____ dort auf dem Rummel. (wohnen)
4 Nadja ____ seit dem Sommer in ihrem eigenen Wohnwagen. (leben)
5 Der große Wohnwagen nebenan ____ ihren Eltern. (gehören)
6 Kiras Familie ____ eine Achterbahn. (betreiben)

b Bezeichne das Satzglied, das mit dem Prädikat in Person und Zahl übereinstimmen muss. Nenne ein Beispiel aus den Sätzen der Aufgabe a.

> Das **Prädikat** sagt etwas über das Subjekt aus (**Satzaussage**).
> Man kann es mit der Frage *Was wird ausgesagt?* erfragen.
> **Subjekt** und **Prädikat** sind die Hauptbestandteile eines Satzes.
> Sie bilden den **Satzkern**, z. B.:
>
> | *Die Mädchen* | *wohnen* | *auf dem Rummel.* |
> |---|---|---|
> | Wer? Was? | Was wird ausgesagt? | |
> | Subjekt | Prädikat | |
>
> | *Auf dem Rummel* | *steht* | *Nadjas Wohnwagen.* |
> |---|---|---|
> | | Was wird ausgesagt? | Wer? Was? |
> | | Prädikat | Subjekt |
>
> Besteht das Prädikat nur aus der finiten (gebeugten) Verbform,
> dann nennt man es **einteiliges Prädikat**.

2 Weise nach, dass das Subjekt die Form des Prädikats bestimmt.
Setze dazu die Verben in Klammern jeweils im Singular oder im Plural ein.

1 a Ein Artist ____ mit Bällen. (jonglieren)
  b Drei Artisten ____ mit Bällen.
2 a Clown Peppo ____ in die Manege. (stolpern)
  b Clown Peppo und Clown Willy ____ in die Manege.
3 a Das Pferd ____ in die Manege. (galoppieren)
  b Vier Pferde ____ in die Manege.
4 a Das Orchester ____ einen Tusch. (spielen)
  b Die Musiker ____ einen Tusch.

1. a) Singular: jongliert
   b) Plural: jonglieren
2. a) ...

3 Weise nach, dass das Subjekt die Form des Prädikats bestimmt. Wähle Aufgabe a oder b.

●○○ **a** Übertrage die Tabelle in dein Heft und ergänze die fehlenden Zeitformen. Setze die Verben anschließend im Präsens oder Präteritum in die Sätze von Aufgabe b ein.

Infinitiv	Präsens	Präteritum
sein	sie sind	sie waren
springen	sie …	sie sprangen
tanzen	sie tanzen	sie …
fahren	er …	er fuhr
haben	er …	er …
sehen	man (er) …	man (er) …

●●○ **b** Setze die Verben in Klammern im Präsens oder Präteritum ein.

1 Früher ▭ wilde Tiere im Zirkus eine Attraktion. (sein)
2 Löwen ▭ durch einen Feuerreifen. (springen)
3 Bären ▭ zur Musik. (tanzen)
4 Ein Affe ▭ mit einem Roller. (fahren)
5 Heute ▭ der Tierschutz eine große Bedeutung. (haben)
6 Inzwischen ▭ man mehr Akrobaten im Zirkus. (sehen)
7 Aber auch Zauberkünstler und Clowns ▭ im Zirkus zu sehen. (sein)

1. Präteritum: Früher waren wilde Tiere …
2. …

Tipp
Lies die vollständigen Sätze laut vor.

→ **S. 171**: Zeitformen (Tempusformen) von Verben

4 Wähle mindestens drei der folgenden Fragen aus und beantworte sie schriftlich. Formuliere dazu Sätze mit einem einteiligen Prädikat. Unterstreiche jeweils das <u>Subjekt</u> einfach und das <u>Prädikat</u> doppelt.

1 Kennst du den Namen eines Zirkus?
2 Was gehört für dich zu einem Zirkus?
3 Wer arbeitet im Zirkus?
4 Wo wohnen die Zirkusartisten?
5 Wie nennt man die Bühne im Zirkus?
6 Warst du schon einmal in einem Zirkus?
7 Womit beginnt eine Zirkusvorstellung oft?
8 Welche Aufgaben hat ein Zirkusclown?

1. Ich kenne den Zirkus Busch.
2. …

5 Folgende Sätze enthalten Prädikate, die aus mehreren Teilen bestehen.

a Lies die Sätze. Ermittle, an welchen Positionen die finiten (gebeugten) Verbformen jeweils stehen und an welcher die anderen Prädikatsteile.

1 Gestern ist das Oktoberfest zu Ende gegangen.
2 Die Schaustellerfamilien sind zum nächsten Volksfest weitergezogen.
3 Die Kinder müssen wieder die Schule wechseln.
4 Die Eltern haben einen Schulbus organisieren können.
5 Doch schon bald werden sie wieder an einem anderen Ort sein.

b Lies den Merkkasten und benenne, woraus mehrteilige Prädikate bestehen können.

> Ein **mehrteiliges Prädikat** besteht aus der finiten (gebeugten) Verbform und einer oder mehreren infiniten (ungebeugten) Verbformen (Infinitiv, Partizip II) oder weiteren Wörtern, z. B.:
>
> | Heute Abend | *treten* | Kunstreiter | *auf.* |
> | Kunstreiter | *sind* | früher in jedem Zirkus | *aufgetreten.* |
> | Pferde | *haben* | die Größe der Manege | *bestimmt.* |
> | Pferde | *müssen* | in einer Manege im Kreis | *laufen.* |
>
> Das mehrteilige Prädikat kann andere Satzglieder einrahmen. Es bildet dann einen **prädikativen Rahmen**.

Tipp
Die finite Verbform kannst du mithilfe der Ersatzprobe finden: Ersetze das Subjekt durch eine Form im Singular oder Plural.

6 Der 11-jährige Paul erzählt von seinem Leben.

a Ermittle die mehrteiligen Prädikate in Pauls Aussagen. Bestimme jeweils die finite (gebeugte) und die infinite (ungebeugte) Verbform.

1 Ein Leben ohne Volksfest kann ich mir nicht vorstellen.
2 Wir dürfen mit allen Fahrgeschäften fahren.
3 Ich werde die Schießbude meiner Eltern übernehmen.
4 Bist du schon einmal mit einem Kettenkarussell gefahren?
5 Mit diesem Fahrgeschäft kennt sich mein Bruder Jannick aus.
6 Gerade Jugendliche wollen ihr Wanderleben nicht gegen Routine eintauschen.
7 Manchmal fällt der Abschied von einem Ort aber doch schwer.

1. kann (finite Verbform) + vorstellen (Infinitiv),   2. ...

●●● b Ermittle die mehrteiligen Prädikate, die aus der finiten Verbform und einem weiteren Wort bestehen.

7 Bilde mehrteilige Prädikate. Wähle Aufgabe a, b oder c.

●○○ **a** Bilde zu folgenden Verben die Perfektformen. Setze diese Formen anschließend in die Sätze von Aufgabe b ein.

sie schenken / ich besuche / ich entdecke / sie versäumen / sie fahren

sie schenken – sie haben geschenkt
ich besuche – ich ...

●●○ **b** Setze die Verben in Klammern im Perfekt ein. Orientiere dich dabei am unterstrichenen Subjekt. Schreibe das mehrteilige Prädikat mit dem Subjekt in dein Heft.

1 <u>Nadjas Eltern</u> ___ ihr einen eigenen Wohnwagen ___. (schenken)
2 <u>Ich</u> ___ Nadja in ihrem Wohnwagen ___. (besuchen)
3 Im Wohnwagen ___ <u>ich</u> auch einen Fernseher und einen Kühlschrank ___. (entdecken)
4 <u>Nadja und Kira</u> ___ bisher keinen Unterricht ___. (versäumen)
5 Täglich ___ <u>sie</u> in ihre Heimatschule ___. (fahren)

1. Nadjas Eltern haben geschenkt.
2. Ich ...

●●● **c** Bilde von den Verben in Klammern die angegebenen Formen. Schreibe das mehrteilige Prädikat mit dem Subjekt in dein Heft und markiere die infiniten Verbformen bzw. die anderen Prädikatsteile unterschiedlich.

→ **S. 162:** Zeitformen (Tempusformen) von Verben

1 Im Dezember vorigen Jahres ___ der Schulunterricht für die Mädchen ___. (ausfallen, Plusquamperfekt)
2 Nadja und Kira ___ ihren Eltern auf dem Weihnachtsmarkt ___. (helfen, Perfekt)
3 Deshalb ___ Kiras Vater einen Privatlehrer ___. (organisieren, Perfekt)
4 Der Unterricht ___ in Nadjas Wohnwagen ___. (stattfinden, Präteritum)
5 Das ___ Nadja nicht so gut ___. (gefallen, Perfekt)
6 Trotzdem ___ sie fleißig und ___ viel ___. (ist, Präteritum; lernen, Perfekt)

1. der Schulunterricht war ...

7a Bilde die Perfektformen nach folgendem Muster.
ich habe gelesen, sie hat gespielt, wir haben gegessen
ich bin gerannt, er ist gelaufen, ihr seid geflogen

Objekt (Ergänzung)

1 Die meisten Prädikate fordern eine weitere Ergänzung.

a Ersetze die Fragewörter durch die Wortgruppen in Klammern.

1 Der Clown wirft ▨ *(Wen? Was?)*.
(ein Ball / eine Torte / ein Tuch)

2 Das Orchester spielt ▨ *(Wen? Was?)*.
(ein Tusch / eine bekannte Melodie / ein neues Lied)

3 Ein Artist hilft ▨ *(Wem?)*.
(der Zauberer / die Kollegin am Trapez / das Zirkuspferd)

4 ▨ *(Wem?)* gefällt die Show.
(mein Vater / die ganze Familie / das Publikum)

1. Der Clown wirft einen Ball / eine ...
2. ...

Tipp
Wiederhole mithilfe des Merkkastens, was du darüber schon gelernt hast.

b Bestimme den Fall der eingesetzten Nomen mit Begleitwörtern und benenne das Satzglied, das du eingefügt hast.

 **c** Notiere zu jedem Satz den Satzbauplan. Verwende folgende Abkürzungen: S (**S**ubjekt), P (**P**rädikat), O (**O**bjekt).

1. S – P – O.
2. ...

> Das **Objekt** ist ein Satzglied, welches das Prädikat ergänzt. Der Fall des Objekts ist vom Verb abhängig. Zur Bestimmung des Falls kann man die **Frageprobe** nutzen, z. B.:
>
> | | | |
> |---|---|---|
> | *Dem Publikum gefällt die Vorstellung.* | Wem? | Dativobjekt |
> | *Alle beobachten den Zauberer.* | Wen? | Akkusativobjekt |
> | *Er sucht seinen Schirm.* | Was? | Akkusativobjekt |
> | *Man gibt ihm einen Hut.* | Wem? | Dativobjekt + |
> | | Was? | Akkusativobjekt |

2 Welches Wort entscheidet über den Fall des Objektes?

a Vergleicht die Satzpaare miteinander. Ermittelt das Wort, das über den Fall des Objekts entscheidet.

1 a Die Show gefällt dem Publikum.
 b Die Show begeistert das Publikum.
2 a Der Clown hilft seinem Partner.
 b Der Clown ärgert seinen Partner.

b   Erprobt weitere Verben. Tauscht dazu die Verben in Aufgabe a durch folgende Verben aus und bestimmt den Fall.

langweilen / missfallen / empören / rufen / antworten / ermahnen

1. Die Show langweilt das Publikum (Akkusativ). ...

3   Objekte treten im Dativ oder im Akkusativ auf.

a   Bilde mit den Verben aus der Tabelle Sätze nach folgendem Satzmuster.

Er antwortet <u>mir</u>. Ich antworte <u>ihm</u>.   Er begleitet <u>mich</u>. Ich begleite <u>ihn</u>.

Verben + Dativobjekt	Verben + Akkusativobjekt
antworten / begegnen / danken / folgen / gehören / glauben / gratulieren / helfen / schaden / vertrauen	begleiten / beobachten / brauchen / hören / entdecken / finden / fragen / suchen / sehen / unterstützen / vermissen / verlassen

●○○   b   Schreibe mindestens je drei Beispiele aus Aufgabe a in dein Heft. Lies die Satzmuster mehrmals halblaut und präge sie dir ein.

c   Setze die Wortgruppen in Klammern im Dativ ein.

1   Wanja hilft ▢▢▢. (seine Eltern)
2   Die Jeans gehören ▢▢▢. (meine Schwester)
3   Ich gratuliere ▢▢▢ zum Geburtstag. (mein Großvater)
4   ▢▢▢ vertraue ich. (mein bester Freund)
5   Nässe schadet ▢▢▢. (dieses Gerät)

1. Wanja hilft seinen Eltern.
2. ...

d   Setze die Wortgruppen in Klammern im Akkusativ ein.

1   ▢▢▢ begleite ich zum Arzt. (meine Mutter)
2   Wer findet ▢▢▢? (dieser Schlüssel)
3   Der Trainer beobachtet ▢▢▢. (die erfahrenen Spieler)
4   ▢▢▢ im Stadion hören wir. (der Jubel)
5   Unser Nachbar entdeckt ▢▢▢ im Haus. (eine fremde Katze)

1. Meine Mutter begleite ich zum Arzt.
2. ...

●●●   4   Bilde mit Verben aus Aufgabe 3 a Sätze. Schreibe je drei Sätze mit einem Dativobjekt oder Akkusativobjekt auf.

5 Als Stellvertreter von Nomen/Substantiven können auch Personalpronomen als Objekte auftreten.

Tipp
Nutze die Frage-
probe.

→ **S. 155:** Pronomen als Begleiter oder Stellvertreter der Nomen/Substantive

a Lies die Sätze und ermittle die Objekte.

1 Das Publikum im Zirkus beobachtet den Unfall.
2 Den Verunglückten bringt ein Krankenwagen ins Krankenhaus.
3 Den Tathergang schildern Augenzeugen.
4 Eine Zirkusmitarbeiterin zeigt den Polizisten den Unfallort.
5 Der Beamte begleitet die Kommissarin.
6 Der Zirkusdirektor übergibt die Dokumente der Kommissarin.
7 Die Polizei nimmt den Zeugen mit aufs Revier.

1. Das Publikum im Zirkus beobachtet den Unfall. (Wen? Was?)
2. ...

b Ersetze die Objekte durch Personalpronomen im entsprechenden Fall.

1. Das Publikum im Zirkus beobachtet ihn.
2. ...

●●● **c** Zwei Sätze enthalten jeweils zwei Objekte. Ermittle die Sätze.

6 Notiert für jeden Satz aus Aufgabe 5 a den Satzbauplan.
Orientiert euch dabei am folgenden Merkkasten.

> Die **Satzglieder** erkennt man gut an einem **Satzbauplan**.
> Man kann dazu folgende Abkürzungen verwenden:
> S (**S**ubjekt), P (**P**rädikat), DO (**D**ativ**o**bjekt), AO (**A**kkusativ**o**bjekt).
>
> *Das Publikum   bejubelt   die Artisten.*
> Subjekt   Prädikat   Akkusativobjekt **(S – P – AO.)**
> *Der Clown   schenkt   dem Kind   einen Luftballon.*
> Subjekt   Prädikat   Dativobjekt   Akkusativobjekt **(S – P – DO – AO.)**

5 b *der Unfall (er) – den Unfall (ihn)*
der Verunglückte (er) – den Verunglückten (ihn)
der Tathergang (er) – den Tathergang (ihn)
die Polizisten (sie) – den Polizisten (ihnen)
die Kommissarin (sie) – die Kommissarin (sie)
der Zeuge (er) – den Zeugen (ihn)

7 Manche Verben fordern mehrere Objekte.

a Beantwortet die folgenden Fragen in kurzen Sätzen. Wechselt euch ab.

1 Was zeigst du Gästen in deinem Ort?
2 Was schicken wir ihnen?
3 Was schenken wir deiner Schwester?
4 Was geben viele Großeltern ihren Enkeln?
5 Was versprecht ihr euren Freundinnen und Freunden?

1. Ich zeige den Gästen den Hafen.
2. ...

b Ermittelt, welche Objekte die Verben benötigen, und notiert die Satzbaupläne.

1. S – P – DO – AO.
2. ...

8 Suche im folgenden Text vier Verben, die jeweils ein Objekt im Dativ und im Akkusativ fordern.

Klinikclowns besuchen Kinder im Krankenhaus. Diese Clowns zeigen den Kindern Späße. Sie bringen ihnen Freude und Ablenkung. Über ihren Späßen vergessen die Kinder ihr Leid. Den Kranken schenken die Clowns Trost. Die Idee dazu hatte der US-Amerikaner Michael Christensen. 1986 schickte er Clowns in die Kinderabteilung eines Krankenhauses in New York. Sie gaben ihm eine äußerst positive Rückmeldung. Sein Konzept hat weltweit Nachahmer gefunden. Ein paar Jahre später entstand die Initiative „Clowns ohne Grenzen".

Adverbialbestimmungen (Umstandsbestimmungen) des Ortes und der Zeit

1 Prädikate können durch Angaben zu Ort und Zeit näher bestimmt werden.

a Übertrage die Tabelle in dein Heft und ordne die unterstrichenen Angaben richtig ein.

1 Das Buch „Krach im Zirkus Zampano: Ein Fall für Kwiatkowski" hat Jürgen Banscherus vor einiger Zeit geschrieben.   **2** Der Zirkus Zampano kommt in die Stadt.   **3** In jeder Vorstellung passiert etwas Ungewöhnliches in der Manege.   **4** Primus, der Star der Manege, sucht deshalb vor der Vorstellung Kwiatkowski zu Hause auf.   **5** Am Abend beobachtet Kwiatkowski die Show von der hintersten Zuschauerreihe aus.

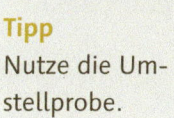

Ortsangaben	Zeitangaben
im Zirkus Zampano	vor einiger Zeit
…	…

Tipp
Nutze die Umstellprobe.

→ **S. 204:** Die Satzglieder

b Begründe, dass es sich bei den Orts- und Zeitangaben um Satzglieder handelt.

> **Adverbialbestimmungen (Umstandsbestimmungen)** sind Satzglieder und bestimmen das Prädikat näher. Sie bringen zum Ausdruck, wo und wann etwas geschieht oder jemand etwas tut.
> **Adverbialbestimmungen des Ortes (Lokalbestimmungen)** kann man mit folgenden Fragewörtern erfragen:
> Die Show findet *im großen Zelt* statt.   Wo?
> Die Artisten kommen *aus aller Welt*.   Woher?
> Die Pferde galoppieren *in die Manege*.   Wohin?

2 Lies, was der Detektiv Kwiatkowski erzählt. Setze die passenden Wortgruppen ein. Nenne jeweils das Fragewort, auf das sie antworten.

in unserer Stadt / zu Hause / vom Zirkus Zampano / an jedem Schaufenster / in mein Zimmer / in die Schule / im Zirkus

1 Der Zirkus Zampano gastierte ███.   **2** Die Plakate klebten ███.
3 Wegen einer Erkältung musste ich ███ bleiben.   **4** ███ durfte ich nicht gehen.   **5** Meine Mutter führte einen Jungen ███.   **6** Der Junge war ungefähr so alt wie ich und sagte: „Ich heiße Primus und komme ███."
7 „Bei uns ███ stimmt was nicht", sagte Primus.

1. Der Zirkus Zampano gastierte in unserer Stadt. (Wo?),   2. …

2 Nutze die folgenden Fragen.
Wo? – Satz 1, 2, 3 und 7   *Wohin?* – Satz 4 und 5   *Woher?* – Satz 6

3 Adverbialbestimmungen des Ortes bringen zum Ausdruck, wo etwas geschieht oder jemand etwas tut.

a Ermittle alle Adverbialbestimmungen des Ortes.

1 Jürgen Banscherus, Autor der Reihe „Ein Fall für Kwiatkowski", stammt aus Remscheid.

2 Mit seiner Familie zog er später ins Ruhrgebiet.

3 Der Illustrator der Kwiatkowski-Reihe Ralf Butschkow wurde 1962 in Berlin geboren.

4 Butschkow studierte an der Hochschule der Künste in Berlin.

5 Ein paar Jahre arbeitete er in einer Werbeagentur.

●●● **b** Prüfe, ob die Sätze auch Zeitangaben enthalten. Nenne Beispiele.

> Auch **Adverbialbestimmungen der Zeit (Temporalbestimmungen)** sind Satzglieder und bestimmen das Prädikat näher.
> Man kann sie mit folgenden Fragewörtern erfragen:
>
> | | |
> |---|---|
> | *Am Sonntag wurde das Zirkuszelt aufgebaut.* | Wann? |
> | *Der Zirkus gastiert hier zwei Wochen.* | Wie lange? |
> | *Seit dem Nachmittag proben die Artisten.* | Seit wann? |
> | *Der Zirkus bleibt bis Montag im Ort.* | Bis wann? |
> | *Die Vorstellungen finden zweimal pro Tag statt.* | Wie oft? |

 4 Adverbialbestimmungen der Zeit drücken aus, wann etwas geschieht.

a Erfragt die unterstrichenen Satzglieder.

1 Der amerikanische Zirkus-Pionier P. T. Barnum lebte im <u>19. Jahrhundert</u>. **2** <u>Seit einiger Zeit</u> läuft der Film „The Greatest Showman" über sein Leben im Kino. **3** In Amerika machte Barnum <u>damals</u> den Wanderzirkus gesellschaftsfähig. **4** Er eröffnete <u>zunächst</u> ein Wachsfigurenkabinett. **5** Die Wachsfiguren stellte er <u>später</u> in seinem Kuriositätenkabinett aus.

b Die Sätze enthalten auch Adverbialbestimmungen des Ortes. Ermittelt sie.

5 Suche alle Adverbialbestimmungen der Zeit. Nutze die Frageprobe.

1 Nach der Präsentation „lebender" Exponate – Artisten und Exoten – kam Barnum zu Erfolg. **2** Nun wollten alle die Akrobaten, die siamesischen Zwillinge, die bärtige Frau, die Kleinwüchsigen, den tätowierten Mann und den Albino sehen. **3** Nach diesem Erfolg lockte Barnum sein Publikum mit richtigen Shows. **4** Von nun an traten Musiker, Tänzer, Akrobaten, Feuerspucker, Messerwerfer, Jongleure, Stelzenläufer und echte Elefanten auf. **5** Seit dieser Zeit gibt es den Zirkus, wie wir ihn heute kennen.

---

5 Nutze die folgenden Fragen.
Wann? – Satz 1, 2, 3   *Seit wann?* – Satz 4, 5

6 Was weißt du über Riesenräder?

a Bilde mit den Zeitangaben und den Informationen Sätze.
Überlege genau, an welcher Stelle im Satz sich die Zeitangabe
sinnvoll einfügen lässt. Schreibe die Sätze in dein Heft.

1893	das erste Riesenrad ging in Chicago/USA in Betrieb
damals	dort sollte eine Weltausstellung stattfinden
ein Jahr davor	Ingenieur George Ferris reichte die Skizze eines 80 Meter hohen Rades ein
zunächst	das Organisationsteam in Chicago lehnte seinen Vorschlag ab
am 21.6.1893	das erste Riesenrad der Welt setzte sich aber doch in Bewegung
vier Monate lang	es lockte fast achteinhalb Millionen Besucher nach Chicago
seit dieser Zeit	Riesenräder gibt es auf vielen Jahrmärkten
seit 1897	auf dem Prater in Wien dreht sich ein Riesenrad
im März 2000	das 135 Meter hohe London Eye wurde in London eröffnet
bis heute	Riesenräder tragen im Englischen den Namen ihres Erfinders: Ferris Wheel

Das erste Riesenrad 1893 in Chicago/USA

Das erste Riesenrad ging 1893 in Chicago in Betrieb. /
1893 ging in Chicago das erste Riesenrad in Betrieb. ...

b Suche die Adverbialbestimmungen des Ortes heraus.

 c Gestaltet für den Klassenraum ein Plakat über das erste Riesenrad
der Welt. Probiert aus, wie sich der Text durch Umstellen von Satzgliedern ansprechend gestalten lässt, und schreibt ihn gut lesbar auf.

Attribut (Beifügung)

 1 Nils hat einen Text zum Thema „Fasching" geschrieben und überarbeitet.

a Vergleicht beide Fassungen miteinander. Nennt Beispiele, was in Text B besser gelungen ist. Überlegt, wodurch diese Wirkung zustande kommt.

Elzacher Fastnacht

Text A

Meine Großeltern wohnen im Schwarzwald. Dort wird die Fastnacht als Volksfest gefeiert. Besucherinnen und Besucher kommen dann in den Ort. Sie wollen die Umzüge sehen. Die Männer tragen Kostüme. Ihre Anzüge sind mit Zotteln benäht. Eine Gesichtsmaske ist am Hut befestigt. Über der Schulter tragen sie ein Filztuch, dazu Handschuhe und einen Schal.

Text B

Meine Großeltern wohnen im Schwarzwald. Dort wird die Fastnacht als riesiges Volksfest gefeiert. Tausende Besucherinnen und Besucher kommen dann in den kleinen Ort. Sie wollen die prächtigen Umzüge der Narren sehen. Die Männer des Ortes tragen traditionelle Kostüme. Ihre Anzüge sind mit roten Zotteln aus Filz benäht. Eine schwere Gesichtsmaske aus Holz ist am Hut befestigt. Über der Schulter tragen sie ein grünes Filztuch, dazu weiße Handschuhe und einen weißen Schal.

b Untersucht, durch welche Wörter und Wortgruppen im Text die folgenden Nomen/Substantive genauer beschrieben werden.

Großeltern / Volksfest / Besucherinnen und Besucher / Ort / Umzüge / Männer / Zotteln / Gesichtsmaske / Filztuch / Handschuhe / Schal

c Nennt Beispiele für Wortgruppen, in denen die genaueren Beschreibungen vor dem Nomen stehen oder dahinter.

Attribute (Beifügungen) bestimmen ein Nomen/Substantiv näher.
Sie können vor oder hinter dem Bezugsnomen stehen.
Attribute lassen sich mit *Was für ein (eine, ein)?* oder
Welcher (Welche, Welches)? erfragen, z. B.:

eine <u>vergoldete</u> Maske <u>des Pharaos</u>	Was für eine Maske?
vorangestellt nachgestellt	
die Männer <u>des Ortes</u>	Welche Männer?
nachgestellt	

2 Übertrage die Tabelle in dein Heft und schreibe die Attribute aus dem Text B der Aufgabe 1 a mit ihrem Bezugsnomen in die passende Spalte.

vorangestellt	Bezugsnomen	nachgestellt
meine	Großeltern	
die prächtigen	Umzüge	der Narren

→ **S. 80:** Beschreiben

3 Beschreibe eine der Masken so genau in Form, Farbe, Größe, Material oder Verarbeitung, dass die anderen sie erkennen können.

  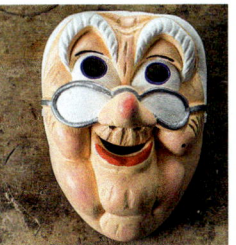

Es ist eine ovale, braun bemalte Maske aus Holz. ...

> **Attribute** können bei der **Umstellprobe** nicht allein umgestellt werden. Sie bleiben immer bei dem Nomen/Substantiv, zu dem sie gehören, und sind ein Teil dieses Satzgliedes. Attribute werden deshalb **Satzgliedteil** genannt, z. B.:
> *Man hat eine vergoldete Maske des Pharaos entdeckt.*
> *Eine vergoldete Maske des Pharaos hat man entdeckt.*

Tipp
Nutze die Umstellprobe.

4 Ermittle in den folgenden Sätzen die Attribute. Schreibe sie mit ihren Bezugsnomen in dein Heft. Unterstreiche das Attribut.

1 Hölzerne Masken kenne ich aus dem Schwarzwald.   **2** Die Eltern meines Vaters wohnen dort.   **3** Die Kostüme der Narren werden von Generation zu Generation vererbt.   **4** Holzschnitzer aus der Region schnitzen und bemalen die fantasievollsten Masken.   **5** Einen ganzen Tag benötigt ein erfahrener Schnitzer für eine „Fratz" (so heißt die Maske).

1. hölzerne Masken,   2. ...

●●● **5** Bestimme die Attribute und ihre Bezugsnomen in folgenden Sätzen.

1 Mit den Umzügen der Narren sollen die bösen Geister vertrieben werden.   **2** Alle freuen sich auf das Fest, das lange vorbereitet wird.
3 Danach beginnt die Fastenzeit, die vierzig Tage dauert.

3 Wähle aus den folgenden Adjektiven aus.
groß / klein / rund / oval / eckig / bemalt / aufgemalt / gefärbt / geschmückt / geschnitzt / beklebt / bestickt / angenäht / behängt / behaart / gelockt / geflochten / umrandet / unheimlich / schaurig

Satzglieder bestimmen

Es gibt verschiedene Methoden, um die Satzglieder eines Satzes zu bestimmen.

Mit der **Weglassprobe** kannst du ermitteln, welche Wörter und Wortgruppen für einen sinnvollen Satz unbedingt nötig sind. In der Regel besteht ein Satz mindestens aus Subjekt und Prädikat, oft ist auch ein Objekt nötig, z. B.:
Clown August tanzte (auf dem Tisch). Clown Emil (mit der roten Nase) betrat (kurz nach 17.00 Uhr) die Manege.

Mit der **Umstellprobe** kannst du die Satzglieder eines Satzes ermitteln. Im Aussagesatz kann jedes Satzglied außer dem Prädikat an erster Stelle, d. h. vor der finiten Verbform stehen. Zu einem Satzglied gehören alle Wörter, die man nur gemeinsam umstellen kann, z. B.:
Kurz nach 17.00 Uhr / betrat / Clown Emil mit der roten Nase / die Manege.
Clown Emil mit der roten Nase / betrat / ...

Mithilfe der **Frageprobe** kannst du die Satzglieder und Attribute bestimmen, z. B.:
Der lustigste Clown sang uns am Ende vor dem Zelt ein Abschiedslied.

Wer? Was?	→	*der lustigste Clown*	→ Subjekt
Was wird ausgesagt?	→	*sang*	→ Prädikat
Wem?	→	*uns*	→ Dativobjekt
Wen? Was?	→	*ein Abschiedslied*	→ Akkusativobjekt
Wann? Wie lange?			
Bis/Seit wann?	→	*am Ende*	→ Adverbialbestimmung der Zeit
Wo?			
Woher? Wohin?	→	*vor dem Zelt*	→ Adverbialbestimmung des Ortes
Welche/-r/-es?			
Was für ein/-e/-er?	→	*lustigste*	→ Attribut

1 Bestimme die Satzglieder in den folgenden Sätzen mithilfe der Umstellprobe oder der Frageprobe.

Die Kinder lieben Clown Emil. Seine lustigen Auftritte gefallen ihnen. Die kleinen Zuschauer rufen seinen Namen. Sie klatschen ganz lange. Sie wollen eine Zugabe. Eines Tages war der beliebte Clown Emil mit den lustigen Späßen krank. Ein anderer Clown vertrat ihn. Viele Kinder gingen mit schlechter Laune nach Hause. Der Zirkusdirektor besuchte den kranken Emil. Er wünschte ihm gute Besserung.

Bau des zusammengesetzten Satzes

 1 Kennt ihr das Buch „Die wundersamen Kinder des Herrn Tatu"
von Sabine Bohlmann?

a Lest die Inhaltsangabe, die Nele zu diesem Buch geschrieben hat.

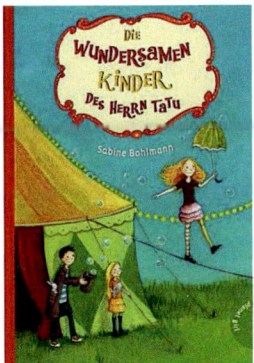

> Die Geschwister Marilu (12), Artur und Finja wachsen im Wander-
> zirkus ihres Vaters auf. Artur übt Zaubertricks. Er will Zauberer werden.
> Marilu möchte später als Clown arbeiten. Ihr Vater ist dagegen.
> Er kennt keinen weiblichen Clown. Papa Tatu schickt seine Kinder
> auf ein Internat. Die Wahrsagerin Fiorenza hat ihn dazu überredet.
> Die Geschwister sind unglücklich. Sie müssen nun im Internat leben.

b Tauscht euch darüber aus, wie Neles Text auf euch wirkt.

c Überarbeitet Neles Text, sodass er flüssiger lesbar und inhaltlich
verständlicher wird.

Artur übt Zaubertricks, weil er Zauberer werden will. ...

> Kurze Sätze, die inhaltlich eng zusammengehören, lassen sich zu einem
> **zusammengesetzten Satz** verbinden.
> Die Teilsätze des zusammengesetzten Satzes verbindet man meist mit
> einem **Bindewort**, wie *weil, aber, denn, dass, nachdem, wenn, als, seitdem,*
> und markiert die Bindestelle mit einem **Komma**, z.B.:
> *Die Kinder wachsen im Zirkus auf, <u>weil</u> ihr Vater der Zirkusbesitzer ist.*
> *Sie gehen zur Schule, <u>aber</u> der Unterricht findet im Zirkus statt.*

2 Nele hat ihren Text überarbeitet.

a Lies den Text.

> Marilu (12) und ihre Geschwister Artur und Finja wachsen im Wander-
> zirkus ihres Vaters auf. Artur übt Zaubertricks, weil er Zauberer werden
> will. Marilu möchte später als Clown arbeiten. Ihr Vater ist dagegen,
> denn er kennt keinen weiblichen Clown. Papa Tatu schickt seine Kinder
> auf ein Internat, nachdem die Wahrsagerin Fiorenza ihn dazu überredet
> hat. Die Geschwister sind unglücklich, dass sie nun im Internat leben
> müssen.

b Suche die vier zusammengesetzten Sätze im Text. Lies sie vor und nenne
jeweils das Bindewort.

3 Bilde aus den Teilsätzen 1 bis 5 und A bis E zusammengesetzte Sätze.
Schreibe sie in dein Heft, setze das Komma und markiere das Bindewort.

1 Jooseppi putzt seine
Clownsschuhe,

A bevor sie vor Publikum
auftreten können.

2 Papa Tatu wünscht sich,

B als ob sie eine alte Dame wäre.

3 Marilu ist überglücklich,

C bis sie blitzen.

4 Als Erstes übt Marilu zu gehen,

D dass Marilu Seiltänzerin wird.

5 Marilu und Jooseppi
müssen viel proben,

E weil Jooseppi sie
unterrichten wird.

1. Jooseppi putzt seine Clownsschuhe, bis sie blitzen.
2. ...

4 Untersuche deine zusammengesetzten Sätze aus Aufgabe 3 genauer.

a Lies den folgenden Merkkasten.

> Viele **zusammengesetzte Sätze** bestehen aus einem **Hauptsatz** und
> einem **Nebensatz**. Diese Verbindung nennt man **Satzgefüge**.
> **Hauptsätze** erkennt man daran, dass die finite (gebeugte) Verbform
> an zweiter Satzgliedstelle steht.
> **Nebensätze** erkennt man an folgenden Merkmalen:
> • am Satzanfang steht meist ein **Einleitewort**,
> • am Satzende steht die **finite (gebeugte) Verbform**, z. B.:
>
> *Das Publikum klatscht , weil der Clown Späße macht.*
> Hauptsatz (Hs)   , Nebensatz (Ns).
>
> *Wenn die Musik beginnt , laufen die Artisten in die Manege.*
> Nebensatz (Ns)   , Hauptsatz (Hs).

Tipp
Markiere jeweils
das Einleitewort
und unterstreiche
die finite (gebeug-
te) Verbform.

b Bestimme in deinen zusammengesetzten Sätzen die Hauptsätze
und die Nebensätze.

1. Jooseppi putzt seine Clownsschuhe, bis sie blitzen. (Hs, Ns.)
2. ...

5 Untersuche die folgenden zusammengesetzten Sätze.
Wähle Aufgabe a oder b.

●○○ **a** Lies die folgenden Satzgefüge und bestimme die Nebensätze.

Tipp
Achte auf die finite Verbform und das Einleitewort.

1 Die Autorin des Buches „Die wundersamen Kinder des Herrn Tatu" Sabine Bohlmann, spielte in Fernsehfilmen, nachdem sie eine Schauspielausbildung abgeschlossen hatte.

2 Seit sie als Synchronsprecherin arbeitet, leiht sie Lisa Simpson und Vanessa Paradis ihre Stimme.

3 Als Kind wollte sie zum Zirkus, obwohl sie weder Handstand noch Seiltanzen konnte.

4 Weil der Zirkus sie fasziniert, geht sie auch als Erwachsene dorthin.

5 Während einer Zirkusvorstellung fragte ihr Mann, ob sie seine Frau werden wolle.

6 Jetzt schreibt sie Bücher, weil sie damit eine Fantasiewelt schaffen kann.

●●○ **b** Weise nach, dass alle Sätze in Aufgabe a Satzgefüge sind.

6 Untersuche die Satzgefüge der Aufgabe 5 a genauer.

a Fasse zusammen, wo ein Nebensatz stehen kann.

●●● **b** Weise an zwei Sätzen der Aufgabe 5 a nach, dass die finite Verbform im Hauptsatz immer an zweiter Satzgliedstelle steht.

7 Bilde Satzgefüge.

Tipp
Die finite Verbform im Nebensatz (nach dem Einleitewort) musst du an den Schluss stellen.

a Verbinde die beiden Sätze mithilfe des Einleiteworts in Klammern. Schreibe die Satzgefüge in dein Heft. Achte auf das Komma.

1 Der Zirkus Tatu ist ein kleiner Zirkus.
Nur 17 Personen gehören dazu. (weil)

2 Jasper läuft mit einem Bauchladen durch die Reihen.
Die Vorstellung beginnt. (bevor)

3 Er drängelt sich durch die Zuschauerreihen.
Er ruft „Popcorn, Popcorn". (während)

4 Die Artisten machen Penelope Komplimente.
Sie sind in die Seiltänzerin verliebt. (weil)

5 Hinter dem Vorhang trifft man letzte Vorbereitungen.
Die Musik erklingt. (bis)

6 Der Vorhang öffnet sich.
Alle Künstler eilen in die Manege. (wenn)

b Markiere die Nebensätze und kontrolliere, ob du die Kommas richtig gesetzt hast.

8 Schreibe die Satzgefüge in dein Heft. Wähle Aufgabe a oder b.

●●○ **a** Wähle ein passendes Einleitewort aus und verbinde die Sätze miteinander. Achte auf das Komma.

nachdem / seit / als / weil / wenn / dass

1 Im Zirkuszelt ertönte ein Schrei. Marilu rennt in die Manege.
2 Das Publikum ist geschockt. Die Tänzerin ist vom Seil gefallen.
3 Das ist nun schon der zweite Unfall. Die Wahrsagerin Fiorenza arbeitet im Zirkus.
4 Marilu hebt Penelopes Schuhe auf. Sie riecht den Duft von Seife.
5 Die Schuhe hinterlassen einen Schmierfilm auf der Haut. Das macht Marilu misstrauisch.

●●● **b** Schreibe die Sätze in der richtigen Groß- und Kleinschreibung in dein Heft. Setze die Kommas in den Satzgefügen.

1 NACHDEM AUS DEM ZIRKUSZELT EIN SCHREI ERTÖNTE RENNT MARILU IN DIE MANEGE.
2 DAS PUBLIKUM IST GESCHOCKT WEIL DIE TÄNZERIN VOM SEIL GEFALLEN IST.
3 DAS IST NUN SCHON DER ZWEITE UNFALL SEIT DIE WAHRSAGERIN FIORENZA IM ZIRKUS ARBEITET.
4 ALS MARILU PENELOPES SCHUHE AUFHEBT RIECHT SIE DEN DUFT VON SEIFE:
5 DASS DIE SCHUHE EINEN SCHMIERFILM AUF DER HAUT HINTERLASSEN MACHT MARILU MISSTRAUISCH.

c Markiere in deinen Satzgefügen die Nebensätze. Rahme die Einleitewörter ein und unterstreiche die finite Verbform.

Nachdem im Zirkuszelt ein Schrei ertönte, rennt …

●●● **9** In folgenden Sätzen fehlen die Kommas. Lies die Sätze vor und begründe, an welchen Stellen ein Komma gesetzt werden muss.

Achtung, Fehler!

1 Einem Straßenkünstler ist es zu verdanken dass es den kanadischen Zirkus „Cirque du Soleil" gibt.
2 Guy Laliberté gründete 1984 einen artistisch orientierten Zirkus nachdem seine Show mit einer kleinen Truppe einen riesigen Erfolg hatte.
3 Da die Harmonie von Thema, Artistik und Straßentheater, Kostümen, Beleuchtung, Musik und Tanz wichtig für die Truppe waren wurde das zum Konzept des Cirque du Soleil.
4 Weil es so erfolgreich war ist man diesem Konzept treu geblieben.
5 Es waren 73 Mitarbeiterinnen und Mitarbeiter als alles begann.
6 Heute beschäftigt das Unternehmen weltweit etwa 5000 Menschen obwohl nur 1500 als Artisten tätig sind.

Zeichensetzung

Kommasetzung bei Aufzählungen

1 Kennt ihr euch mit Masken aus?

a Wie heißt das Wort *Maske* in anderen Sprachen?
Tauscht euch in der Klasse aus.

 b Tragt zusammen, in welchen Bereichen und zu welchem Zweck man Masken trägt.

Masken benutzt man, um ... zu ... / als ... / beim ...
Es gibt ...

 c Lest die folgenden Texte. Besprecht, welcher Text sich leichter lesen lässt und warum.

Achtung, Fehler!

Text 1

> Masken benutzt man zum Beispiel, um Gesicht Augen Atemwege und den Körper zu schützen.
> Es gibt Schutzmasken für Ärzte Schwestern Pfleger Polizisten Soldaten oder Taucher.
> Faschingsmasken Tiermasken Theatermasken und Clownsmasken benutzt man, weil man jemand oder etwas darstellen möchte.

Text 2

> Masken benutzt man, um Gesicht, Augen, Atemwege und den Körper zu schützen. Für viele Berufe gibt es Schutzmasken, zum Beispiel für Ärzte, Schwestern, Pfleger, Schweißer und Soldaten.
> Auch Sportler tragen Masken, zum Beispiel beim Tauchen, Fechten, Eishockey oder American Football.

 d Überlegt, an welchen Stellen in Text 1 Kommas gesetzt werden müssten, um ihn besser lesbar zu gestalten. Schreibt den Text mit Kommas auf.

Tipp
Setzt die Kommas zunächst mit Bleistift.

1b Bildet Sätze nach dem folgenden Muster.

Masken benutzt man	als Verkleidung.
	beim Fasching.
Masken benutzt man,	um sich zu verkleiden.
	wenn man nicht erkannt werden möchte.

e Lest den folgenden Merkkasten und überprüft, ob eure Kommasetzung der Regel entspricht. Korrigiert, wenn ihr Fehler entdeckt.

> Manche Sätze enthalten **Aufzählungen** in Form von Wörtern oder Wortgruppen. Für ihre Schreibung gelten folgende Regeln:
> - Die Glieder einer **Aufzählung** werden durch **Komma** voneinander getrennt.
> - Das Komma fällt weg, wenn sie schon mit den Bindewörtern *und, oder, sowie, sowohl … als auch …, weder … noch …* verbunden sind, z. B.:
> *Masken werden aus Holz, Latex, Papier <u>oder</u> Stoff hergestellt.*
> *Masken werden aus Holz, Latex <u>und</u> Papier <u>oder</u> Stoff hergestellt.*
> *Masken werden aus Holz, Latex, Papier <u>sowie</u> Stoff hergestellt.*
> *<u>Sowohl</u> Tiermasken <u>als auch</u> Karnevalsmasken sind im Angebot.*
> *<u>Weder</u> Tiermasken <u>noch</u> Karnevalsmasken sind im Angebot.*

●○○ f Lies Text 1 mit richtiger Kommasetzung noch einmal laut und flüssig vor.

2 Schreibe die Sätze in dein Heft. Ersetze dabei die unnötigen Wortwiederholungen durch ein Komma.

1 Neujahr feiert man in Amerika und Afrika und Europa und Australien und Asien. **2** Manche Chinesen verkleiden sich als Löwen oder Drachen oder andere Tiere, die es gut mit den Menschen meinen. **3** Der Drache spielt in China bei jedem Fest eine Rolle. In Afrika oder Amerika oder Lateinamerika dagegen ist er unbekannt. **4** Rot ist in China die Farbe des Glücks. Rote Laternen oder Ornamente oder Girlanden oder Spruchbänder mit Neujahrswünschen schmücken jedes Haus. **5** Böse Geister schlägt man in China mit Krach und Knallkörpern und Feuerwerk in die Flucht.

1. Neujahr feiert man in Amerika, Afrika, Europa, Australien und Asien.
2. …

 3 Wo fehlt das Komma? Lest die Sätze mit allen Satzzeichen laut vor. Wechselt euch ab.

Achtung, Fehler!

1 Schauspieler Musiker Models Politiker und sogar Nachrichtensprecher müssen vor ihrem Auftritt in die Maske. **2** An den großen Opern- und Theaterhäusern sind während einer Vorstellung mehrere Maskenbildner anwesend. **3** Sie müssen die Maske und die Frisur auffrischen Haarteile und Bärte ankleben Glatzen aufsetzen oder abnehmen. **4** In manchen Aufführungen verändern die Darstellerinnen und Darsteller während der Vorstellung ihr Aussehen. **5** Sie müssen dann älter oder jünger verletzt krank oder gesund geschminkt werden.

Zeichensetzung bei der direkten (wörtlichen) Rede

1 William Sutcliffe ist ein moderner englischer Kinder- und Jugendbuch-
autor. Er hat das Buch „Der Zirkus der Diebe und die lausige Lotterie"
geschrieben.

a Lies das Gespräch zwischen Cindy und Tina über sein Buch.

1 Tina fragt: „Um wen geht es denn in dem Buch?"
2 Cindy sagt: „Die Heldin im Buch ist Hannah."
3 Tina bittet: „Zeig mir doch mal die Inhaltsangabe!"
4 „Hannah ist ein freches Mädchen", erzählt Cindy,
„und in unserem Alter."
5 Cindy ergänzt: „Und dann gibt es noch Billy."
6 „Wer ist denn das?", fragt Tina
7 „Das ist der Sohn des Zirkusdirektors", erklärt Cindy.

b Beschreibe, woran du die wörtliche Rede in den Sätzen erkannt hast.

> Um wiederzugeben, was jemand wörtlich sagt oder gesagt hat, ver-
> wendet man **direkte (wörtliche) Rede**. Damit dies für Leserinnen/Leser
> deutlich erkennbar ist, kennzeichnet man in schriftlichen Texten den
> Beginn und das Ende der direkten Rede mit **Anführungszeichen**.
> Oft steht vor, zwischen oder nach der direkten Rede ein **Begleitsatz**,
> in dem die Sprecherin / der Sprecher genannt wird, z.B.:
> _Tina fragt:_ „Wie ist das Buch?"
> „Einfach toll!", _antwortet Cindy_, „es gefällt mir sehr."
> „Ich leih mir das Buch aus", _sagt Tina_.

 2 Untersucht die folgenden Aussagen mit wörtlicher Rede.

a Lest die Sätze und achtet besonders auf die Begleitsätze.
Tauscht euch darüber aus, wie sie an Ausdruckskraft
gewinnen könnten.

1 Tina sagt: „Werden Hannah und Billy noch Freunde?"
2 „Ja, das tun sie", sagt Cindy.
3 Cindy sagt: „Und dabei hält Billy Normalos für Nichtsnutze!"
4 „Moment mal", sagt Tina, „wen meint er damit?"
5 „Für Billy sind das alle, die nicht beim Zirkus arbeiten", sagt Cindy.
6 „Wie blöd ist das denn!", sagt Tina.
7 „Ja, schon", sagt Cindy, „aber er ist eben genauso frech wie Hannah."

b Ersetzt in den Begleitsätzen das Verb _sagen_ durch ausdrucksstärkere
Verben.

2b Wählt aus den folgenden Verben aus.
erklären / erläutern / bemerken / antworten / fragen / zugeben / einwerfen / sich wundern

c Überprüft, ob die Zeichensetzung in den Sätzen aus Aufgabe a den Regeln entspricht. Nutzt dazu den folgenden Merkkasten.

> Der **Begleitsatz vor der direkten (wörtlichen) Rede** wird mit einem **Doppelpunkt** abgeschlossen, z. B.:
> _Tina fragt_: „Worum geht es denn?"
> Steht der Begleitsatz **zwischen oder nach der direkten Rede**, wird er immer durch **Kommas** abgetrennt, z. B.:
> „Nenn mir doch", _bittet Tina_, „noch andere Buchtitel von ihm!"
> „Wer sind denn Normalos?", _fragt Tina_.

3 Schreibe folgende Sätze ab und kennzeichne die wörtliche Rede durch Anführungszeichen. Setze bei den Begleitsätzen die Doppelpunkte oder Kommas.

Achtung, Fehler!

1 Cindy erzählt Der Zirkus Schark kündigt sein Kommen nie an.
2 Was ist denn das für ein Blödsinn! ruft Tina aus.
3 Na, das hat schon seinen Grund antwortet Cindy.
4 Und warum fragt Tina kannst du das Buch gar nicht mehr aus der Hand legen?
5 Also erstens sagt Cindy ist das Buch ein Krimi.
6 Und zweitens fügt Cindy hinzu denkst du, da spricht jemand mit dir.
7 Klingt spannend gibt Tina zu dann sollte ich es wohl auch mal lesen.

●●● **4** Maik hat den Autor William Sutcliffe interviewt und für die Schülerzeitung einen Artikel geschrieben. Schreibe die Sätze ab und kennzeichne die wörtliche Rede. Achte auf alle Satzeichen.

Achtung, Fehler!

Mich interessierte, warum William Sutcliffe das Zirkusthema gewählt hat. Mein Sohn war damals 9 und liebte verrückte Geschichten erklärte der Autor. Und hat ihm die Geschichte
5 gefallen, wollte ich wissen. Ja klar, antwortete er. Erstens ist das Zirkusleben faszinierend für die meisten von uns. Und zweitens ist das Buch fast ein Krimi, oder? Ich fragte ihn Haben Sie noch mehr für 10- bis
10 12-Jährige geschrieben? Er nannte den Titel „Bad Influence". Auf meine Nachfrage ergänzte er Das Buch handelt von Freundschaften zwischen Jungs. Ben und Olly sind dickste Freunde, beide 10 Jahre alt. Olly macht, was Ben vorschlägt,
15 ohne viel nachzudenken. Doch dann kommt Carl dazu, der liebt gefährliche Abenteuer.

Nina Weger

Trick 347 oder der mutigste Junge der Welt

→ S. 192

2. Kapitel (Auszüge)

Dass bei mir etwas anders ist als bei anderen Kindern, bemerkte ich zum
ersten Mal vor sieben Jahren. Ich war damals vier Jahre alt und stand
mit meiner Mutter in einem Supermarkt zwischen den Regalen für Fertig-
gerichte. Mama hatte mal wieder kein Kleingeld für einen Wagen dabei
5　und balancierte den gesamten Einkauf auf dem Arm.
　　„Möchtest du noch ein paar von den Knackwürstchen?", fragte sie und
deutete mit dem Finger auf eine Konservenbüchse im mittleren Regalfach.
Mein Blick fiel auf das grellbunte Etikett, das eine glückliche Vater-Mutter-
Kind-Familie zeigte. Ich starrte auf das wellige Papierbildchen. Der Vater
10　hatte den Arm um die Mutter und den Sohn gelegt und sah mit stolzem
Blick auf den Jungen. Ich drehte mich zu Mama und fragte: „Hab ich
eigentlich auch einen Vater?"
　　Vor Schreck ließ sie unsere Einkäufe fallen. Die Raviolidose krachte auf die
Packung mit dem Kartoffelpüree, es machte Puff, und die gelben Flocken
15　stoben in einer riesigen Fontäne bis zur Supermarktdecke auf. Dann sanken
sie lautlos auf uns nieder. So als befänden wir uns in einer riesigen Schnee-
kugel. Mama war kreidebleich im Gesicht.
　　„Natürlich hast du auch einen Vater", stotterte sie. „Jeder Mensch hat
einen."
20　„Und wo ist er?"
Sie kniete sich vor mich, strich mir die Püreeflocken aus dem Haar und
drückte mich fest an sich.
　　„Dein Vater", flüsterte sie mit heiserer Stimme. „Also, dein Vater … Der …
der ist im Himmel."
25　Ich machte mich los und versuchte, ihr in die Augen zu schauen.
　　„Wie meinst du das?"
Sie wendete den Kopf ab.

„Er ... Er ist gestorben." Damit sammelte sie eilig unsere Einkäufe ein und
marschierte so schnell zur Kasse, dass ich kaum Schritt halten konnte.

30 Auf der Fahrt nach Hause bombardierte ich sie mit Fragen: Wie war mein
Vater? War er groß? War er stark? Konnte er schnell laufen? Was war
sein Lieblingsessen?

Doch ich bekam keine einzige Antwort. Mama umklammerte mit beiden
Händen das Lenkrad und guckte so konzentriert durch die Windschutz-

35 scheibe, als könnte jeden Moment ein Saurier unsere Fahrbahn kreuzen.

„Warum ist er tot? Was ist passiert?", quengelte ich.

Da trat sie plötzlich mit voller Wucht auf die Bremse. [...]

„Mama? Alles okay?", fragte ich ängstlich und schaute zum Fahrersitz.

Sie ließ ihren Kopf zurückfallen und schloss für einen Moment die Augen,

40 dann sagte sie leise: „Dein Vater hatte einen Unfall."

„Warst du dabei?"

Sie schüttelte den Kopf. „Nein."

„Wann war das?"

„Am 13. Dezember 2001. Noch vor deiner Geburt."

45 Hinter uns begannen die Autos zu hupen, denn die Ampel war wieder auf
Grün gesprungen. Und weil ich nicht wollte, dass wir auch noch einen
schlimmen Unfall bauten, hielt ich den Rest der Fahrt den Mund.

Erst zu Hause, als wir über unserer Fertigpizza am Küchentisch saßen,
traute ich mich, noch einmal nachzuhaken.

50 „Wann hast du ihn zum letzten Mal gesehen?"

Mama legte die Fingerspitzen an die Schläfen, als müsste sie sehr genau
überlegen.

„Das war im Zirkus", antwortete sie schließlich. „Das letzte Mal habe ich
deinen Vater während einer Zirkusvorstellung in Hannover gesehen. Du

55 weißt schon, da, wo Oma und Opa wohnen."

„Er war Artist?!" Ich war völlig aus dem Häuschen. „Er ist aufgetreten?
Vor ganz vielen Leuten? Was hat er gemacht? Eine gefährliche Luftnum-
mer? Oder war er Messerwerfer?" Mama schien verwirrt und schüttelte
den Kopf. „Was? Nein, er war ... Er war Handstandakrobat."

60 „Wirklich?!"

Sie seufzte. „Ja. Er stand auf den Händen so sicher wie auf den Füßen,
ganz schwerelos. Er brauchte kein Requisit, nur sich. Auch kein Glitzer-
kostüm, nur ein weites, weißes Hemd und eine weiße Hose, alles ganz
schlicht. Auch die Musik war nur ein einfaches Klavierstück."

65 „Wie sah er aus? Hatte er auch blonde Haare? Wie ich?"

„Nein, seine Haare waren dunkel", antwortete sie und stützte müde die
Ellenbogen auf die Tischplatte.

„Und die Augen?", bohrte ich weiter.

Mama zögerte, dann zeigte sie rechts über ihren Mundwinkel. „Er hatte

70 eine kleine Narbe, hier, über der Lippe."

Sofort war ich abgelenkt. „Wieso? Was ist da passiert?"

„Vielleicht hörst du mal eine CD, ja?" Mama stand unvermittelt auf, verließ die Küche und verschwand in ihr Schlafzimmer. Noch bevor ich die Play-Taste meines CD-Spielers drücken konnte, hörte ich ein leises Schluchzen. Es klang furchtbar. Bis dahin hatte ich noch nie erlebt, dass
75 meine Mutter weinte. Sie war fast immer fröhlich. Selbst wenn sie gestresst war, weil sie ja alles allein machte: Geld verdienen, den Haushalt, sich um mich kümmern … Dass sie plötzlich so traurig war, machte mir Angst. Ich schämte mich furchtbar. Schließlich war es mein Bohren und Quengeln gewesen, das sie so schrecklich unglücklich gemacht hatten. Und ich
80 konnte mich nicht erinnern, dass sie jemals die Tür zu ihrem Zimmer vor mir verschlossen hatte.
Als ich an diesem Abend ins Bett ging, beschloss ich, nie mehr nach meinem Vater zu fragen.*

1 Lies den letzten Satz noch einmal. Überlege, wie du dich verhalten würdest.

2 Lies den gesamten Text noch einmal. Halte fest, was der Junge über seinen Vater erfährt.

3 Wenn du wissen willst, wie der Junge, der Tom heißt, sich verhält und welches Geheimnis er aufdeckt, besorge dir das Buch und lies es.

1 Schreibe folgenden Text ab, eventuell am Computer.

a Setze die Satzschlusszeichen und achte auf die Großschreibung am Satzanfang.

> Jedes Jahr ziehen fast 1000 Kinder von Schaustellern und Zirkusleuten durch Deutschland sie müssen ständig die Schule die Lehrer und die Mitschüler wechseln manche Eltern bezahlen Privatlehrer oder organisieren Fahrgemeinschaften was aber macht der große Rest

b Suche im Text eine Aufzählung. Setze das fehlende Komma.

2 Ermittle in folgendem Text die zusammengesetzten Sätze. Notiere die Satzbaupläne mit Komma und Bindewort. Verwende die Abkürzungen: Hs (**H**aupt**s**atz) und Ns (**N**eben**s**atz).

> **1** Das Bundesland Nordrhein-Westfalen hat 1994 eine Schule für Zirkuskinder gegründet. **2** Hier kommen die Lehrer zu den Kindern. **3** Als der Unterricht 1994 begann, fuhren nur drei Lehrerinnen zu den einzelnen Zirkusunternehmen. **4** Heute können Zirkuskinder alle Schulfächer abschließen, weil 30 Lehrkräfte sie dabei unterstützen.

3 Schreibe folgende Sätze ab. Setze die Satzzeichen bei der wörtlichen Rede.

> Direktorin Annette S. sagt In unserer ungewöhnlichen Schule lernen zurzeit 125 Kinder im Alter zwischen 5 und 16 Jahren. Was ist das Besondere an Ihrer Schule? will die Reporterin wissen. Die Zirkuskinder erläutert Frau S. müssen viel selbstständiger lernen. Die Pädagogen sind nur an zwei bis drei Tagen in einem Zirkus.

4 Bestimme die Satzglieder.

a Schreibe folgende Sätze ab und bestimme, aus wie vielen Satzgliedern sie bestehen. Trenne die Satzglieder dazu mit senkrechten Strichen ab.

> **1** Der bekannte Zirkus Traber ist jetzt in sein Winterquartier gezogen.
> **2** In den Wintermonaten besuchen die Kinder der Traberfamilie den Unterricht im Ort.

b Unterstreiche die Prädikate einfach und die finiten Verbformen doppelt.

c Unterstreiche die Attribute farbig.

d Notiere für beide Sätze die Satzbaupläne. Verwende die Abkürzungen: S (**S**ubjekt), P (**P**rädikat), O (**O**bjekt), AO (**A**dverbialbestimmung des **O**rtes) und AZ (**A**dverbialbestimmung der **Z**eit).

5 Ermittle in folgenden Sätzen die Objekte. Schreibe sie mit dem Prädikat heraus und bestimme ihren Fall. Verwende die Abkürzungen: DO (**D**ativ**o**bjekt), AO (**A**kkusativ**o**bjekt).

1 Die Schule für Zirkuskinder in NRW bietet auch Online-Unterricht an.
2 Die Kinder öffnen den Online-Kurs und bearbeiten den Lernauftrag selbstständig.
3 Bei Fragen und Problemen helfen die Lehrkräfte den Kindern – auch online.

6 Bestimme die Verbformen.

a Schreibe folgende Verbformen ab und bestimme die Zeitform.

1 sie jongliert	3 ich ging	5 er wird warten
2 er ist gekommen	4 wir probten	6 sie hatte geholfen

b Markiere die starken und die schwachen Verben verschiedenfarbig.

7 Schreibe die Adjektive im Positiv, Komparativ und Superlativ heraus.

Viele denken, Zirkuskinder haben aufregendere Tage als andere. Aber es ist auch ein schweres Leben. Die Eltern sind meist mit Proben beschäftigt, die Tiere müssen versorgt werden, die Manege und die Wohnwagen müssen sauber gehalten werden. Wenn die Vorstellung die Besucher verzaubert, ist es aber am schönsten.

8 Schreibe ab und ergänze das passende Vergleichswort *wie* bzw. *als*.

1 Der Seiltanz gefiel mir besser ▓▓ die Trapezübung.
2 Den Clown fand ich genauso gut ▓▓ den Feuerschlucker.
3 Der jüngste Trampolinspringer sprang ebenso hoch ▓▓ alle, es schien ihm sogar leichter zu fallen ▓▓ den anderen.

9 Schreibe folgende Zusammensetzungen in der richtigen Groß- oder Kleinschreibung in dein Heft.

1 ZIRKUSZELT		4 BLAULICHT
2 BLITZSCHNELL		5 BLITZABLEITER
3 HIMMELHOCH		6 HOCHSEIL

10 Schreibe folgende Ableitungen in dein Heft und trenne Präfix (Vorsilbe) bzw. Suffix (Nachsilbe) durch senkrechte Striche vom Wortstamm ab.

1 die Gründung	4 witzig	7 die Bekanntheit
2 erwarten	5 komisch	
3 herrlich	6 die Mannschaft	

Schnell und flüssig schreiben

1 Johannes hat seinen Großeltern eine Karte geschrieben.

a Versuche, den Text zu lesen. Worum geht es in der Karte?

> Liebe Oma, lieber Opa,
> wie ihr wisst, habe ich am 5. Oktober Geburtstag.
> Ich freue mich darauf, an diesem Tag mit euch zu feiern.
> Ihr seid herzlich eingeladen. Um 15 Uhr wollen wir
> alle gemeinsam Kaffee trinken. Mama wird extra
> Bienenstich backen.
> Hoffentlich habt ihr Zeit, um zu uns zu kommen.
> Euer Johannes
> mit Mama und Papa

Tipp
Nutze die Vorlage der Schulausgangsschrift und verbinde die Buchstaben sinnvoll.

b Schreibe den Text ab. Achte auf eine ordentliche und gut lesbare Handschrift.

A a	B b	C c	D d	E e	F f
G g	H h	I i	J j	K k	L l
M m	N n	O o	P p	Qu qu	R r
S s	T t	U u	V v	W w	X x
Y y	Z z	ß	Ä ä	Ö ö	Ü ü

2 Für seine Kaffeetafel braucht Johannes Tischkarten.
Schreibe für ihn die Tischkarten. Achte darauf, dass sie schön und leserlich geschrieben sind.

Tante Kerstin / Onkel Walter / Uroma Mathilde / Frau Hartmann / Cousin Martin / Cousine Emilia / Oma Gisela / Karl / Lena / Opa Leo

3 Von seinem Nachbarn Herrn Hartmann hat Johannes schon
eine Glückwunschkarte bekommen. Sofort will er ihm antworten
und sich bedanken.

a Schreibe den Brief in schöner, gut leserlicher Schrift ab.

> *Lieber Herr Hartmann,*
>
> *ich habe mich sehr über Ihre Glückwünsche gefreut und
> bedanke mich herzlich. Schade, dass Sie im Krankenhaus
> sind und nicht an meiner Feier teilnehmen können.
> Ich wünsche Ihnen, dass Sie schnell wieder gesund werden.
> Vielleicht darf ich Sie ja mal besuchen?*
>
> *Viele Grüße von Johannes*

b Ergänze den Brief noch durch ein paar Einzelheiten, die Herrn Hartmann
interessieren könnten.

4 Johannes weiß, dass Herr Hartmann gern lustige Gedichte liest.
Bestimmt würde ihn so ein heiterer Text im Krankenhaus erfreuen und
aufmuntern.

 a Lest euch das Gedicht gegenseitig vor. Achtet auf eine gute Betonung
und eine genaue Aussprache.

Tipp
Übt das Vorlesen
mehrmals.

Joachim Ringelnatz

Im Park

Ein ganz kleines Reh stand am ganz kleinen Baum
Still und verklärt wie im Traum.
Das war des Nachts elf Uhr zwei.
Und dann kam ich um vier
5 Morgens wieder vorbei.
Und da träumte noch immer das Tier.
Nun schlich ich mich leise – ich atmete kaum –
Gegen den Wind an den Baum,
Und gab dem Reh einen ganz kleinen Stips.
10 Und da war es aus Gips.

b Zum Auswendiglernen ist es hilfreich, das Gedicht abzuschreiben.
Gestalte ein Blatt mit dem Gedicht von Joachim Ringelnatz
(oder mit einem von dir selbst ausgewählten Gedicht).

Häufig vorkommende Wortstämme richtig schreiben

Wörter mit *b*, *d*, *g* und *p*, *t*, *k* am Stammende

1 Lest euch gegenseitig die folgenden Wortpaare langsam, laut und deutlich vor. Achtet auf den Konsonanten am Wortende.
Hört ihr einen Unterschied zwischen *b* und *p*, *g* und *k* und zwischen *d* und *t*?

1	das Rad – der Rat	**4**	der Wald – kalt
2	der Zwerg – das Werk	**5**	der Krug – der Streik
3	hob – das Kap	**6**	gelb – plump

> Am **Stammende** wird *b* wie *p*, *d* wie *t* und *g* wie *k* gesprochen.
> Um die richtige Schreibweise zu finden, kann man die **Wörter verlängern (Verlängerungsprobe)**. Man bildet dazu zum Beispiel Pluralformen der Nomen/Substantive, Infinitive der Verben oder Steigerungsformen der Adjektive. Dann spricht und hört man deutlich den Unterschied zwischen *b* und *p*, *d* und *t* sowie *g* und *k*, z. B.:
> *das Ra■ – die Rä<u>d</u>er → das Ra<u>d</u>,*
> *gi■ – ge<u>b</u>en → gi<u>b</u>,*
> *kal■ – käl<u>t</u>er → kal<u>t</u>.*

2 Bilde verlängerte Formen. Wähle Aufgabe a, b oder c.

●○○ **a** Schreibe die Wörter in dein Heft und ergänze eine verlängerte Form. Markiere jeweils das *b*, *d* und *g* am Stammende.

1	der Korb	**4**	lieb	**7**	er hob
2	der Wald	**5**	blind	**8**	sie verschwand
3	der Flug	**6**	klug	**9**	Sag!

1. der Kor<u>b</u> – die Kör<u>b</u>e
2. ...

●●○ **b** Ergänze die fehlenden Buchstaben. Schreibe die Verbformen in dein Heft und markiere die eingesetzten Buchstaben.

1 Er bekla■te sich über die unfreundliche Behandlung.
2 Sie ho■ ihre kleine Schwester hoch.
3 Die Firma wir■t im Fernsehen für ihr Produkt.
4 Die Lehrerin ma■ es nicht, wenn wir schwatzen.
5 Sie fan■ in diesem Jahr viele Pilze im Wald.
6 Er ban■ seinen Hund vor dem Geschäft an.

Tipp
Nutze die Verlängerungsprobe.

●●● c Welches Adjektiv passt zu welchem Nomen/Substantiv?
Schreibe passende Wortgruppen auf. Markiere *b, d, g* bzw. *p, t, k*
am Stammende der Adjektive.

der⬛	der Stoß		klu⬛	der Strauß
lie⬛	das Wetter		blin⬛	der Teller
gel⬛	der Wein		star⬛	der Wind
gro⬛	das Kilo		kal⬛	der Gedanke
her⬛	die Farbe		wil⬛	das Huhn
trü⬛	der Freund		run⬛	das Tier
hal⬛	der Geselle		bun⬛	die Erkältung

der der<u>b</u>e Stoß, ...

3 Entscheide, ob du am Stammende *g* oder *k* schreiben musst.

a Nutze die Verlängerungsprobe: Bilde die Vergleichsstufe (Komparativ)
und schreibe sie in dein Heft. Ergänze dann das Adjektiv und unterstreiche
g oder *k* am Stammende.

1 klu⬛		**3** star⬛		**5** schrä⬛
2 blan⬛		**4** ar⬛		**6** flin⬛

1. klü<u>g</u>er – klu<u>g</u>
2. ...

b Lies die Wörter aus Aufgabe a deutlich vor. Beachte, dass man den
Unterschied zwischen *g* und *k* nur in den verlängerten Formen hört.

c Schreibe jedes Adjektiv der Aufgabe a mit einem passenden Nomen auf.
Lies die Wortgruppen deutlich vor.

1. das kluge Kind
2. ...

●●● d Schreibe zu den Adjektiven aus Aufgabe a die Superlative auf.
Wenn du unsicher bist, schlage in einem Wörterbuch nach.

3c Wähle aus den angegebenen Wörtern passende aus.
das Kind / der Mann / der Bösewicht / die Wand / die Scheibe / der Läufer

4 Entscheide, was du am Stammende schreiben musst.
Wähle Aufgabe a, b oder c.

●○○ **a** Nutze die Verlängerungsprobe. Schreibe die Wörter auf und entscheide,
ob du am Stammende *b, d, g* oder *p, t, k* schreiben musst. Lies die Wortpaare vor und achte auf die Unterschiede in der Aussprache.

1 das Kin▨   **4** das Ban▨   **7** der Hun▨
2 der Kor▨   **5** der Bun▨   **8** das Sie▨
3 der Mun▨   **6** die Ta▨   **9** der Stan▨

1. die Kin̲der – das Kin̲d
2. ...

●●○ **b** Schreibe zu den Wörtern aus Aufgabe a Wortfamilien auf.
Markiere *b, d, g* und *p, t, k* am Stammende.
Lies die Wortfamilien deutlich vor.

1. das Kind – die Kinder – kindlich – ...
2. ...

●●● **c** Bilde Sätze mit einigen Wörtern aus Aufgabe a. Verwende möglichst
mehrere Wörter in einem Satz. Schreibe sie in dein Heft und
markiere *b, d, g* und *p, t, k* am Stammende.

Das Kin̲d rief seinen Hun̲d, nahm sich einen Kor̲b
und lief in den Wal̲d. ...

Tipp
Nutze die Verlän-
gerungsprobe.

5 Schreibe folgende Sätze in dein Heft. Setze *b, d, g* oder *p, t, k*
richtig ein.

1 Mit dem neuen Ra▨ fuhr Anton flin▨ auf dem We▨ zum Stran▨.
2 Das Bro▨ auf dem Teller war elen▨ har▨.
3 Maria fol▨te dem Tipp für das Sonnenba▨ und ölte sich star▨ ein.
4 Die Wan▨ der neuen Fabri▨ stan▨ sehr schrä▨.
5 Im Urlau▨ stei▨t Alex gern auf den höchsten Ber▨ der Gegen▨.
6 Karla malt mit Gedul▨ das Klei▨ auf dem Bil▨ schön bun▨.

●●● **6** Erfinde eine lustige Geschichte, die viele Wörter mit *b, d, g* oder
p, t, k am Stammende enthält.

Die Kinder warteten am Abend ungeduldig auf ihren Hund,
den sie im Wald verloren hatten. ...

Wörter mit kurzem Stammvokal

 1 Ihr wisst, es gibt kurz und lang gesprochene Vokale (Selbstlaute).
Aber woher weiß man, wann ein Vokal kurz oder lang
gesprochen wird?

a Lest folgende Wörter laut. Tauscht euch darüber aus, ob der Stammvokal
kurz oder lang gesprochen wird.

die Hütte / hüten / der Rasen / rasten / der Besen / senden / leben

b Untersucht die Wörter jetzt genauer. Schreibt sie ab und zerlegt sie in Silben.
Unterstreicht den letzten Buchstaben der ersten Silbe.

Hüt-te, hü-ten, ...

c Versucht, eine Regel zu formulieren, wann der Stammvokal lang und
wann er kurz gesprochen wird.

> Endet die erste Silbe des Wortstamms auf einen **Konsonanten (Mitlaut)**,
> dann wird der Stammvokal in der Regel **kurz gesprochen**, z. B.:
> *der Schal-ter, hal-ten.*
> Steht dagegen ein **Vokal** (Selbstlaut) am Ende der ersten Silbe,
> dann wird der Stammvokal immer **lang gesprochen**, z. B.:
> *die Scha-le, das Se-gel.*
> Einsilbige Wörter muss man verlängern **(Verlängerungsprobe)**, um
> die Kürze oder Länge des Stammvokals erkennen zu können, z. B.:
> *Rad – die Rä-der, Feld – die Fel-der.*

2 In folgenden Wörtern werden die Stammvokale kurz gesprochen.

Tipp
Man sollte
deutlich hören,
dass die Stamm-
vokale kurz
gesprochen
werden.

a Lies die Wörter laut und begründe, warum die Stammvokale
kurz gesprochen werden.

1 die Puppe – die Pumpe
2 die Wolle – die Wolke
3 die Tasse – die Taste
4 die Wette – die Weste
5 die Kappe – die Kapsel
6 die Tanne – die Tante

b Lies die einzelnen Wortpaare noch einmal und untersuche
die Schreibung der Wortpaare genauer. Was fällt dir auf?

 c Versuche, eine Regel zu finden, wann die Konsonanten nach
einem kurzen Vokal verdoppelt werden. Trage dein Ergebnis
in der Klasse vor.

> Nach **kurzen betonten Vokalen (Selbstlauten)** im Wortstamm folgen fast immer **zwei Konsonanten (Mitlaute)**. Meist kann man sie beim Hören gut unterscheiden, z. B.:
> *der Kasten, die Tante, die Wolke, das Wunder, rasten, welken, binden.*
> Hört man nur **einen Konsonanten**, dann wird dieser in der Regel **verdoppelt**, z. B.:
> *die Tasse, die Wanne, der Himmel, das Wetter, treffen, rollen, kämmen.*

3 Lies die folgenden Wörter langsam und deutlich vor.
Übertrage die Tabelle in dein Heft und ordne die Wörter richtig ein.

die Welle / welken / die Wolle / die Wolke / der Hammer / der Halm / die Tonne / das Messer / die Weste / die Henne / die Mappe / knipsen / die Halle / der Helm / der Barren

zwei gleiche Konsonanten	zwei unterschiedliche Konsonanten
die Welle	welken
…	…

4 Fallen dir Reimwörter ein? Schreibe die Wörter ab und suche möglichst viele Reimwörter dazu.

1 Panne	**4** Kummer	**7** Rille
2 Sonne	**5** glatt	**8** Wolle
3 Messer	**6** essen	**9** Butter

1. Panne – Wanne – Tanne – …
2. …

5 Ergänze die Verse durch passende Reimwörter.

a Schreibe die gefundenen Reimwörter in dein Heft. Ergänze die Artikel.

Kein Kaffee ohne Ka▭,
kein Bad ohne W▭.

Kein Elefant ohne Rü▭,
kein Koffer ohne Schl▭.

Kein Ozean ohne Schi▭,
kein Edelstein ohne Schl▭.

Kein Schuss ohne Kn▭,
kein Nomen ohne F▭.

Kein Orchester ohne Tro▭,
keine Mütze ohne B▭.

Kein Spielplatz ohne Wi▭,
kein Müll ohne Ki▭.

●●● **b** Erfindet ähnliche Reimvorschläge. Lasst sie von den anderen lösen.

5a Wähle aus den folgenden Wörtern aus.
die Kanne / der Schlüssel / das Schiff / die Bommel / die Kippe / der Fall

→ **S. 176:** Zusammen-
gesetzte Nomen/
Substantive

6 Bilde zusammengesetzte Nomen/Substantive. Verwende dazu folgende Wörter als Grund- oder Bestimmungswort. Schreibe sie in dein Heft und unterstreiche den Doppelkonsonanten.

das Blatt / der Fall / der Schluss / die Wette / der Sinn / die Sonne / der Ball / der Griff / der Stoff / die Watte / das Bett / der Schatten / der Schall

das Lindenblatt, die Blattlaus, ...

Tipp
Legt eine Zeit
von zwei bis drei
Minuten fest.

7 Veranstaltet einen Wettbewerb in der Klasse:
Wer findet die meisten Wörter mit *ff, ll, mm, nn, pp, rr, ss, tt*?

> Es gibt zwei **Sonderfälle** bei der **Konsonantenverdopplung**:
> Nach kurzem betontem Vokal schreibt man statt *kk* in der Regel ***ck***, z.B.:
> *das Glück, wecken.*
> Nach kurzem betontem Vokal schreibt man statt *zz* in der Regel ***tz***, z.B.:
> *der Schutz, trotzen.*
> Ausnahmen bilden Fremdwörter, z.B.:
> *das Akkordeon, der Akkusativ, der Brokkoli; die Pizza, die Skizze.*

8 Übe die Schreibung von Wörtern mit *ck* und *tz*.

a   Schreibe zu den Verben mindestens ein verwandtes Nomen auf.

1 stecken	**4** blicken	**7** kratzen
2 backen	**5** zudecken	**8** patzen
3 wecken	**6** trotzen	**9** sitzen

1. stecken: der Stecker, die Steckdose, ...
2. ...

b   Schreibe zu den Nomen zusammengesetzte Wörter auf.

1 der Bäcker	**5** der Wecker	**9** die Hitze
2 der Stock	**6** die Jacke	**10** der Platz
3 das Glück	**7** die Katze	**11** der Blitz
4 der Blick	**8** der Satz	**12** die Spitze

1. der Bäcker: der Bäckermeister, der Brotbäcker, ...
2. ...

c   Schreibe die Adjektive mit einem passenden Nomen auf.

1 locker	**3** eckig	**5** witzig
2 trocken	**4** trotzig	**6** schmutzig

1. locker – die lockere Erde
2. ...

Wörter mit langem Stammvokal

1 Du weißt, es gibt kurz und lang gesprochene Vokale (Selbstlaute).

a Wiederhole mithilfe des Merkkastens auf S. 231, wann ein Vokal lang und wann er kurz gesprochen wird.

●○○ **b** Lies die Wortpaare laut. Unterscheide deutlich zwischen langem und kurzem Stammvokal.

1 Kran – Kanne	**4** spüren – sperren	**7** Ton – Tonne
2 Sage – Sonne	**5** Blume – Brummer	**8** Wabe – Wanne
3 Miete – Mitte	**6** Rasen – Rassel	**9** lesen – lassen

c Die Stammvokale der folgenden Wörter sind fett gedruckt.
Lies die Wörter laut vor und entscheide, ob der Konsonant (Mitlaut) in Klammern verdoppelt werden muss. Schreibe die Wörter richtig in dein Heft.

Achtung, Fehler!

1 re(n)en	**4** s**a**(g)en	**7** die So(n)e	**10** le(b)en
2 re(d)en	**5** der B**a**(g)er	**8** kn**a**(b)ern	**11** die K**a**(n)e
3 die W**a**(n)e	**6** l**o**(b)en	**9** der Kn**a**(b)e	**12** me(s)en

d Lies die Wörter noch einmal laut vor. Achte darauf, dass die Länge bzw. Kürze des Stammvokals deutlich zu hören ist.

> **Lang gesprochene Vokale** werden im Deutschen unterschiedlich geschrieben:
> - die meisten Wörter mit einem einfachen Vokal, z. B.: *legen, die Hose,*
> - manche Wörter mit *h*, z. B.: *die Fahrt, die Mühle.*
> - einige Wörter mit doppeltem Vokal, z. B.: *der Saal, die Beere.*
>
> Die **Schreibung** muss man sich durch Üben **einprägen**.

2 Kennst du den Eisvogel?

a Lies den Text. Achte besonders auf die unterstrichenen Wörter.

Der wunderschöne Eisvogel zieht seine Jungen in einer ganz besonderen Höhle auf. Das Eisvogelpaar sucht ein steiles Ufer an einem Fluss oder See. Dort gräbt es eine Röhre in den lehmigen oder sandigen Boden. Die Eltern brüten sechs bis sieben Eier abwechselnd aus. Nach dem Schlüpfen werden die Küken von ihren Eltern gefüttert: Sie stellen sich in Reih und Glied auf. Wenn das erste Nahrung bekommen hat, stellt es sich wieder hinten an. So bekommen alle genug zu fressen.

1c Lies die Wörter so und präge dir ihre Aussprache ein.
kurz: 1, 3, 5, 7, 8, 11, 12
lang: 2, 4, 6, 9, 10

b Übertrage die folgende Tabelle in dein Heft und ordne die Wörter mit langem Stammvokal ein.

einfacher Vokal	doppelter Vokal	*h* nach dem Vokal
wunderschön	das Eisvogelpaar	die Höhle
…	…	…

c Schreibe zu folgenden Wörtern mit langem Stammvokal so viele verwandte Wörter wie möglich in dein Heft.

1 schön / der Vogel / das Ufer / die Brut / der Boden / brüten
2 die Höhle / die Röhre / lehmig / die Nahrung
3 das Meer / das Paar

1. schön – Schönheit –
verschönern – beschönigen – …

3 Reimwörter helfen, sich die Schreibung einzuprägen.

a Schreibe passende Reimwörter in dein Heft. Achte darauf, dass alle ohne *h* geschrieben werden.

fragen	lesen	hören
s___	B___	schw___
M___	W___	geh___
Kr___	gew___	st___
kl___	gen___	zerst___

loben	haben	Kur
o___	sch___	Sp___
pr___	tr___	n___
Kl___	R___	Fl___
t___	gr___	z___

b Bilde lustige Sätze, in denen du mindestens drei Wörter einer Spalte verwendest.

Man muss schon sagen, der Magen hat keinen Kragen.
…

3 a *der Kloben:* großer Holzklotz, großer Brocken, z. B.: *einen riesigen Kloben Gold finden*
traben: langsam, gemächlich laufen, z. B.: *müde vor sich hin traben*

> Das **lang gesprochene *i*** wird im Deutschen meist als *ie* geschrieben.
> Es bleibt auch in allen verwandten Wörtern erhalten, z. B.:
> *verdienen, sie verdienten, unverdient, der Verdienst.*

4 Übe Wörter mit lang gesprochenem *i*.

a Schreibe folgende Wörter richtig in dein Heft.

1 das Sp■l	**6** g■ßen	**11** der Sp■gel
2 fr■ren	**7** die B■ne	**12** schl■ßen
3 die W■se	**8** das L■d	**13** das Z■l
4 v■l	**9** n■mals	**14** der Br■f
5 fl■ßen	**10** der S■ger	**15** sch■f

b Ergänze zu allen Nomen/Substantiven die Pluralform und zu allen Verben die 2. Person Singular.

1. das Spiel – die Spiele
2. frieren – du frierst

…

Tipp
Ihr könnt auch einen Wettbewerb in der Klasse organisieren.

c Bilde fünf Sätze mit den Wörtern aus Aufgabe a.
Verwende jeweils mindestens zwei der Wörter in einem Satz.
Schreibe sie in dein Heft.

5 Lies die Sätze und ergänze die Wörter. Schreibe die Wörter mit lang gesprochenem *i* in dein Heft.

1 Der Eisvogel wird „Fl■gender Edelstein" genannt.

2 So bunt w■ er s■ht kein anderer h■r lebender Vogel aus.

3 Er lebt in v■len Geb■ten Europas sow■ in versch■denen Regionen Asiens, Australiens und Afrikas.

4 Er hat sich an unser Klima angepasst und z■ht im Winter nicht in den Süden.

5 Er frisst am l■bsten versch■denes Get■r, zum Beisp■l Fische und kleine Frösche.

6 Der australische Eisvogel (der „Lachende Hans") ist der R■se in der Familie der Eisvögel.

7 In Australien ist er bel■bt, weil er T■re w■ Ratten und giftige Schlangen frisst.

8 In h■sigen Zoos s■ht man ihn oft und hört sein Lachen.

Eine Besonderheit im Deutschen ist, dass in manche **Wörter mit langem Stammvokal** ein *h* eingefügt wird. Es markiert die Silben und hilft deshalb beim Lesen.

Steht das *h* am Ende einer Silbe, nennt man es **silbenschließendes *h*** (oder oft auch Dehnungs-*h*). Dieses steht nur vor *l, m, n* und *r*, z. B.: *die Höh-le, die Müh-le, neh-men, seh-nen, fah-ren*.

Steht das *h* am Anfang der zweiten Silbe, nennt man es **silbenöffnendes *h***. Es ist besonders wichtig für das Lesen, weil es zwei Vokale voneinander trennt, z. B.: *die Schu-he, ge-hen, die Mü-he, die Ru-he, die Kü-he, die Re-he*.

Einsilbige Wörter muss man verlängern, um die Silben mit *h* zu erkennen, z. B.: der *Stuhl – die Stüh-le*, der *Schuh – die Schu-he*.

Bei verwandten Wörtern bleibt das *h* im Wortstamm erhalten, z. B.: *fahren, der Fahrer, fuhr, das Gefährt, die Fähre, das Fahrzeug*.

6 Präge dir Wörter mit silbenschließendem *h* ein. Schreibe folgende Verben ab und ergänze mindestens ein verwandtes Wort.

1	befehlen	**4**	fühlen	**7**	lohnen
2	fahren	**5**	führen	**8**	mahnen
3	fehlen	**6**	lehnen	**9**	prahlen

1. befehlen – der Befehl
2. ...

7 Schreibe Nomen mit silbenschließendem *h*.
Wähle Aufgabe a, b oder c.

●○○ **a** Schreibe den Plural folgender Nomen auf.

Tipp
Schlage in einem Wörterbuch nach, wenn du die Pluralform nicht weißt.

1	die Fahne	**5**	das Rohr	**9**	der Rahmen	**13**	der Hahn
2	das Fohlen	**6**	das Ohr	**10**	die Sohle	**14**	der Bohrer
3	die Möhre	**7**	der Pfahl	**11**	der Sohn	**15**	die Bohne
4	die Lehre	**8**	die Höhle	**12**	die Lehne	**16**	die Uhr

1. die Fahne – die Fahnen
2. ...

●●○ **b** Schreibe die Nomen ab, ergänze die Pluralformen und bilde mit jedem mindestens ein zusammengesetztes Nomen.

Tipp
Zu einem der Wörter kannst du keine Pluralform bilden.

1	die Bahn	**5**	die Gefahr	**9**	der Kahn	**13**	die Mähne
2	die Bohne	**6**	die Höhle	**10**	die Kohle	**14**	die Mühle
3	die Bühne	**7**	das Huhn	**11**	die Lehne	**15**	der Sohn
4	die Fahne	**8**	das Jahr	**12**	der Lohn	**16**	der Stuhl

1. die Bahn – die Bahnen – der Bahndamm
2. ...

●●● c Schreibe die Sätze ab und setze die richtigen Wörter ein.

1 Es gibt weißen, grünen und roten ▨.
2 Der Löwe schüttelte seine ▨.
3 Ein Ausflug in den Vergnügungspark war der ▨ für seine Mühe.
4 Die ▨ flatterte im Wind.
5 Die ▨ des ▨ war gebrochen.

8 Präge dir Wörter mit silbenöffnendem *h* ein.

a Bilde Verben, indem du die Silbe *-hen* anfügst. Schreibe sie untereinander in dein Heft und markiere die Silbentrennung. Unterstreiche das *h*.

| dre- | nä- | erhö- | se- | dro- | brü- | krä- |
| ste- | flie- | ru- | we- | zie- | ge- | glü- |

dre-hen
nä-hen, ...

b Lies die Wörter laut vor. Beachte, dass man das silbenöffnende *h* beim normalen Sprechen nicht oder kaum hört.

9 Schreibe Wörter mit silbenöffnendem *h*.
Wähle Aufgabe a, b oder c.

●○○ a Schreibe zu jedem Verb aus Aufgabe 8a eine finite (gebeugte) Form in dein Heft.

dre-hen – es dreht
nä-hen – sie näht, ...

●●○ b Schreibe zu jedem Verb aus Aufgabe 8a eine finite (gebeugte) Form und ein verwandtes Nomen in dein Heft.

drehen – es dreht – die Drehung
nähen – du nähst – ...

●●● c Schreibe die Sätze in dein Heft und ergänze dabei Verben aus Aufgabe 8a.

1 Auf der Wiese ▨ viele Gänseblümchen.
2 Der Hahn ▨ morgens schon sehr zeitig.
3 Das Pferd ▨ die Kutsche mit den Urlaubern durch den Wald.
4 Weil ein Unwetter ▨, ▨ die Tiere in ihren Bau.
5 Der Wind ▨ aus dem Westen.

10 Übertrage die Tabelle in dein Heft und ordne die folgenden Wörter richtig ein. Kennzeichne dabei die Stellen für die mögliche Silbentrennung mit einem Trennstrich.

die Sahne / fliehen / der Hohn / verhöhnen / die Ruhe / verzeihen / die Nahrung / ziehen / die Zahl / wühlen / blühen / nähen / die Drohung / belohnen / Lehm / bewahren / die Höhe / lahm / kehren / das Rohr

Wörter mit silbenschließendem *h*	Wörter mit silbenöffnendem *h*
die Sah-ne	flie-hen
...	...

> In einigen wenigen Wörtern mit langem Stammvokal werden die **Vokale** (Selbstlaute) *a*, *e* und *o* **verdoppelt**, z. B.:
> *der A̲a̲l, das Ha̲a̲r, pa̲a̲r, die Alle̲e̲, die Be̲e̲re, die Fe̲e̲, das Bo̲o̲t, der Zo̲o̲.*
> Solche Wörter muss man sich **einprägen**.

11 Präge dir Wörter mit doppeltem Stammvokal ein.

Tipp
Alle Wörter enthalten einen Doppelvokal.

a Schreibe die Antworten auf die Rätsel mit ihrem Artikel in dein Heft.

1 Wie heißen Körner, die man auf die Felder streut?
2 Womit fährt man auf dem Wasser?
3 Welche Frucht wächst an Sträuchern?
4 Wie nennt man ein großes Gewässer mit salzigem Wasser?
5 Wie heißt ein sehr großer Raum?
6 Was fällt im Winter oft vom Himmel?
7 Wie heißt eine gute Frau im Märchen?
8 Wo gibt es viele Tiere zu sehen?
9 Wo wachsen schwimmende Rosen?
10 Was bildet im Wald einen weichen grünen Teppich?

b Ergänze zu den gefundenen Wörtern die Pluralformen.
Wenn du unsicher bist, schlage in einem Wörterbuch nach.

1. die Saat – die Saaten
2. ...

●●● **12** Einige der folgenden Wörter stammen ursprünglich aus anderen Sprachen. Schlage in einem Wörterbuch nach, woher folgende Wörter kommen.

1	der Kaffee	3	das Püree	5	die Armee
2	der Tee	4	der Zoo	6	der Staat

11a Wähle aus folgenden Wörtern aus.
die S___t / der Z___ / der S___l / das B___t / das M___s /
der Schn___ / die B___ren / die F___ / das M___r / der S___

Typische Buchstabenverbindungen

 1 In jeder Zeile gibt es eine andere schwierige Buchstabenverbindung. Untersucht, welche typische Buchstabenverbindung die Wörter in den einzelnen Zeilen enthalten. Lest euch die Wörter gegenseitig vor.

Tipp
Achtet auf die richtige und deutliche Aussprache.

1 die Qual, die Qualle, durchqueren, die Quelle, aufquellen
2 die Echse, das Wachs, verwechseln, die Büchse, der Ochse
3 der Kopf, tropfen, der Sumpf, die Schnepfe, der Dampfer
4 der Stern, kosten, hastig, ausstellen, der Rost
5 die Knospe, die Wespe, spielen, umspülen, der Sport

2 Übe die Wörter aus Aufgabe 1. Wähle Aufgabe a, b oder c.

●○○ **a** Schreibe die Wörter zeilenweise ab. Kennzeichne jeweils die schwierigen Buchstabenverbindungen.

●●○ **b** Schreibe die Wörter zeilenweise ab und ergänze jeweils drei weitere Wörter.

●●● **c** Schreibe einen Satz, in dem mindestens fünf Wörter mit schwierigen Buchstabenverbindungen vorkommen. Du kannst Wörter aus Aufgabe 1 auswählen oder eigene nutzen.

3 Welches Tier ist das?

a Schreibe die Sätze ab und ergänze das richtige Tier. Unterstreiche die typischen Buchstabenverbindungen.

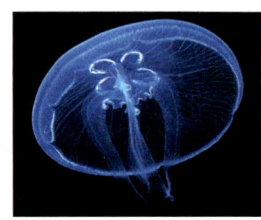

1 Die ▭ ist durchsichtig und lebt im Wasser.
2 Der ▭ lebt in einem Bau unter der Erde und hat weiße Streifen am Kopf.
3 Das ▭ hat früher den Bauern bei der Arbeit geholfen.
4 Die ▭ kann wunderbare Netze weben.
5 Der ▭ ist ein Vogel, der gern Kirschen frisst.

> In der deutschen Sprache gibt es einige **typische Buchstaben-verbindungen** wie **qu, chs, pf, st, sp**, z.B.:
> der Q̲u̲ark, der Lu̲chs̲, der Nap̲f̲, die St̲adt, die Sp̲ur.
> Häufig vorkommende Wörter mit diesen Buchstabenverbindungen sollte man sich **einprägen**.

b Bilde ähnliche Rätselsätze zu folgenden Tieren. Schreibe sie auf und unterstreiche die typischen Buchstabenverbindungen.

der Fuchs / der Pfau / der Spatz / der Storch / die Kaulquappe

3a Wähle aus den folgenden Wörtern aus.
der Luchs / die Qualle / das Pferd / der Star / die Spinne / der Dachs

4 Übe Wörter mit der Buchstabenverbindung *qu*.

a Lies die Wörter laut und deutlich vor.

der Quirl / die Quelle / die Qualle / der Quark / die Qual /
die Qualität / das Quadrat / der Qualm / das Quiz / die Quittung /
das Quartier / das Quartett / konsequent / quer / bequem /
quälen / quaken / quatschen / quellen / quetschen

> **Tipp**
> Wenn du ein Wort nicht kennst, schlage seine Bedeutung im Wörterbuch nach.

b Schreibe Wortgruppen mit den Wörtern aus Aufgabe a in dein Heft.
Unterstreiche die Buchstabenverbindung *qu*.

der Quirl aus Holz, ...

 c Sucht möglichst viele verwandte Wörter zu den Wörtern aus Aufgabe a
und schreibt sie in eure Hefte.

Quirl – verquirlen – quirlig, ...

●●● **d** Was ist das? Schreibe die Wörter ab und dahinter ihre Bedeutung.
Schlage dazu eventuell in einem Wörterbuch nach oder recherchiere
im Internet.

1 der Quacksalber		**4** die Quadriga		**7** das Quäntchen	
2 die Quarantäne		**5** die Kaulquappe		**8** der Quarz	
3 die Quaddel		**6** die Quantität		**9** das Quintett	

5 Übe Wörter mit der Buchstabenverbindung *pf*.
Wähle Aufgabe a, b oder c.

●○○ **a** Lies die Wörter laut und deutlich vor. Schreibe sie in dein Heft und
unterstreiche die Buchstabenverbindung *pf*.

die Pfeife / der Pfosten / das Pfand / der Pfad / der Pfahl /
der Pfau / die Pfanne / die Pfütze / das Pferd / der Pfeffer /
die Pforte / der Pfarrer / der Pfusch / der Pfirsich / der Pfeil

●●○ **b** Schreibe zehn Wörter aus Aufgabe a mit einem passenden Adjektiv auf
und unterstreiche die Buchstabenverbindung *pf*.

die schrille Pfeife, ...

●●● **c** Von welchen der Wörter aus Aufgabe a kannst du ein Verb bilden?
Schreibe die Verben auf und unterstreiche die
Buchstabenverbindung *pf*.

6 Präge dir die Wörter aus Aufgabe 5a ein. Schreibe sie alphabetisch
geordnet in dein Heft.

5a *der Pfad:* ein schmaler Weg
die Pforte: eine Tür
der Pfusch: eine schlecht ausgeführte Arbeit

7 Lies die Wörter mit der Buchstabenverbindung *pfl* laut und deutlich vor.
Schreibe sie in dein Heft und ergänze die Pluralformen.
Unterstreiche die Buchstabenverbindung *pfl*.

die Pflanze / der Pflug / die Pflege / die Pflicht / die Pflaume / das Pflaster

die Pflanze – die Pflanzen, …

●●● **8** Schreibe Wortfamilien zu zehn Wörtern aus den Aufgaben 5a und 7 auf.

die Pfeife, pfeifen, das Pfeifkonzert, gepfiffen, …

9 Übe Wörter mit der Buchstabenverbindung *mpf*.

a Lies die Wörter laut und deutlich vor. Schreibe sie geordnet
nach Wortfamilien in dein Heft und unterstreiche die Buchstabenverbindung *mpf*.

1 die Empfehlung / der Empfang / der Dampf / der Dampfer /
der Krampf / der Kampf / der Sumpf / die Empfindung
2 dampfen / dämpfen / empfehlen / empfangen / kämpfen /
empfinden / versumpfen
3 empfindlich / empfehlenswert / gedämpft / verdampft /
verkrampft / abgekämpft / empfänglich

die Empfehlung, empfehlen, …

●●● **b** Ergänze die Wortfamilien durch weitere Beispiele.

10 Übe Wörter mit *lz*, *nz* und *rz*.

a Übertrage die Tabelle in dein Heft. Ordne die folgenden Wörter in
die richtige Spalte ein und ergänze mindestens zwei verwandte Wörter.

die Stelze / einzeln / herzlich / der Pelz / walzen / die Wanze /
winzig / die Warze / die Kerze / scherzhaft / das Holz / tanzen /
das Konzert / pelzig

lz	nz	rz
die Stelze, stelzen, die Stelzenläuferin …	einzeln, vereinzelt, die Einzelheit …	herzlich, das Herz, beherzigen …

b Schreibe einen Satz, in dem du mindestens vier Wörter aus Aufgabe a
verwendest.

9a Ordne nach den folgenden Wortfamilien.
*die Empfehlung, empfehlen, empfehlenswert / der Empfang, … / der Dampf, … /
der Krampf, … / der Kampf, … / der Sumpf, … / die Empfindung, …*

11 Übe Wörter mit *lk*, *nk* und *rk*.

a Schreibe folgende Wörter ab und ergänze *lk*, *nk* oder *rk*.

1 der Ba▪en	**6** die Wi▪ung	**11** der Bezi▪
2 die Ba▪	**7** der Schra▪	**12** das Vo▪
3 die Ha▪e	**8** das We▪	**13** die Bo▪e
4 der Ba▪on	**9** die Wo▪e	**14** die Se▪ke
5 die Kra▪heit	**10** das Gesche▪	**15** die U▪e

Tipp
Einige Wörter
kannst du mit
verschiedenen
Buchstaben-
verbindungen
schreiben.

b Schreibe folgende Wörter geordnet nach *lk*, *nk* oder *rk* ab.

se▪en / wa▪en / sta▪ / wi▪en / schla▪ / wi▪lich / erkra▪en /
bewi▪en / tri▪en / wo▪ig / trä▪en / kra▪ / verschrä▪t /
verse▪bar / eintu▪en / versi▪ken / unsi▪bar

c Welche Wortfamilien entdeckst du in den Wörtern aus Aufgabe a?
Markiere sie mit unterschiedlichen Farben.

d Bilde zu folgenden Verben die 1. und 2. Person Singular.
Schreibe sie in dein Heft und unterstreiche *lk*, *nk* und *rk*.

wanken / sinken / schenken / melken / kalken /
merken / stärken / wirken

ich wanke – du wankst, ...

e Wähle vier Wörter aus Aufgabe d aus und verwende sie in Sätzen.

●●● **12** Erfinde eine lustige Geschichte, in die du viele der Wörter einbaust.
Unterstreiche die Buchstabenverbindungen *lz*, *nz*, *rz* und *lk*, *nk*, *rk*.

*Ein Holzwurm und eine Wanze tanzten zum Konzert
auf einer winzigen Wolke ...*

11d 1. Person Singular: Wortstamm + *-e*
    2. Person Singular: Wortstamm + *-st*

Wörter mit *s, ss, ß* im Wortstamm

> In Wörtern mit **langem Stammvokal** oder **Zwielaut** (*ei, au, eu, äu, ai, oi, ui*) schreibt man **s**, wenn der **s-Laut stimmhaft (summend) gesprochen** wird, z. B.:
> *der Ra*s*en, lö*s*en, das Ei*s*en, lei*s*e.*
> Einsilbige Wörter muss man verlängern, damit das stimmhafte *s* hörbar ist (Verlängerungsprobe), z. B.:
> *das Gla*■ *– die Glä*s*er, er la*■ *– le*s*en, die Mau*■ *– die Mäu*s*e.*

1 Schreibe Wörter mit stimmhaft (summend) gesprochenem *s*-Laut.

a Lies die Wörter vor und sprich den *s*-Laut deutlich stimmhaft (summend) aus. Übertreibe ruhig etwas dabei.

die Rose / die Reise / die Nase / die Pause / der Rasen / die Wiese / die Bremse / die Faser / die Speise / sausen / lösen / kreisen / schmusen / lesen / reisen / beweisen / pinseln

b Schreibe die Nomen/Substantive aus Aufgabe a in dein Heft und ergänze mindestens zwei verwandte Wörter. Lies sie deutlich mit stimmhaft (summend) gesprochenem *s* vor.

die Rose: das Rosenbeet, der Rosenstrauß, rosig, ...

c Schreibe die Verben aus Aufgabe a ab und ergänze jeweils die erste Person Singular Präsens. Lies sie deutlich mit stimmhaft (summend) gesprochenem s vor.

sausen – ich sause, ...

2 Übertrage die Tabelle in dein Heft und ergänze die fehlenden Formen.

Infinitiv	3. Person Singular Präteritum	Partizip II
lesen	sie las	gelesen
reisen	er reiste	...
beweisen	...	...
rasen	...	...
einweisen	...	...
lösen	...	...
speisen	...	...
grasen	...	...
losen	...	...
kreisen	...	...

●●● **3** In folgende Wortfamilie hat sich ein Fehler eingeschlichen. Suche das „schwarze Schaf", das nicht hineingehört.

Achtung, Fehler!

lesen / das Lesebuch / die Leserin / durchlesen / leserlich / sie liest / der Leserbrief / lesbar / sie ließ etwas fallen / der Vorleser / gelesen

4 Sprich und schreibe Wörter mit *s* richtig.

a Lies die Wörter deutlich vor.

das Gras / das Glas / das Haus / die Maus / der Kreis / das Gleis / der Beweis / der Ausweis

b Schreibe die Wörter ab und ergänze den Plural. Lies die Wortpaare deutlich vor.

das Gras – die Gräser, ...

> Wörter mit **langem Stammvokal** oder mit **Zwielaut** schreibt man mit *ß*, wenn der ***s*-Laut stimmlos (zischend) gesprochen** wird, z. B.:
> *die Straße, grüßen, fließen.*
> Bei einsilbigen Wörtern ist nicht zu hören, wie der *s*-Laut am Stammende geschrieben werden muss. Man kann dann die **Verlängerungsprobe** nutzen, z. B.:
> *Ohne Flei■   kein Prei■.*
> * fleißig → Fleiß   die Preise → Preis*

5 Sprich und schreibe Wörter mit *ß* richtig.

a Lies die Wörter vor. Achte darauf, den Stammvokal lang und den *s*-Laut stimmlos (zischend) zu sprechen.

die Straße / der Ruß / der Gruß / begrüßen / bloß / außen / außerhalb / reißen / weiß / dreißig / fließen / gießen / der Schoß / der Kloß / der Fuß / barfuß / äußerlich / schließlich / schweißen / draußen

b Diktiert euch gegenseitig die Wörter aus Aufgabe a.

c Schreibe zu allen Verben aus Aufgabe a die 1. und 3. Person Singular auf.

begrüßen – ich begrüße – sie/er begrüßt, ...

●●● **d** Schreibe fünf Sätze auf, in denen Wörter mit *ß* vorkommen.

3 Als „schwarzes Schaf" bezeichnet man etwas, das auffallend anders ist. Dadurch passt es nicht in die Reihe.
5c 1. Person Singular: Wortstamm + -*e*
     3. Person Singular: Wortstamm + -*t*

6 Entscheide, ob du *s* oder *ß* schreiben musst.

a Übertrage die Tabelle in dein Heft. Entscheide, wie du die *s*-Laute schreiben musst. Nutze dazu die Verlängerungsprobe.

Schreibung mit …	Schreibung mit …
das Gla■ – die Glä■er	der Spa■ – spa■ig
das Lo■ – die ■■■	der Flei■ – flei■ig
der Prei■ – die ■■■	sü■ – sü■er
die Mau■ – die ■■■	gro■ – grö■er
das Ei■ – ei■ig	er schlie■t – schlie■en
das Gra■ – die ■■■	es flie■t – flie■en
Regel: … (…) gesprochener *s*-Laut in der verlängerten Form	Regel: … (…) gesprochener *s*-Laut in der verlängerten Form

b Welche Regel trifft für die linke und welche für die rechte Spalte der Tabelle zu? Ergänze die Regeln in der Tabelle.

●○○ **7** Übe Wörter mit *s*. Schreibe die Wörter ab und ergänze die Pluralform oder ein verwandtes Wort. Unterstreiche das *s*.

Tipp
Lies die Wörter laut mit stimmhaftem (summendem) *s*.

der Krei■ / er verrei■t / das Hau■ / die Mau■ / bö■artig / das Ei■ / das Gla■ / das Gra■ / sie nie■t / gelö■t / der Bewei■ / der Auswei■ / bewei■bar

die Krei<u>s</u>e – der Krei<u>s</u>, …

8 Präge dir folgende Wörter mit *s* ein.

a Schreibe die Wörter in dein Heft.

bis / aus / etwas / was / fast (beinahe) / der Bus (aber: die Busse)

b Schreibe die Sätze ab und setze passende Wörter aus Aufgabe a ein.

1 Leon hatte von morgens ■■■ abends geübt.
2 Der Zug ■■■ Berlin kam pünktlich an.
3 Maria hatte das Rätsel ■■■ gelöst.
4 Der ■■■ fuhr schon nachts um 4 Uhr ab.
5 Sie hatten sich ■■■ Schönes einfallen lassen.

Nach **kurzem betontem Stammvokal** folgen meist **zwei Konsonanten**. Hört man nur einen Konsonanten, wird er beim Schreiben verdoppelt. Das gilt auch für Wörter mit **ss**, z. B.:

das Wasser, die Masse, wissen, passen.

Bei einsilbigen Wörtern kann man die **Verlängerungsprobe** nutzen, z. B.:

die Nu■ – die Nüsse → die Nuss,

bla■ – blasser → blass.

Das **ss** bleibt auch in verwandten Wörtern mit kurzem betontem Vokal erhalten, deshalb hilft auch die **Verwandtschaftsprobe**, z. B.:

passen → es passt, essen → du isst.

9 Schreibe Wörter mit *ss*.

a Lies die Wörter laut vor. Achte auf den kurzen Stammvokal.

die Nuss / müssen / der Kuss / der Guss / die Masse / messen / lassen / vermissen / die Schüssel / vergessen / der Schlüssel / das Messer / das Wasser / essen / fressen / rasseln

b Übertrage die Tabelle in dein Heft und ordne die Wörter aus Aufgabe a ein. Ergänze bei den Nomen den Plural und bei den Verben die 2. Person Singular.

Nomen	Verben
die Nuss – die Nüsse	müssen – du musst
...	...

c Denke dir Rätsel aus, deren Lösungswort ein Wort mit *ss* ist.

10 In folgenden Wortfamilien ändert sich die Schreibung des *s*-Lautes.

a Lies die Wörter und begründe, warum *ss* oder *ß* geschrieben wird.

1 ich weiß / wir wissen / du weißt / sie wissen
2 der Fluss / er fließt / die Flüsse / sie fließen

b Schreibe die Wortfamilien ab und ergänze *ss* oder *ß*.

1 gie■en / der Gu■ / du gie■t / gego■en / vergo■en / der Ausgu■
2 me■en / er mi■t / geme■en / das Ma■band / die Me■latte
3 fre■en / er fra■ / der Fre■napf / verfre■en / der Vielfra■
4 der Schlü■el / zuschlie■en / einschlie■en / geschlo■en / das Schlo■ / das Schlie■fach

9 b Bei Verben, deren Wortstamm auf *s* oder *ß* endet, fällt das *s* der Personalendung der 2. Person Singular weg, z. B.: *schwimmen – du schwimm-st*, aber: *messen – du miss-t.*

Gleich und ähnlich klingende Vokale

1 Suche zu den Wörtern mit *ä* und *äu* ein verwandtes Wort mit *a* und *au*.

a Schreibe ab und setze *e* oder *ä* ein.

1 l█cheln	**6** die K█mme	**11** verl█sslich
2 der F█lsen	**7** h█sslich	**12** zuverl█ssig
3 die D█cke	**8** die H█nde	**13** der H█ndler
4 erk█lten	**9** die Ern█hrung	**14** das R█tsel
5 die H█lfte	**10** l█nken	**15** die Zw█rge

1. lächeln – lachen
2. ...

Tipp
Rechtschreibhilfe:
Verwandtschafts-
probe

b Setze *eu* oder *äu* richtig ein und schreibe die Wortgruppen ab.

1 ins Schl█dern kommen
2 ein Geh█se aus Blech bauen
3 einen S█gling streicheln
4 viele Blumenstr█ße bekommen
5 frischen Str█selkuchen essen
6 ein ungewöhnliches Ger█sch hören
7 das Zimmer s█bern
8 h█fig von R█bern tr█men

c Überlege, von welchem Wort die Beispiele jeweils abgeleitet sind.
Suche möglichst viele Wörter dieser Wortfamilie und schreibe sie auf.

1 erkältet	**4** nachlässig	**7** die Verbeugung
2 das Gefälle	**5** das Gebäude	**8** verträumt
3 gestärkt	**6** der Räuber	**9** die Streusel

1. erkältet – kalt: Kälte, Erkältung, Erkältungsgefahr, ...
2. ...

2 Vervollständige die folgende Regel und schreibe sie in dein Heft.

> Mit *ä* und *äu* schreibt man immer dann, wenn es zu diesen Wörtern
> ein stammverwandtes Wort mit █ oder █ gibt, z. B.: *erkältet – k*█.

> Diese Wörter muss man sich gut merken, weil es **keine verwandten Wörter** mit *a* oder *au* gibt: *Lärm, März, Geländer, spät, Käse, Säule, dämmern, sich sträuben, vorwärts.*

Tipp
Rechtschreibhilfe:
Wortschreibungen
einprägen

3 Stelle passende Wortgruppen zusammen.
Verwende die Wörter aus dem Merkkasten.

groß / sonnig / schon lange / hoch / fahren / heftig / reif / verziert

großer Lärm, ...

● ● ● **4** Folgende Wörter werden gleich gesprochen, aber unterschiedlich geschrieben. Präge dir ihre Bedeutung und Schreibung ein.
Verwende die Wörter in Sätzen.

Tipp
Kontrolliere mit
einem Wörter-
buch.

| Lärche – Lerche | Ähre – Ehre | Färse – Ferse – Verse |
| läuten – Leuten | Häute – heute | |

Die Lärche steht im Wald.
Die Lerche singt ihr Lied.

...

5 Auch *ai* und *ei* sind beim Sprechen nicht zu unterscheiden.
Da es im Deutschen nur wenige Wörter mit *ai* gibt,
präge sie dir ein.

a Erkläre die Bedeutung dieser häufig vorkommenden Wörter.

Hai / Kaiser / Laich / Laie / Mai / Main / Mais / Saite / Waise

b Verwende die Wörter in Sätzen.
Markiere *ai* farbig.

Der Hai ist ein gefährlicher Raubfisch.
...

Wörter auf *-ig*, *-lich*, *-isch*

Tipp
Rechtschreibhilfe:
Wörter verlängern

1 Wie werden die Suffixe (Nachsilben) *-ig* und *-lich* am Wortende und in der Wortmitte ausgesprochen? Lies die Wörter laut vor. Formuliere eine Regel.

1 einmalig – eine einmalige Sache; ehrlich – eine ehrliche Antwort
2 stachlig – stachlige Früchte; stündlich – stündliche Verbindungen
3 wellig – welliges Haar; westlich – westliche Länder

> Das **Suffix *-ig*** spricht man am Wortende wie *-ich* [ich] aus.
> Zur Prüfung, ob ein Wort auf das Suffix *-ig* oder *-lich* endet, eignet
> sich die **Verlängerungsprobe**. Verlängere das Wort um ein *-e* und
> sprich es laut aus, z. B.: *well-i█ – well-ig-e* → *well-ig*.
> Endet der Wortstamm auf *-l*, folgt immer das Suffix *-ig*, z. B.:
> *mehl-ig*, aber: *herz-lich*.

2 *-ig* oder *-lich*?

a Bilde Adjektive und schreibe sie auf. Trenne Wortstamm und Suffix durch einen senkrechten Strich voneinander ab.

wackeln / rund / Frieden / rot / eilen / grün / zart / Ekel / Winkel /
Schreck / Absicht / Herr / Hügel / Macht / Wolle / mehrere Stellen

wackel|ig, …

 b Wählt jeweils fünf Adjektive aus der Aufgabe a aus und diktiert sie euch gegenseitig.

> **Adjektive**, die von Ländernamen abgeleitet wurden,
> enden meist auf *-isch*: *polnisch, türkisch*.
> Auch in anderen Unterrichtsfächern verwendet man oft
> Adjektive auf *-isch*: *biologisch, magnetisch*.

3

●○○ **a** Schreibe folgende Adjektive ab.

himmlisch / sächsisch / typisch / elektrisch / englisch / kindisch /
teuflisch / neidisch / regnerisch / automatisch / aromatisch

●●● **b** Schreibe eine kleine Geschichte, in der möglichst viele der Adjektive aus Aufgabe a vorkommen.

Groß- und Kleinschreibung

Nomen/Substantive

1 Kennst du dich mit Großschreibung aus?

a Lies die E-Mail, die Ida an Paul geschrieben hat.

> hallo, paul,
> hast du lust, mit mir am donnerstag in den zoo zu gehen? der letzte
> besuch war ja sehr interessant, weil wir so viel über insekten erfahren
> haben. diesmal wird über das leben der menschenaffen gesprochen.
> mit sicherheit gibt es da viele neue informationen. wir sollen uns bis
> zum mittwoch telefonisch anmelden. gib mir bitte schnell bescheid,
> ob du zeit hast.
> viele grüße
> ida

b Konntest du den Text leicht und flüssig lesen?
  Begründe deine Meinung.

c Schreibe den Text in dein Heft. Schreibe alle Satzanfänge und
  die Nomen/Substantive groß.

2 Überprüfe, was du über die Großschreibung weißt.
  Prüfe, ob die Aussagen richtig oder falsch sind.

1 Die Großschreibung dient dem schnellen Lesen.
2 Satzanfänge schreibt man groß.
3 Nomen werden immer großgeschrieben.
4 Nur Wörter für Gegenstände und Lebewesen, die man anfassen kann,
   werden großgeschrieben. Wörter wie *mut, kraft, angst* schreibt man
   klein.
5 Zu jedem Nomen gehört ein Artikel: *der, die, das, einer, eine, ein*.
6 Ein Wort, das sich mit Artikel verwenden lässt, wird großgeschrieben.

> Wenn man nicht weiß, ob ein Wort groß- oder kleingeschrieben wird,
> kann man die **Artikelprobe** nutzen: Man erprobt, ob bei dem Wort
> ein Artikel steht oder ein Artikel stehen könnte, z. B.:
> *Drei (die) Mädchen gucken aus dem Fenster.*
> Manchmal „verstecken" sich Artikel, indem sie mit einer Präposition
> (Verhältniswort) verschmelzen, z. B.:
> *am (an dem) Donnerstag, im (in dem) Haus, zur (zu der) Schule.*

3 Lies noch einmal Idas E-Mail aus Aufgabe 1a.

Tipp
Achte auch auf die „versteckten" Artikel.

a Schreibe alle Nomen heraus, die einen Artikel haben.

b Welche Nomen werden im Text ohne Artikel verwendet? Schreibe sie auf und ergänze die Artikel.

über Insekten – über die Insekten, ...

4 Welche Wörter müssen großgeschrieben werden? Wende die Artikelprobe an und schreibe die Nomen mit ihrem Artikel in dein Heft.

Achtung, Fehler!

fleiß / fleißig / gürtel / tasche / rechts / heft / stürmisch / vorstellung / ohne / gern / dose / einheit / einig / fehler / fehlerhaft / stein / gefahr / gefährlich / hitze / heiß / scharf / schärfe

5 Du weißt, Nomen sind auch an bestimmten Suffixen (Nachsilben) erkennbar. Wähle Aufgabe a, b oder c.

●○○ **a** Bilde Nomen mit den folgenden Wortbausteinen. Schreibe sie mit ihrem Artikel in dein Heft.

-heit	-keit	-ung	-schaft	-nis
kind-	flüssig-	abbild-	land-	ereig-
wahr-	ehrlich-	verletz-	bereit-	ärger-
trocken-	sparsam-	samml-	bekannt-	hinder-

die Kindheit, ...

●●○ **b** Bilde Nomen mit den folgenden Wortbausteinen. Schreibe sie mit ihrem Artikel in dein Heft.

befrei-   frei-   bereif-   übel-   fass-   weis-   wirk-

sorgsam-   besonder-   lenk-   klug-   schreib-

achtsam-   bind-   ein-   send-   brauchbar-   acht-

schön-   werb-   blind-   verletz-

-heit   -keit   -ung   -schaft   -nis

die Freiheit, ...

●●● **c** Verwende so viele Nomen mit typischen Suffixen wie möglich in Sätzen. Schreibe die Sätze in dein Heft.

6 Gestaltet ein Wortgitter. Versteckt in einem Quadrat zehn Nomen mit den Suffixen *-ung, -heit* und *-keit*. Tauscht die Rätsel in der Klasse aus und sucht die Lösungen.

7 Texte, die nur mit Großbuchstaben geschrieben sind, lassen sich schlecht lesen.

Tipp
Achte auf eine gut lesbare und flüssig geschriebene Handschrift.

Achtung, Fehler!

a Schreibe den Text in der richtigen Groß- und Kleinschreibung in dein Heft. Wenn du Unterstützung brauchst, nutze die Aufgabe b.

GESTERN HABEN SICH IDA UND PAUL WIEDER IM ZOO GETROFFEN. DIESMAL HABEN SIE SICH MIT DEN MENSCHENAFFEN BESCHÄFTIGT. SIE LERNTEN VERSCHIEDENE AFFENARTEN KENNEN. GANZ BESONDERS GEFIELEN IHNEN DIE ORANG-UTANS. IM FREIGEHEGE WAR DIE RIESIGE FAMILIE UNTERWEGS. DIE KLEINEN AFFEN TOBTEN HERUM UND TURNTEN AM KLETTERGERÜST. DAS JÜNGSTE FAMILIENMITGLIED DURFTE AUCH AN DIE FRISCHE LUFT. DAS BABY IST ERST WENIGE WOCHEN ALT. SEINE MUTTER HIELT ES FEST IM ARM. DIE ÄLTEREN GESCHWISTER WAREN NEUGIERIG UND HÄTTEN GERN MIT DEM KLEINEN BRUDER GESPIELT. ABER MAMA VERHINDERTE DAS.

b Suche zuerst alle Nomen. Nutze dazu die Schrittfolge.

So kannst du in einem Text Nomen/Substantive suchen
1. Suche diejenigen Nomen, vor denen direkt ein Artikel steht. Schreibe sie heraus, z. B.: *den Menschenaffen*.
2. Suche diejenigen Nomen, vor denen ein Artikel steht, der mit einer Präposition verschmolzen ist, z. B.: *im (in dem) Zoo*.
3. Suche diejenigen Nomen, bei denen zwischen dem Artikel und dem Nomen noch ein Adjektiv steht, z. B.: *die riesige Familie*.
4. Suche diejenigen Nomen, die ohne Artikel verwendet werden. Wende die Artikelprobe an, z. B.: *Ida und Paul (die Ida, der Paul)*.

Anredepronomen

→ **S. 155:** Pronomen

→ **S. 49:** Mitteilungen verfassen

1 Du weißt, in Karten und Briefen werden Anredepronomen verwendet.

a Lies die Mail, die Paul an Ida geschrieben hat.

> Hallo Ida,
> ich möchte dir schnell noch einen Tipp geben: Heute Abend läuft
> im Fernsehen ein Film über Menschenaffen, den du dir unbedingt an-
> sehen solltest. Viele deiner Fragen zu den Orang-Utans werden dort
> bestimmt beantwortet. Wenn du heute keine Zeit hast, kannst du
> den Film sicher auch in der Mediathek abrufen.
> Hast du dich schon mit der Broschüre beschäftigt, die wir neulich
> im Zoo bekommen haben? Da findest du eine Menge Interessantes
> für deinen Vortrag in der Schule.
> Bis bald
> Paul

b Suche die Anredepronomen heraus, die Paul in seiner Nachricht verwendet.

c Ist es richtig, dass Paul diese Wörter kleinschreibt?
Lies den folgenden Merkkasten und begründe deine Meinung.

> Pronomen werden normalerweise kleingeschrieben, z. B.: *ich, er, mein*.
> In Karten, Briefen und E-Mails werden **persönliche Anredepronomen**
> in der Regel ebenfalls **kleingeschrieben**, z. B.:
> *Schreibst du mir? Ist bei euch auch schönes Wetter?*
> Man darf sie aber auch großschreiben, wenn man sein Schreiben be-
> sonders höflich gestalten möchte.
> Die **höflichen Anredepronomen *Sie* und *Ihr*** und alle ihre Formen
> werden immer **großgeschrieben**, z. B.:
> *Bitte teilen Sie mir mit, wann Ihre Veranstaltung stattfindet.*

d Wie müssten die Anredepronomen heißen, wenn Paul seine Nachricht
an Ida und ihre Freundin Clara richten würde?
Schreibe diese Pluralformen auf.

2 Stelle dir vor, Paul schreibt seine Nachricht an die Nachbarin seiner Oma,
die er höflich mit *Sie* anspricht. Schreibe die Nachricht in dein Heft.
Achte auf die Schreibung der höflichen Anredepronomen.

●●● **3** Verfasse eine Nachricht an jemanden, den du höflich mit *Sie* ansprichst,
zum Beispiel eine Einladung an eine Nachbarin.

1d Nominativ: ihr   **Genitiv:** eurer   **Dativ:** euch   **Akkusativ:** euch

4 Georg ist zu Beginn der 5. Klasse nach Breda in den Niederlanden umgezogen. Sein Vater ist von seiner Firma für drei Jahre dorthin geschickt worden. Georg schreibt seinem Freund Joshua in Deutschland einen Brief.

Absender:
Georg Fläming
Troolstralaan 17
NL – 9732 JE Breda

Joshua Sachs
Birkenweg 6
D – 08056 Zwickau

Breda, den 10.9...

Lieber Joshua,

heute habe ich ein bisschen mehr Zeit, um dir zu schreiben.

Also, in meiner Klasse bin ich der einzige Neue. Die anderen kennen sich natürlich schon und stehen in den Pausen immer

5   zusammen. Die meisten Schüler sprechen ein bisschen Deutsch und ich kann auch schon ein wenig Niederländisch. Ich bin in der Gruppe 7, so heißt hier die 5. Klasse. Wir sind 15 Jungen und 12 Mädchen, unser Klassenlehrer scheint ganz nett zu sein. Ich sitze neben einem Mädchen. Sie heißt Fientje. Ich habe auch

10   versucht, den Jungen, der bei mir im Haus wohnt, anzusprechen, aber er wollte gerade zu seinen Freunden und hatte keine Zeit für mich. Damit ich die anderen besser kennen lerne, hat unser Klassenlehrer am ersten Schultag vorgeschlagen, dass sich alle erst mal vorstellen. Da habe ich erfahren, dass hier die meisten

15   Kinder schon mit vier Jahren in die Schule kommen. Und weißt du was? Hausaufgaben haben sie hier erst ab Gruppe 6, also ab der 4. Klasse. Dafür bekommt man dreimal im Jahr Zeugnisse! Als ich erzählt habe, wie es bei uns in Deutschland ist, haben mich alle angestiert. Gelacht hat zum Glück keiner.

20   Ich würde so gern mit dir tauschen. Ich bin ganz schön traurig, dass ich nicht mehr bei Euch bin. Grüß alle von mir und schreibe mir schnell zurück.

Dein Georg

a Welche Informationen enthält Georgs Brief?

b Überprüfe die Schreibung der Anredepronomen in Georgs Brief.

5

a Georg ist traurig.
Suche die Textstellen heraus, wo dies deutlich wird.

b Joshua wird in seinem Antwortbrief versuchen, Georg zu trösten.
Wie könnte ihm dies gelingen?
Schreibe seinen angefangenen Brief weiter.

Lieber Georg,

ich habe mich total über deinen Brief gefreut.
Schade, dass du so traurig bist ...

c Überprüft gegenseitig eure Briefe.
Achtet besonders auf die Schreibung der Anredepronomen.

6 Ein Brief beginnt mit der Anrede der Person/Personen, an die
der Brief gerichtet ist. Diese muss zum Anlass des Briefes passen
und richtet sich auch danach, ob sich Briefschreiber und
Empfänger kennen oder ob sie sich noch nie begegnet sind.

●○○ **a** Ordne den folgenden Ansprechpartnern eine passende Anrede zu.

Fientje

Gruppe 7

Klassenlehrer

Schulleiterin

Hallo Leute! / Sehr geehrte Schulleiterin / Hi Fans! /
Lieber Klassenlehrer der Gruppe 7 / Liebe Fientje /
Sehr geehrte Frau Nauta / Sehr geehrter Herr de Witt /
Sehr geehrter Klassenlehrer der Gruppe 7 /
Hallo Schülerinnen und Schüler der Rob-van-Loewenhok-Schule /
Guten Tag, Fientje / Guten Tag, Frau Schulleiterin

b Einige Anreden sind überhaupt nicht geeignet.
Suche sie heraus.

●●● **c** Welche Anredepronomen passen zu den genannten Anreden?
Formuliere jeweils einen ersten Satz zu jeder Anrede
mit dem passenden Anredepronomen.

Worttrennung

Um beim Schreiben Platz zu sparen, kann man **Wörter am Zeilenende nach Sprechsilben trennen**, z. B.: *die Haupt-stadt, wirk-lich, bau-en.*
Es gelten folgende **Trennungsregeln**:
- Wenn an der Silbengrenze nur ein Konsonant (Mitlaut) steht, so kommt er auf die neue Zeile, z. B.: *fra-gen, re-den, der Ma-ler.*
- Stehen zwei oder mehr Konsonanten an der Silbengrenze, dann kommt nur der letzte auf die neue Zeile, z. B.: *tan-ken, die Hit-ze, sin-gen.*
- Buchstabenverbindungen wie *ck, ch, sch, th* oder *ph* werden nicht getrennt, z. B.: *we-cken, la-chen, die Wä-sche.*
- Einzelne Vokale werden am Wortanfang nicht abgetrennt, z. B.: *der Ofen, die Ader, edel, das Ufer.*

1 An welchen Stellen dürfen diese Wörter am Ende der Zeile getrennt werden?

a Lies die Wörter langsam vor und zerlege sie dabei in Silben.

sagen / dürfen / weinen / die Dehnung / die Drohne / holzig /
die Motte / unsicher / außen / die Belohnung / das Geheimnis /
verlieren / beachten / die Wäscherei / aufbauen / der Dampfer /
nennen / wetten / der Barren / die Lehrerin / die Herzlichkeit /
kosten / platzen / die Pflanze

b Begründe mithilfe der Trennungsregeln, wie du die Wörter trennen würdest.

2 Lies die Wörter langsam vor. Schreibe sie ab und gib alle Trennmöglichkeiten an.

warten / der Wartebereich / grüßen / die Begrüßung / begeistern /
die Begeisterung / dämpfen / der Dampfer / empfehlen / die Empfehlung /
die Sitzung / die Heizung / ernten / kämpfen / der Kampfsport

war-ten, der War-te-be-reich, ...

3 Schreibe die Wörter mit allen Trennmöglichkeiten auf.

weichen / machen / locken / der Bäcker / die Tasche / die Mischung /
der Wecker / hocken / die Lackierung / die Uniform / das Seeufer /
der Kachelofen / der Oberkellner / die Oberfläche / überlaufen

●●● **4** Denkt euch besonders lange Schlangenwörter aus und diktiert sie euch gegenseitig. Markiert anschließend Trennungsmöglichkeiten.

Stadt-spat-zen-lan-de-flug-platz-mar-kie-rungs-far-be, ...

Fehler erkennen – Fehler korrigieren

1 Den folgenden Brief will Bastian an seinen Brieffreund losschicken.
Hilf ihm vorher, die Fehler zu finden.

a Lies zunächst den Brief.

Achtung, Fehler!

Liber Jeff,

ich hofe, es geht dir gut.
Hatest du auch osterferien?
Bei unz war das wetter lange schön, dan kam aber doch regen.
5   Ich darf im sommer in ein Camp zum fußball spielen,
darauf freue ich mich schon.

Bis bald und Schreib mir mal!

Dein Basti

Tipp
Du musst noch
drei Fehler finden,
die nicht rot
markiert sind.
Wende die
Artikelprobe an.

 b Schreibt den Brief in der richtigen Rechtschreibung auf.
In den ersten vier Zeilen sind die Fehlerwörter rot markiert,
in den letzten drei Zeilen müsst ihr sie selbst finden.

c Welcher der folgenden Aussagen stimmst du zu?
Begründe deine Meinung.

1 Der Rat „Schreib, wie du sprichst"
ist eine zuverlässige Rechtschreibhilfe.

2 Der Rat „Schreib, wie du sprichst"
trifft nur für bestimmte Schreibungen zu.

2 Probiert einmal Folgendes aus: Tippt Bastians Brief so in den Computer, wie er ihn geschrieben hat.

a Welche Korrekturen schlägt euch das Rechtschreibprogramm vor?

b Warum verbessert das Rechtschreibprogramm manche Falsch-schreibungen nicht?

3 Bei der Untersuchung sehr vieler Diktate und Schüleraufsätze wurde festgestellt: Die meisten Schülerinnen und Schüler können in der 5. Klasse schon gut und richtig schreiben. Es gibt aber einige Rechtschreibklippen, bei denen immer wieder Fehler gemacht werden. Fünf dieser schwierigen Fälle stehen auf der nächsten Seite. Du kannst dich anhand der Beispielwörter selbst überprüfen: Wo bin ich sicher? Welches sind meine Rechtschreibklippen?

Tipp
Verwende ein Wörterbuch zum Nachschlagen.

a Gehe die folgenden Schritte.

> 1. Lege ein A4-Blatt nach dem Muster auf S. 260 an und übertrage alle fett gedruckten Angaben. Du kannst dazu auch den Computer nutzen.
> 2. Dann schreibst du – möglichst richtig ergänzt bzw. richtig groß- oder kleingeschrieben – die Lückenwörter auf.
> 3. Überprüft anschließend gemeinsam, ob ihr richtig eingesetzt habt.
> 4. Verbessere deine Fehler und notiere hinter jeder Gruppe die Fehler-zahl.
> 5. Nun erkennst du: Das sind meine Stärken, aber andere Schreibungen muss ich noch üben.

 b Tauscht euch über eure Ergebnisse aus und sprecht auch über die folgenden Fragen.

1 Welche Rechtschreibhilfen verwendet ihr in Zweifelsfällen, um über die richtige Schreibung zu entscheiden?

2 Wer hat mit einer bestimmten Übungsmethode gute Erfahrungen gemacht?

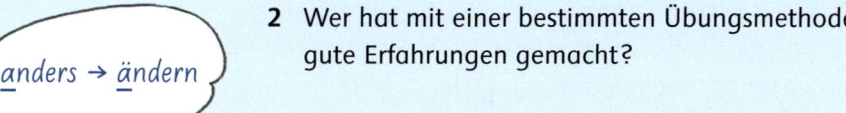

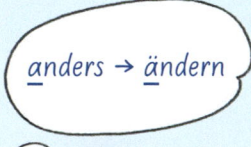

Überprüfe dich selbst und erkenne deine Fehler	Fehlerzahl
1. *d* oder *t*? *b* oder *p*? *g* oder *k*? am frühen Aben█ auf dem Spor█platz, hunder█ Läufer, auf den Star█schuss war█en, lan█sam loslaufen, durch den Par█, zur Bur█, viel Lau█ auf dem Waldwe█, nicht stol█ern, ein gutes Erge█nis, in einer hal█en Stunde	
2. langer Stammvokal (Selbstlaut): mit oder ohne *h*? **Mit *ie* oder *i*?** Musik war zu hö█ren, laute, schrille Tö█ne, von der Bü█ne, soga█r bis in unsere Wo█nung, der Text wa█r nur ungefä█r zu verste█en, es ging um eine Kr█se in einer zi█mlich schwi█rigen Fam█lie	
3. doppelter Konsonant (Mitlaut) oder nicht? Die Kreuzung war gesper█t. Wir mus█ten anhal█ten und den Warnblinker einschal█ten. Die nachfol█genden Autos stop█ten ebenfal█s. Was kon█te pas█iert sein? Wir stel█ten Vermutungen an. Wir blickten verwir█t nach links. Eine Kirche rol█te auf der Gegenfahrbahn her█an.	
4. *s* oder *ss* oder *ß*? im Se█el sitzen, die Augen geschlo█en, von einer gro█en Rei█e träumen, der Koffer lä█t sich nicht öffnen, der Schlü█el ist nicht zu finden, die Abfahrt verpa█t, den Auswei█ verge█en, aber alles blo█ ein bö█er Traum	
5. groß oder klein? JONAS HÖRT MAN HÄUFIG KLAGEN, IHM GEFÄLLT SO MANCHES NICHT: STILL SITZEN, GEHORCHEN, GEDICHTE AUFSAGEN, MÜLLEIMER LEEREN, EIN SCHARFES GERICHT. ER MAG VOR ALLEM BEWEGUNG UND SPIELE, KÄMPFE, WIDERSPRUCH UND STREIT. GEHT MAN RICHTIG MIT IHM UM, IST ER AUCH ZUM NACHGEBEN BEREIT.	

In einem Wörterbuch nachschlagen

1 Ihr habt schon mit Wörterbüchern gearbeitet (gedruckt oder digital).
Tauscht eure Erfahrungen aus.

2 Um sich in einem Wörterbuch schnell zurechtzufinden, muss man
das Alphabet gut beherrschen.

 a Sagt euch gegenseitig das Alphabet mehrfach schnell auf.
Nehmt eine Stoppuhr zu Hilfe und bemüht euch, das Tempo zu erhöhen.

b Lies die Alphabet-Reihen schnell vor und ergänze die fehlenden
Buchstaben.

1 je ein Buchstabe: a b d e f g i j l m o p q s u v x y z
2 je zwei Buchstaben: a b c f g h k l o p q t u v y z
3 mehrere Buchstaben: b c f g j k l p q r v w x z

3 Sortiere nach dem Alphabet.

a Ordne die folgenden Tiernamen alphabetisch.

Känguru / Zebra / Nashorn / Vielfraß / Mandrill / Pferd / Uhu /
Tiger / Erdmännchen / Affe / Giraffe / Yak / Bonobo / Chamäleon /
Hund / Fliege / Jaguar / Löwe / Opossum / Rothirsch

b Folgende Tiere kommen alle in Deutschland vor. Ordne auch diese Namen
alphabetisch. Orientiere dich dazu am zweiten Buchstaben.

Seeadler / Saatkrähe / Specht / Siebenschläfer / Star

 c Schlagt alle Tiere aus den Aufgaben a und b, die euch unbekannt sind,
in einem Wörterbuch nach. Tauscht euch über Folgendes aus:
– Was erfährt man über die Tiere?
– Reicht diese Information aus?
– Wo könnte man mehr Informationen über die Tiere finden?

4 Untersuche jetzt genauer, welche Informationen Wörterbücher bereithalten
und wie sie aufgebaut sind.

a Lies den folgenden Ausschnitt aus einem Wörterbuch. Nenne alle Elemente
der Seite, die die Suche erleichtern.

		bekennen
be|ir|ren; sich nicht beirren lassen **Bei|rut** [*auch* 'bɛɪ...] (Hauptstadt Libanons); **Bei|ru|ter; Bei|ru|te-rin** **bei|sam|men**; beisammen sein (einer bei dem andern sein; *auch für* in guter körperlicher u. geistiger Verfassung sein); wir sind lange beisammen gewesen;	**bei|spiel|ge|bend; bei|spiel|haft; bei|spiel|los** **Bei|spiel|satz; Bei|spiels|fall,** der **bei|spiels|hal|ber; bei|spiels|wei|se;** (*Abk.* bspw.) **bei|sprin|gen** (*geh. für* helfen) **Bei|ßel,** der; -s, - (*mitteld. für* Bei-tel, Meißel) **bei|ßen;** du beißt; ich biss, du bis-	**Bei|wort** *Plur.* ...wörter (*für* Adjek-tiv) **Beiz,** die; -, -en (*schweiz. mdal. für* Schenke, Wirtshaus) **Bei|zäu|mung** (*Reiten*) ¹**Bei|ze,** die; -, -n (chem. Flüssigkeit zum Färben, Gerben u. Ä.) ²**Bei|ze,** die; -, -n (Beizjagd) ³**Bei|ze;** die; -, -n (*landsch. für*

B
beke

In einem Wörterbuch stehen die **Stichwörter in alphabetischer Reihenfolge**. Hervorgehobene **Großbuchstaben am Seitenrand** und **Seitenleitwörter** helfen bei der Orientierung. Seitenleitwörter geben jeweils das erste und letzte Wort einer Doppelseite.
Beim **Nachschlagen** geht man vom ersten Buchstaben des gesuchten Wortes aus und beachtet danach den zweiten, dritten und die folgenden Buchstaben, die ebenfalls alphabetisch geordnet werden, z. B.:
Aal, Abart, Abbau, abbeißen, abbestellen, …

Tipp
Ordne die Wörter zuerst alphabetisch. Beachte, dass die Umlaute *ä, ö* und *ü* unter *a, o* und *u* eingeordnet werden.

b   Schlage folgende Wörter in einem Wörterbuch nach.
Notiere jeweils die Seitenleitwörter der Doppelseite.

1   der Abend, die Ähre, ähnlich, das Alter, ärgerlich, der Affe, der Ärger
2   böse, das Boot, der Bock, die Börse, die Box, das Böhnchen
3   der Kuchen, die Küche, das Küken, die Kuh, kurz, kühl, der Kummer

1. der Abend (abbinden – abgängig), …

Tipp
Orientiere dich am ersten, zweiten, dritten usw. Buchstaben.

c   Schreibe folgende Tiernamen zuerst alphabetisch geordnet in dein Heft.
Schlage sie dann in einem Wörterbuch nach und notiere jeweils die Seitenleitwörter der Doppelseite.

die Bachstelze / die Wasseramsel / das Reh / der Luchs / die Amsel / der Biber / der Zeisig / der Auerochse / der Reiher / die Bachforelle / der Rüsselkäfer / der Schwarzstorch / der Zaunkönig / der Leopard / der Ameisenbär / die Grasmücke / der Waschbär

   d   Tragt weitere seltene und unbekannte Tiere zusammen, die eure Mitschülerinnen/Mitschüler nachschlagen sollen. Kontrolliert vorher selbst, ob man diese Tiere in einem Wörterbuch findet.

5   Untersuche jetzt, welche Informationen die meisten Wörterbücher enthalten.

a   Sieh dir folgenden Wörterbucheintrag an und stelle fest, welche Informationen man ihm entnehmen kann.

Aussprache in Lautschrift   Geschlecht   Genitiv   Plural   Herkunft

Clown [klaʊn, *seltener auch* klo:n], der; -s, -s <engl.>
(Spaßmacher); **Clow|ne|rie**, die, -, …ien (Betragen nach
Art eines Clowns); **clow|nesk** (nach Art eines Clowns);
Clown|fisch; **Clow|nin**

Wortbedeutung   Silbentrennung   Betonung

> Wörterbücher geben nicht nur Auskunft über die **Schreibung** und **Bedeutung** eines Wortes. Meist findet man in Wörterbüchern auch Informationen über die **Silbentrennung**, die **Aussprache**, die **Betonung**, die **Herkunft** und die **grammatischen Besonderheiten** des Stichworts.

b Nenne die grammatischen Besonderheiten, die zum Stichwort *Clown* im Wörterbucheintrag von Aufgabe a angegeben sind.

c Nenne die grammatischen Besonderheiten, die zu den folgenden Stichwörtern angegeben sind.

> **Zir|kus**, Cir|cus, der: -[ses], -se (großes Zelt od. Gebäude, in dem Artistik, Tierdressuren u.a. gezeigt werden; *nur Sing.: ugs.* Durcheinander, Trubel)

> **Sa|fa|ri**, die; -, -s <arab.> (Gesellschaftsreise zum Jagen, Fotografieren [in Afrika])

Tipp
Die Seitenzahl muss immer größer werden.

6 Übertrage die Tabelle in dein Heft. Ordne die Nomen/Substantive nach dem Alphabet sortiert ein. Schlage sie nach und ergänze die Tabelle.

Beruf / Theater / Gebäude / Magnet / Diskette / Flugzeug / Erlebnis / Höhle / Information / Kompass

Nomen	Seite/Spalte	Informationen zur Silbentrennung, Genitiv-bildung, Pluralbildung, evtl. Bedeutung
der Beruf	S. 263, rechts	Be-ruf, des Beruf(e)s, die Berufe Bedeutung: keine Angabe
…	…	…

7 Schlage folgende Wörter im Wörterbuch nach.

a Überlege, unter welchen Stichwörtern du suchen müsstest.

1 du läufst / er sucht / ich gehe / sie fährt / ihr vertraut / du hältst
2 gelbe / kleinstes / roter / größer / am höchsten / weitestes

●●● **b** Stelle den anderen vor, welche Angaben das Wörterbuch zu Verben und Adjektiven bereithält. Suche mehrere Beispiele.

> **ren|nen**; du ranntest; *selten* du renntest; gerannt; renn[e]!

> **no|bel** <franz.> (edel; *ugs. für* freigebig); ein no|b|ler Mensch

---

5c od. – oder / u.a. – und anderes / Sing. – Singular / ugs. – umgangssprachlich / arab. – arabisch
7b franz. – französisch / ugs. – umgangssprachlich

1 Schlage im Wörterbuch nach, ob diese Wörter richtig geschrieben sind. Schreibe sie richtig und alphabetisch geordnet auf.

Achtung, Fehler!

Leopart / Zecke / Känguruh / Erdmänchen / Nielpferd / Marder / Hammster / Molch / Bieber / Mops / Haase / Maus

2 Schreibe die Wörter ab. Entscheide, ob du am Ende *b* oder *p*, *g* oder *k*, *d* oder *t* schreiben musst.

1	der Sta■	5	der Ber■	9	der Win■
2	das Bil■	6	das Klei■	10	die Wan■
3	der Kru■	7	der Kor■	11	das Fel■
4	bun■	8	wun■	12	gesun■

3 Suche zu jedem Adjektiv ein passendes Nomen/Substantiv. Schreibe die Wortgruppen auf und entscheide, ob du *b* oder *p*, *g* oder *k*, *d* oder *t* schreiben musst.

her■ / der■ / bun■ / wun■ / kar■ / hal■ / gesun■ / kal■ / wil■ / mil■

4 Schreibe den Text in der richtigen Groß- und Kleinschreibung in dein Heft.

Achtung, Fehler!

Kennst du den zorilla?
Nein, das ist keine abart des gorillas. Dieses ungewöhnliche tier lebt in afrika und gehört zu den mardern. Er frisst zum beispiel insekten und larven, aber auch ratten und mäuse. Zur verteidigung hat er am po eine drüse, aus der er eine eklig stinkende flüssigkeit verspritzen kann. Den geruch wird man tagelang nicht los.
Er ist noch in einem kilometer entfernung zu riechen.
Wenn du wissen willst, wie der zorilla aussieht, sieh ins internet.

5 Schreibe aus dem Text von Aufgabe 4 Nomen heraus.

1 drei Nomen, die einen Artikel haben
2 drei Nomen, die ohne Artikel verwendet werden
3 drei Nomen, die einen Artikel haben, der mit einer Präposition verschmolzen ist
4 drei Nomen, die ein typisches Suffix haben

6 Schreibe aus dem Text der Aufgabe 4 folgende Wörter heraus.

1 fünf Wörter mit langem Stammvokal
2 vier Wörter mit *ie*

7 Schreibe aus dem Text der Aufgabe 4 fünf Wörter mit kurzem Stammvokal heraus, nach dem ein doppelter Konsonant folgt.

8 Schreibe zu den folgenden Wörtern mit kurzem Stammvokal je ein Reimwort, das auch mit doppeltem Konsonanten geschrieben wird.

die Welle / die Wolle / der Hammer / die Tonne / die Mappe / die Kasse

9 Schreibe die Wortgruppen ab und setze die Buchstabenverbindungen *pf*, *qu* oder *chs* ein.

1 der verletzte Fu■
2 der be■eme Sitz
3 die neue ■erdedecke

4 die ■ergestreifte Hose
5 der katzenartige Lu■
6 der Kräuter■ark

10 Schreibe die finiten (gebeugten) Verbformen ab und setze *s*, *ss* oder *ß* ein. Ergänze jeweils die Infinitive.

1 er gie■t
2 du lie■t
3 es pa■t
4 er vergi■t

5 Sie rei■t nach B.
6 Das pa■iert selten.
7 Er hei■t Max.
8 Sie fa■t etwas an.

11 Suche die Lösungswörter mit *s*, *ss* oder *ß* und schreibe sie auf.

1 Wo fahren Autos? — auf der S■■■
2 Was braucht man zum Laufen? — die F■■■
3 Wie nennt man einen glatten, runden Stein? — einen K■■■
4 Woraus trinkt man Saft? — aus dem G■■■
5 Wo bezahlt man im Supermarkt? — an der K■■■
6 Was gehört außer Löffel und Gabel zum Besteck? — das M■■■
7 Wie ist einer, der viel arbeitet? — fl■■■

12 Schreibe zu den folgenden Wörtern je zwei verwandte Wörter auf.

1 das Wasser
2 die Straße
3 das Glas
4 die Pause

5 der Schlüssel
6 der Fuß
7 die Reise
8 der Gruß

13 Schreibe die Wörter ab. Gib alle Trennmöglichkeiten mit Trennstrichen an.

1 das Geheimnis
2 die Lehrerin
3 der Dampfer
4 die Belohnung
5 die Bäckerei

6 die Empfehlung
7 die Heizung
8 der Wecker
9 die Oberfläche
10 die Welle

Das Schattenspiel kennen lernen

1 Auf dem folgenden Foto seht ihr die Aufführung eines Schattenspiels.

a Überlegt, um was es in der Aufführung gehen könnte.

b Habt ihr schon mal ein Schattenspiel gesehen?
Berichtet davon.

> Das **Schattenspiel** ist eine Form des Theaters, bei der Schatten von Figuren, Gegenständen oder Personen gezeigt werden. Die Zuschauer sehen nur deren Umrisse. Dafür sorgen eine Lichtquelle und eine entsprechende Abdeckung der Bühne.

 2 Diese Schattenspielfigur entstand vor langer Zeit in Indonesien.

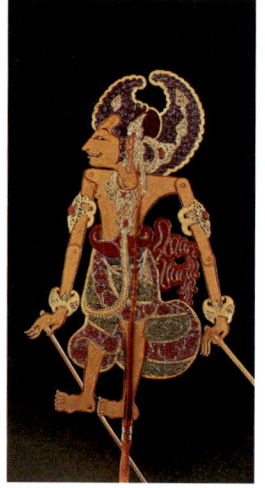

a Betrachtet die Schattenspielfigur genau und beschreibt sie.

b Denkt euch eine (Schattenspiel-)Geschichte aus,
in der die Figur eine Rolle spielen könnte.
Notiert euch Stichpunkte.

c Tragt eure Ideen vor.

> Das Schattenspiel wurde in Asien entwickelt, vor allem in China, Indien und Indonesien. Vor 1 000–2 000 Jahren ist es dort entstanden. Im 17. Jahrhundert kam es nach Deutschland. Ursprünglich wurde viel Wert auf die Ausschmückung der Figuren gelegt.
> In Europa sind die Umrisse und die Bewegung der Figuren wichtiger. Anstelle von feinem Pergament wurden hier grobere Materialien wie Holz, Pappe oder sogar Metall verwendet.

Ein Schattenspiel gestalten

Die Figuren herstellen

1 Tom und seine Klasse wollen das Märchen „Das Waldhaus"
von den Brüdern Grimm als Schattenspiel aufführen.
Dazu basteln sie Puppen.

a Wie wurdet ihr eine solche Figur herstellen?
Sammelt Ideen.

> **So könnt ihr Figuren für das Schattenspiel herstellen**
> 1. Zeichnet die Umrisse der Figur auf einen Pappkarton oder
>   dickes Papier.
> 2. Schneidet die Figur aus.
> 3. Klebt einen stabilen Stab (Holz oder Metall) an die Figur.
> 4. Überprüft, ob die Figur erkennbar, d.h. von anderen Figuren
>   unterscheidbar ist; achtet vor allem auf die Umrisse.
> 5. Korrigiert eventuell die Umrisse der Figur.

b Tom und seine Gruppe sollen einen alten Mann gestalten,
der in einem Waldhaus wohnt. Beschreibt, wie die Umrisse
der Figur aussehen sollten.

2 Bastelt selbst Figuren für ein Schattenspiel. Ihr könnt euch
Figuren ausdenken oder eine Figur zum Märchen „Das Waldhaus"
gestalten. Aus folgenden Möglichkeiten könnt ihr auswählen:

- Vater, Waldarbeiter
- Mutter
- Lene, älteste Tochter
- Marie, zweite Tochter
- Anne, jüngste Tochter
- alter Mann mit langem Bart
  (wohnt im Waldhaus)
- Hühnchen, Hähnchen,
  bunt gescheckte Kuh
  (die Haustiere des alten Mannes)

Die Bühne gestalten

a   Für das Schattenspiel benötigt man eine besondere Art von Bühne.
Schaut euch die Bühne auf dem Foto an. Beschreibt sie.

Therese und Hilde Krimmer, 1930

b   Lest gemeinsam die folgende Arbeitstechnik.

So könnt ihr die Bühne für ein Schattenspiel einrichten
1. Fertigt einen stabilen Rahmen aus Pappe oder Kartonpapier an.
   Der Rahmen muss so groß wie die benötigte Spielfläche sein.
2. Beklebt den Rahmen mit Transparentpapier. Damit ist eure Spielfläche fertig.
3. Befestigt die Spielfläche an einem „Vorbau" aus Tisch, Stuhl/Stühlen
   oder Pappe. Vielleicht habt ihr ja auch ein Puppentheater aus Holz,
   das ihr verwenden könnt. Es sollen nur die Figuren und nicht die
   Spieler sichtbar sein. Hinter dem Vorbau könnt ihr stehen oder sitzen.
4. Stellt eine Lichtquelle hinter die Spielfläche, zum Beispiel eine Tisch-
   lampe (am besten mit engem Lampenschirm). Je kleiner die Lichtquelle ist, desto schärfer sind die Umrisse. Die Lichtquelle sollte
   ungefähr auf der Höhe der Spielfiguren sein. Wenn die Figuren näher
   an der Spielfläche sind als an der Lichtquelle, werden die Schatten
   schärfer.
5. Sorgt dafür, dass der Raum genügend abgedunkelt werden kann.

Tipp
Auf die Spiel-
fläche könnt ihr
passende Bilder
malen, z. B.
Wald, Waldhaus.

2   Richtet nun eure Bühne ein.

Den Text vorbereiten

1 Toms Klasse hat eigene Szenen für das Schattenspiel geschrieben.
Der Text beginnt folgendermaßen:

Das Waldhaus

Ein Märchen – nach den Brüdern Grimm

1. Szene:
(Der Waldarbeiter und seine Frau treten aus dem Waldhaus.)
Waldarbeiter Ich muss jetzt in den Wald zum Holzschlagen.
  Schicke mir eine unserer Töchter um die Mittagszeit mit dem Essen,
5 damit ich mich satt essen kann. *(er wendet sich zum Gehen)*
Frau Oje oje oje, ich werde sie dir schicken, die Lene! Doch ich hoffe,
  sie findet den Weg und verirrt sich nicht im dunklen, tiefen Wald.
  (seufzt und schüttelt immer wieder den Kopf)
Waldarbeiter Oh Frau, musst dich nicht sorgen!
10 Hirsekörner werd ich ausstreuen, so findet sie sicher den Weg.
  Ich geh nun los, s' gibt viel zu tun. *(geht ab)*

a Lest die Szene mit verteilten Rollen.

b Untersucht die kursiv gedruckten Regieanweisungen.
Welche Hinweise geben sie für das szenische Spiel?

2 Die Schülerinnen und Schüler haben den Text folgendermaßen
weitergeschrieben.

2. Szene:
(Lene läuft mit dem Korb im Wald, schaut hilflos umher,
da sie den Weg nicht mehr weiß.)
15 **Lene** *(seufzt)* Oje, was mach ich nur?

3. Szene:
(Lene kommt an ein einsames Waldhaus. Sie klopft und wird eingelassen.
Ein alter Mann mit langem weißem Bart begrüßt sie.)
Lene Habe mich verlaufen, hab Hunger und will schlafen.
20 **Alter Mann** *(zu sich)* Was für ein unfreundliches Kind, das nicht grüßt
  und nur an sich denkt. Hier hast du einen Topf, mache das Abendessen,
  so will ich dir ein Bett für die Nacht geben.
Lene Ein Abendessen zubereiten? Ei, was für ein großer Topf,
  da ist ja noch was drin, das probier ich mal, mmh, das schmeckt,
25 das will ich essen, denn ich bin so furchtbar hungrig.
Alter Mann Das Kind denkt nur an sich. Was meint ihr,
  Huhn, Hähnchen und Kuh, meine lieben Tiere?
  (wendet sich seinen Tieren zu, die in der Stube am Ofen sitzen)

Hahn/Huhn/Kuh *(sprechen zusammen)* Sie hat bei dir gegessen,
30 sie hat bei dir getrunken, um uns hat sie sich nicht gekümmert.
So soll sie auch kein Nachtquartier bekommen.

Lene Will mich nun gerne niederlegen. *(läuft die Treppe hoch
zum Schlafzimmer)*

Alter Mann Schüttel nur zuerst mein Bett auf, dann kannst du dich
35 in das Bett daneben legen. *(Lene tritt ins Zimmer, legt sich ins
erste Bett und schläft sofort ein. Plötzlich öffnet sich eine Falltüre
und sie verschwindet mit einem lauten Schlag.)*

a   Überlegt, wie ihr die 2. Szene gestalten könnt.

b   Sprecht über die 3. Szene. Was passiert in dieser Szene?

c   Spielt die 3. Szene in einem Rollenspiel.
Wenn ihr Figuren gebastelt habt, spielt dieselbe Szene mit Figuren.

d   Besprecht, was euch schwerfällt und was ihr noch verbessern könnt.

→ S. 135: szenischer Text Schreibt die 4. Szene selbst.
In dieser Szene schickt die Frau des Waldarbeiters am nächsten
Morgen die zweite Tochter, Marie, in den Wald, um dem Vater
das Essen zu bringen. Sie verlässt die Mutter mit einem Gruß.

Frau: Marie, steh schnell auf …

4 Schreibt nun die übrigen Szenen in Gruppen.

a   Verteilt die folgenden Szenen auf die Gruppen.

5. Szene:

Marie verirrt sich; kommt ebenfalls zum Waldhaus.

6. Szene:

Marie ist etwas hilfsbereiter und freundlicher,
vergisst aber auch die Tiere, Falltür.

7. Szene:

Die dritte Tochter Anne wird mit dem Essen des Vaters
in den Wald geschickt.

8. Szene:

Sie verirrt sich, kommt zum Waldhaus,
macht alles richtig und erlöst den alten Mann,
der in Wirklichkeit ein Prinz ist; Hochzeit.

b   Schreibt eure Szene in der Gruppe. Beachtet folgende Fragen:
Was passiert in der Szene? Welche Personen treten auf? Was sagen
die Personen? Wie sagen sie es? Was tun die Personen außerdem?

5   Toms Klasse hat sich Gedanken dazu gemacht, wie die Orte
des Märchens „Das Waldhaus" auf der Bühne für das Publikum
gut erkennbar gemacht werden können.

a   Lest die Ergebnisse der Gruppenarbeit.

> – *Szene vor dem Elternhaus: Figur Vater, Figur Mutter, Baum,*
> *Umrisse eines Hauses*
> – *Szenen im Wald: Figur Mädchen, Baum/Bäume,*
> *evtl. ein Puppenkörbchen als Tasche*
> – *Szenen im Waldhaus: Figur Mädchen, Figur alter Mann,*
> *Figuren der Tiere, evtl. Puppenbett, Puppen-Kochtopf,*
> *Treppe (aus Pappe geschnitten?)*

b   Sprecht darüber, wie sich die Ideen umsetzen lassen.
Begründet eure Meinung und ergänzt eigene Ideen.

6   Probt nun eure Szenen mit den gebastelten Figuren.
Was habe ich gelernt?

Was habe ich gelernt?

7   Überprüfe, was du über das **Schattenspiel** gelernt hast.
Beantworte dazu folgende Fragen:

1   Was sind die Merkmale des Schattenspiels?
2   Wie entstehen die Figuren für das Schattenspiel?

Die Entstehung von Namen

Vornamen

1 Untersucht die Namen in eurer Klasse.

a Nennt eure vollständigen Namen. Besprecht, aus welchen Bestandteilen sie bestehen und in welcher Reihenfolge sie meist genannt werden.

Tipp
Fragt eure Eltern oder Großeltern.

b Informiert euch gegenseitig, welche Regeln oder Traditionen für die Namensgebung in eurer Familie wichtig sind.

c Tauscht euch darüber aus, welche Gemeinsamkeiten und Unterschiede es bei der Namensgebung in verschiedenen Sprachen gibt. Welche kennt ihr? Welche habt ihr entdeckt?

2 Untersucht die Vornamen in eurer Umgebung.

a Schreibt Vornamen auf, die in der Klasse, bei Freunden, Geschwistern, Eltern und Großeltern vorkommen.

b Sammelt Vornamen, die besonders häufig vorkommen, zum Beispiel in eurer Klasse, in der Schule, im Freundeskreis oder in euren Familien.

c Stellt Vermutungen an, welche Gründe es für die Häufung bestimmter Vornamen geben könnte.

d Im Deutschen unterscheidet man manchmal zwischen *Vorname* und *Rufname*. Überlegt, warum das nötig ist, und erklärt, was *Rufname* bedeutet.

> Bis zum 12. Jahrhundert hatten die Menschen nur einen **Vornamen**, den sogenannten Rufnamen, denn in Siedlungen und Dörfern lebten nur wenige zusammen, sodass ein Name zur Unterscheidung ausreichte. Einige Vornamen, die durch die Verbreitung des Christentums nach dem 12. Jahrhundert bekannt wurden, gibt es in vielen Ländern, z. B.: *Lukas – Lucas* (franz.) *– Luke* (engl.) *– Luca* (ital.) *– Lukáš* (tschech.).

3 Weißt du, woher dein Vorname kommt? Kennst du seine Bedeutung?

a Wenn du die ursprüngliche Bedeutung deines Vornamens nicht kennst, kannst du in einem Vornamenlexikon oder im Internet nachschlagen. Lies die folgenden Erklärungen aus einem Lexikon.

> **Anja**: in Deutschland seit den 1940er-Jahren vorkommender weibl. Vorn., russische Form von ▶ Anna. ✧ Bekannte Namensträgerin: Anja Kling, deutsche Schauspielerin (20./21. Jh.).
>
> **Dietlind**, (auch:) Dietlinde: alter deutscher weibl. Vorn. (ahd. *thiot* „Volk" + ahd. *lind* „sanft, weich, mild"). Von den mit „Diet-" gebildeten weiblichen Vornamen kommt Dietlind heute am häufigsten vor.
>
> **Farid**: männl. Vorn. arabischer Herkunft (arab. *farīd* „einzigartig, unvergleichlich" zu arab. *farada* „einzigartig/ einmalig sein"). Türk. Form: *Ferit*.
>
> **Jakub**: männl. Vorn., tschechische, slowakische und polnische Form von ▶ Jakob.
>
> **Kolja**, in den 1960er-Jahren entlehnter männl. Vorn., russische Koseform von *Nikolai* (▶ Nikolaus).
>
> **Mariam**, (auch:) Maryam: weibl. Vorn., Variante von Mirjam (▶ Maria), auch arabisch.

b Beantworte mithilfe der Aufgabe a die folgenden Fragen.

1 Aus welcher Sprache wurde der Vorname *Anja* übernommen? Wann geschah das?

2 Welche Bedeutung hat der Vorname *Dietlind*?

3 Welchen Ursprung hat der Vorname *Farid*? Was bedeutet er? Wie heißt die türkische Form?

4 In welchen Sprachen ist der Vorname *Jakub* gebräuchlich? Wie lautet die deutsche Entsprechung?

5 Aus welcher Sprache kam der Vorname *Kolja* ins Deutsche? Wann geschah das?

6 Welche Varianten des Vornamens *Mariam* gibt es?

4 Recherchiere die Bedeutung deines Vornamens.

a Suche im Internet oder in einem Vornamenlexikon die Bedeutung deines Vornamens. Wenn du mehrere Vornamen hast, wähle einen aus. Schreibe heraus, woher er kommt und was er ursprünglich bedeutet hat.

●●● **b** In Deutschland gehören zu vielen Namen Namenstage. Recherchiert, woher diese in einigen Regionen beliebte Tradition kommt.

3a *weibl. – weiblich / Vorn. – Vorname / Jh. – Jahrhundert / ahd. – althochdeutsch / männl. – männlich / arab. – arabisch / türk. – türkisch*

5 Viele der heute beliebten und bekannten Vornamen wurden aus anderen Sprachen übernommen.

Tipp
Wenn ihr nicht sicher seid, sucht ihn in einem Vornamenlexikon oder im Internet.

a Tragt zusammen, wie viele Vornamen es in eurer Klasse gibt, die aus anderen Sprachen übernommen wurden.
Stellt fest, welche Sprachen am häufigsten vertreten sind.

b Seht euch die Übersicht an und ergänzt sie durch eigene Beispiele.
– englisch: *Jenny, Vivian, Emily; Tom, Kevin, Nicolas*
– italienisch: *Angelina, Carina, Isabella; Carlo, Marco, Mario*
– französisch: *Charlotte, Henriette, Luise; André, Pascal, Marcel*
– russisch: *Tanja, Lena, Natascha; Kostja, Wladimir, Igor*
– hebräisch: *Anna, Hanna, Sara(h); Benjamin, Jakob, David*
– lateinisch: *Julia, Clara, Laura; Fabian, Lukas, Martin*
– arabisch oder türkisch: *Djamila, Yasemin, Schakira; Ali, Jamal, Ismail*

6 Einige Vornamen gibt es in vielen Ländern.
Übertrage die Tabelle in dein Heft und ordne folgende Namen zu.

Mary (engl.) / Pietro (ital.) / Marie (franz.) / Andrew (engl.) /
Manon (franz.) / Pierre (franz.) / Mariella (ital.) / Pieter (niederl.) /
Andries (friesisch) / Maike (niederl.) / Pedro (span.) / Andrej (russ.) /
Maria (russ.) / Per (schwed.) / Ondrej (tschech.) / Marie (dt.) /
Pjotr (russ.) / André (franz.)

Maria (*hebräisch:* Bitterkeit, Betrübnis)	Mary (engl.), …
Peter (*griechisch:* Fels, Stein)	…
Andreas (*altgriechisch:* Tapferkeit, Tüchtigkeit, Mannhaftigkeit)	…

7 Manche Vornamen sind eng miteinander verwandt, wie zum Beispiel Ulrike – Ulrich, Andrea – Andreas. Wähle Aufgabe a, b oder c.

●○○ a Ordne die zusammengehörigen Vornamen einander zu.

Florine / Leonie / Maximilian / Anton / Maximiliane / Leon / Florian / Antonia

●●○ b Zu einigen Vornamen gibt es männliche und weibliche Varianten. Übertrage die folgende Tabelle in dein Heft.
Suche zu den Vornamen jeweils mindestens einen verwandten männlichen oder weiblichen Vornamen.

Tipp
Wenn dir weitere Beispiele einfallen, ergänze sie.

Alexandra / Leonie / Anton / Johannes / Jana / Paul / Julius / Emilia

weibliche Vornamen	männliche Vornamen
Alexandra	Alexander
…	…

●●● c Es gibt auch einige Vornamen, die in verschiedenen Ländern als weibliche und männliche Vornamen vorkommen.
Sucht folgende Beispiele im Internet und findet heraus, aus welchen Sprachen sie kommen und was sie bedeuten.

Kim / Toni / Chris / Andrea / Dominique / Sascha / Deniz

8 Aus vielen Vornamen entstanden in der Umgangssprache Kurzformen. Trage einige Beispiele zusammen und schreibe sie auf.

Stefanie – Steffi, Christian – Chris, …

●●● **9** Spitznamen sind nicht im Vornamenlexikon verzeichnet. Beantworte die folgenden Fragen.

1 Werden auch in deiner Klasse oder in deiner Familie Spitznamen verwendet?
2 Wann und aus welchem Grund sind sie entstanden?
3 Überlege, ob du alle Spitznamen gut findest. Begründe deine Meinung.

Familiennamen

1 Untersuche, von wem du deinen Familiennamen bekommen hast.

a Schreibe auf, wie deine Eltern und Großeltern heißen.
Du kannst dazu einen Stammbaum erstellen.

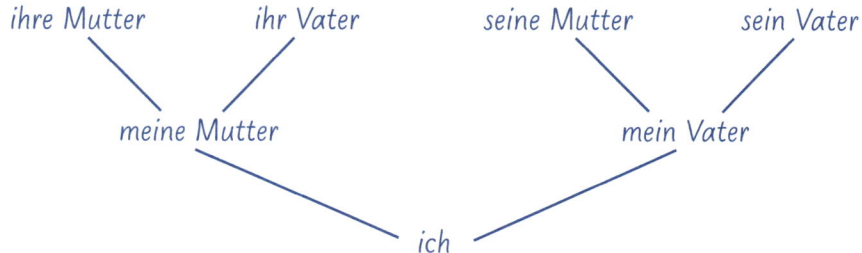

ihre Mutter *ihr Vater*   *seine Mutter* *sein Vater*

meine Mutter   *mein Vater*

ich

b Markiere im Stammbaum deinen Familiennamen. Überlege, ob sich
eine Regel ableiten lässt, wie dein Familienname weitergegeben wurde.
Tausche dich mit anderen darüber aus.

c Der Familienname wird im Deutschen manchmal auch *Nachname*
genannt, weil er normalerweise nach dem Vornamen steht.
Lies den Merkkasten und finde heraus, welche Ausnahmen es gibt
und was man dabei beachten muss.

> **Familiennamen** entstanden, als die Ansiedlungen der Menschen größer
> wurden. Da nun mehrere Menschen mit gleichen Rufnamen aufeinander-
> trafen, musste man zur Unterscheidung einen Beinamen hinzufügen.
> Zwischen dem 13. und 16. Jahrhundert wurden aus diesen Beinamen
> feste Familiennamen. Sie werden noch heute von den Eltern an die Kinder
> vererbt.
> In Formularen und anderen offiziellen Papieren sind meist Vor- und
> Familiennamen anzugeben. Dabei muss man auf die **geforderte Reihen-
> folge** und die **Kommasetzung** achten, z. B.:
>
> Alina Mauersberger   Mauersberger, Alina
> Ben Ole Winter   Winter, Ben Ole
> (Vorname) (Familienname)   (Familienname), (Vorname)

Tipp
Namenszusätze
wie *von* oder
van der gehören
zum Familien-
namen.

d Schreibe folgende Namen in geänderter Reihenfolge in dein Heft.
Markiere das Komma.

Nadja Natschinski / Jan Erik van der Heyden / Lilli-Marlene Müller /
Moritz Mustermann / Oktan Özlem / Katharina Helena von Lauterbach

Natschinski, Nadja
van der Heyden, ...

2 Untersucht die Familiennamen in eurer Klasse.

 a Versucht herauszufinden, worauf sie zurückzuführen sind.
Sucht dazu Oberbegriffe, nach denen ihr die Namen sortieren könnt.

→ **S. 191:** Ober- und Unterbegriffe

> Die ursprüngliche **Bedeutung** vieler **Familiennamen** kann man ableiten.
> Bei anderen erkennt man die alte Bedeutung nicht sofort.
> Familiennamen entstanden zum Beispiel aus folgenden Bezeichnungen:
> * Berufe: *Becker, Bauer, Koch*
> * besondere körperliche und charakterliche Eigenschaften: *Lange, Stolze*
> * geografische Herkunft: *Hesse, Meißner, Schlesinger*
> * Wohnstätten: *Kuhle, Bachmann, Schönberg*
> * Tiere oder Pflanzen: *Hecht, Kohlhase, Vogel*
> * Rufnamen: *Friedrich, Rudolf, Konrad*

b Übertrage die folgende Tabelle in dein Heft und ordne die Familiennamen in die richtige Spalte ein.

Krüger / Rudolf / Braune / Baumgarten / Bär / Haferkorn / Bach / Meise /
Ehrlicher / Werner / Fleischer / Hecht / Gabriel / Ansorge / Schweitzer /
Rosenbaum / Tannenberger / Frühauf / Heinrich / Schumacher

Beruf	Eigen-schaft	Herkunft	Wohn-stätte	Pflanze/Tier	Rufname
Krüger	…	…	…	…	…

Tipp
Wenn du deinen Namen nicht erklären kannst, suche ihn in einem Familiennamen-lexikon oder im Internet.

c Trage nun Familiennamen aus der Klasse, von Familienmitgliedern oder Freundinnen/Freunden in die Tabelle ein.

●●● **d** Suche für jede Spalte mindestens zwei weitere Beispiele.
Denke an Namen, die du aus Filmen oder Büchern kennst.

3 Es gibt in allen Ländern verschiedene Regeln und Traditionen, ob und wann man sich mit Vor- oder Familiennamen anspricht.
Tauscht euch darüber aus, welche ihr kennt.

Orts- und Flurnamen

  1 Sammelt Ortsnamen aus eurer Umgebung.

Tipp
Nehmt eine Karte
zu Hilfe.

a Welche Ortsnamen in der Liste könnt ihr erklären und welche nicht? Markiert sie unterschiedlich.

b Versucht zu erklären, warum die Orte gerade diesen Namen tragen.

> Die meisten **Ortsnamen** im deutschsprachigen Raum sind vor langer Zeit entstanden. Die Menschen gaben ihren Siedlungen, Dörfern und Städten Namen, die auf das Besondere des Ortes hinwiesen.
>
> Im Osten unseres Sprachraumes gibt es viele Namen slawischer Herkunft. Man erkennt sie an bestimmten Endungen, z.B.:
> - **-in, -en**: *Berlin, Fehrbellin, Guben, Bautzen,*
> - **-ow**: *Malchow, Rathenow, Pankow, Teltow,*
> - **-itz, -litz, -nitz, -ritz, -witz**: *Lausitz, Görlitz, Chemnitz, Stötteritz, Zinnowitz,*
> - **-nik, -ig**: *Köpenick, Lößnig, Coswig.*
>
> Oft bestehen Ortsnamen aus Bestimmungswort und Grundwort. Manchmal ist ein Fugenelement eingefügt, z.B.:
> *Anna-berg, Mühl-hausen, Neu-gatter-s-leben, Wald-es-ruh, Mühle-n-beck.*

→ **S. 175**: Wortschatz-erweiterung

2 Erkläre die Bedeutung von Ortsnamen.

a Lies zuerst in der Tabelle, aus welchen Bestimmungs- und Grundwörtern Ortsnamen oft bestehen.

häufig vorkommende Bestimmungswörter	geografische Besonderheiten: *Berg-, Erz-, Stein-* Herkunft von Personen: *Sachsen-, Schiffer-, Graf-* Tiere: *Hase-, Vogel-, Hirsch-, Eber-* Pflanzen: *Eich(en)-, Buch(en)-* Lagebezeichnungen: *Ober-, Burg-* Flüsse: *Havel-, Oder-, Rhein-* Wirtschaft: *Mühl-, Hafen-, Markt-* besondere Kennzeichen: *Schön-, Neu-*
häufig vorkommende Grundwörter	*-hausen* (kleine Siedlung, bei Häusern) *-berg/-bergen* (Siedlung auf Anhöhe) *-burg* (befestigte Siedlung) *-furt* (Siedlung an einer Furt) *-dorf, -druf, -torf* (unbewaldete Fläche) *-leben* (zurückgelassener Ort) *-roda, -rode* (Ort nach Waldrodung) *-ruhe* (Grab eines Herrschers)

b Erkläre jetzt die Bedeutung folgender Ortsnamen.

Bischofswerda / Fürstenwalde / Waldheim / Oberhausen / Bremerhaven

Bischofswerda: am Wasser gelegene Siedlung des Bischofs, ...

Tipp
Du kannst eine
Deutschlandkarte
zu Hilfe nehmen.

c Suche weitere Beispiele für Ortsnamen, die aus solchen häufig vorkommenden Grund- und Bestimmungswörtern entstanden sind.

d Prüfe, ob du einige Namen aus deiner Liste von Aufgabe 1 mithilfe der Tabelle erklären kannst.

● ● ● **3** Es gibt einige Städte, die einen Beinamen haben, der auf eine berühmte Persönlichkeit oder eine wirtschaftliche Besonderheit hinweist. Finde heraus, welche Städte folgende Beinamen haben.

1 Händelstadt	**6** Reuterstadt
2 Hansestadt	**7** Fontanestadt
3 Baumkuchenstadt	**8** Bachstadt
4 Messestadt	**9** Spargelstadt
5 Lutherstadt	**10** Nationalparkstadt

4 Solche Wegweiser kennst du sicherlich. Erkläre, was diese Namen bezeichnen.

Flurnamen bezeichnen ein Gebiet, wo keine Menschen wohnen, zum Beispiel Felder, Wälder, Wiesen, Flüsse, Seen, Teiche, Berge oder Gebirge. Diese Namen sind sehr alt und weisen auf ein ganz bestimmtes Merkmal der Gegend hin. Heute dienen Flurnamen zur Orientierung auf Landkarten. Flurnamen können etwas aussagen über:
- die Lage: *Halberstädter Berg, Marklingeroder Holz,*
- die Nutzung: *Mühlental, Krautenberg, Eichenberg,*
- die natürliche Beschaffenheit: *Steinerne Renne, Sandberg,*
- den einstigen Besitzer: *Armeleuteberg, Herzogweg, Schmiedeberg,*
- ein besonderes Merkmal: *Mönchsbuche, Grenzklippe, Pferdekopf.*

Tipp
Bezieht auch geschichtliche Entwicklungen sowie Sagen und Legenden ein.

→ **S. 53:** Sagen lesen und hören

5 Suche im folgenden Kartenausschnitt Flurnamen und schreibe sie in dein Heft. Erkläre ihre Bedeutung. Befrage auch deine Großeltern und Eltern.

 6 Stellt mithilfe einer Wanderkarte Flurnamen aus eurer Umgebung zusammen. Erklärt ihre Bedeutung.

Was habe ich gelernt?

 7 Überprüft, was ihr über **Namen** gelernt habt. Fertigt ein Lernplakat zu Vor- und Familiennamen oder Orts- und Flurnamen an. Beschäftigt euch zum Beispiel mit einer der folgenden Fragen:

1 Aus welchen Bestandteilen setzen sich Namen in unterschiedlichen Sprachen zusammen? In welcher Reihenfolge werden sie üblicherweise angegeben?

2 Welche unterschiedlichen Bezeichnungen für *Vor-* und *Familienname* gibt es in anderen Sprachen und was bedeuten sie jeweils?

3 Wie sind Vor- und Nachnamen entstanden?

4 Was kann man aus Orts- und Flurnamen ablesen? Welche Besonderheiten gibt es bei den Namen in eurer Umgebung?

Erb-, Lehn- und Fremdwörter

Erbwörter

 1

a Vergleicht die englischen Wörter mit ihren deutschen Übersetzungen.

bread – Brot   water – Wasser   salt – Salz

rain – Regen   sun – Sonne   father – Vater   brother – Bruder

foot – Fuß   hand – Hand   cow – Kuh   (to) drink – trinken

(to) run – rennen   (to) eat – essen   red – rot

b Stellt Vermutungen an, wieso Wörter aus den beiden Sprachen sich ähneln.

> Die deutsche Sprache gehört zur Gruppe der **germanischen Sprachen**, wie auch das Englische, Friesische, Niederländische, Dänische, Isländische und Norwegische. Die ältesten Wörter unserer Sprache bezeichnen wir als **Erbwörter**. Sie entstanden vor ungefähr 5000 Jahren und erzählen uns heute noch über das Leben der Germanen.

2 Untersuche, was dir Erbwörter über das Leben der Menschen in der damaligen Zeit verraten.

a Übertrage dazu die folgende Tabelle in dein Heft.

Familie	...	Arbeits-geräte	Pflanzen	...
...	Schwein	...	...	säen ...

Tipp
Sucht zum Beispiel Bezeichnungen für Verwandte, Körperteile, Haustiere, Farben und Zahlen.

b Ordne die Erbwörter in die richtige Spalte ein.

Rind / Vater / Hund / Beil / weben / Gerste / Zange / Sohn / Ziege / Tochter / zähmen / Hacke / Kuh / bauen / Erbse / Hengst / sprechen / Wolf / Sippe / Rad / Schaf / flechten / Eiche

c Ergänze die fehlenden Oberbegriffe im Tabellenkopf.

●●● d Schreibe 3 bis 4 Sätze in dein Heft, in denen du über das Leben der Menschen früher erzählst. Benutze die Wörter aus der Tabelle.

Lehnwörter

> Wörter, die aus anderen Sprachen „entliehen" wurden, heißen
> **Lehnwörter**. Sie haben sich im Laufe der Zeit in **Aussprache**, **Schreibung**
> und **Beugung** der deutschen Sprache so weit **angepasst**, dass wir
> ihre eigentliche Herkunft oft gar nicht mehr erkennen, z. B.:
> *Portal* (von lateinisch *porta*), *Fenster* (von lateinisch *fenestra*).

1 Weite Teile Germaniens wurden in den ersten Jahrhunderten n. Chr.
von den Römern besetzt gehalten. Dadurch lernten die Germanen
die Lebensweise der Römer kennen und „entliehen" auch entsprechende
Bezeichnungen aus der Sprache der Römer, dem Lateinischen.

a   Sieh dir die Abbildung eines römischen Hauses an.

villa

tegula

murus

porta

fenestra

plastrum

(via) strata

b   Welche deutschen Wörter haben sich aus den lateinischen
Bezeichnungen entwickelt? Schreibe sie in dein Heft.

tegula – Ziegel, ...

 c   Überlegt, wie die Häuser der Germanen ausgesehen haben könnten,
bevor sie den Hausbau von den Römern gelernt haben.

2 Das 12./13. Jahrhundert war stark durch die Kultur des Rittertums geprägt. Viele Lehnwörter aus diesem Bereich stammen aus dem Französischen.

a   Setze die Wörter richtig in die Lücken des folgenden Textes ein.

Page / Turnier / Panzer / Abenteuer / Tanz / Preis

1   Der Sohn eines Ritters wurde mit 7 Jahren zum ▇▇▇ ausgebildet.

2   Er musste alle Fertigkeiten erlernen, die für einen Ritter lebensnotwendig waren, zum Beispiel reiten, jagen, fechten, aber auch höfische Umgangsformen, wie den ▇▇▇.

3   Ausgerüstet mit ▇▇▇ und Schild kämpften sie in einem ▇▇▇ um den ▇▇▇.

4   So musste jeder junge Ritter viele ▇▇▇ bestehen.

b   Ordne die altfranzösischen Wörter den Lehnwörtern aus Aufgabe a zu.

page / pris / aventure / tornoi / pancier / danse

1. Page – page
2. Turnier – ...

Fremdwörter

> Wörter, die aus anderen Sprachen zu uns kamen, sich aber in **Aussprache**, **Schreibung** und **Betonung nicht** oder nur zum Teil dem Deutschen **angepasst** haben, nennt man **Fremdwörter**.

1

a   Überlege, woran du erkennst, dass diese Wörter Fremdwörter sind.

Cousine / Baguette / Jeans / Ragout / Sweatshirt / Ingenieur / T-Shirt / Screen / Bassin / Porto / Restaurant / Zucchini / Operateur / Pasta / Portemonnaie / Broccoli / Makkaroni

 b   Sammelt alle Wörter, deren Bedeutung ihr nicht kennt.

 c   Findet die Bedeutung der unbekannten Wörter heraus.

 d   Erklärt, warum man im Rechtschreibwörterbuch zu einigen Fremdwörtern zwei verschiedene Schreibweisen findet, z. B.:
Cousine – Kusine, Portemonnaie – Portmonee.

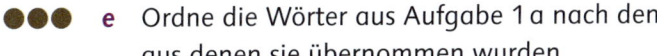 e   Ordne die Wörter aus Aufgabe 1a nach den Sprachen, aus denen sie übernommen wurden.

Französisch: Cousine, ...   *Italienisch: Porto, ...*
Englisch: Jeans, ...

Tipp
Schlagt zum
Beispiel in einem
Fremdwörterbuch
nach.

2 Schreibe die folgenden Fremdwörter in dein Heft und
schlage in einem Wörterbuch ihre Bedeutung nach.

Chip / Rendezvous / Interview / Internet / Agreement /
Champion / Havarie / Input / Freak / Comedy / Headline

Heute bestehen zwischen Ländern der ganzen Welt Kontakte und
Austausch zum Beispiel in Wirtschaft und Wissenschaft.
Viele Fremdwörter werden in unsere Sprache übernommen, z. B.:
• aus dem Französischen: *Pommes frites, Limousine, Croissant;*
• aus dem Englischen: *Computer, Download, Fastfood, Outfit;*
• aus dem Italienischen: *Zucchini, Broccoli, Pizza.*

3 Es werden ständig neue Wörter aus anderen Sprachen
in den deutschen Wortschatz aufgenommen.

a Stelle Vermutungen an, warum die Wörterbücher der deutschen
Sprache trotzdem nicht immer umfangreicher werden.

 b Sammelt Wörter, die in den letzten Jahren, zum Beispiel
durch die technische Entwicklung, aus dem Sprachgebrauch
verdrängt wurden. Fragt auch eure Eltern und Großeltern.
Was habe ich gelernt?

**Was habe ich
gelernt?**

4 Überprüfe, was du über die **Entwicklung der deutschen Sprache**
gelernt hast. Beantworte dazu die folgenden Fragen:

1 Auf welche Weise sind Familiennamen entstanden?
2 Welches sind die ältesten Wörter der deutschen Sprache?
3 Welche Wörter haben sich im Laufe der Zeit
der deutschen Sprache angepasst?
4 Woran kannst du Fremdwörter erkennen?

Ein Gedicht unterschiedlich erschließen

Gedichte sind besondere Texte. Sie haben eine Form, die du sehen, einen Klang, den du hören, und eine Stimmung, die du spüren kannst.

a Schau dir an, wie einige Schülerinnen und Schüler das Gedicht „Wintergewitter" gestaltet haben.

Jette hat zu dem Gedicht ein Bild gemalt.

Josef Guggenmos

Wintergewitter

Sieben schlummernde Siebenschläfer
schliefen friedlich unter dem Dach.
Da – ein Donnerschlag! Krach!!!
Jetzt waren die sieben friedlich schlummernden
5 Siebenschläfer plötzlich alle hellwach.

Sie schauten verdutzt und sagten: Nanu!
Bald war wieder Ruh.
Da sagten die sieben Siebenschläfer
einander gut Nacht
10 und machten die Augen wieder zu.

Lukas hat das Gedicht für einen Vortrag vorbereitet.

Zeichen:
/   kurze Pause
//   längere Pause
→   Textteile verbinden
∼   leise sprechen
⟋   Stimme heben
⟍   Stimme senken

Josef Guggenmos / Wintergewitter /

Sieben schlummernde Siebenschläfer →

schliefen friedlich unter dem Dach. /

Da // – ein Donnerschlag! / Krach!!! /

Jetzt waren die sieben friedlich schlummernden →

Siebenschläfer plötzlich alle hellwach.⟍ //

Tabea hat sich eine szenische Darbietung mit
musikalischer Untermalung ausgedacht.

Regieanweisungen

Sieben schlummernde Siebenschläfer schliefen friedlich unter dem Dach.	7 Kinder schlafen unter einem Tisch *Gedichtvortrag:* ruhig, gleichmäßig *Xylofon:* leiser, regelmäßiger Ton
Da – ein Donnerschlag! Krach!!!	*Gedichtvortrag:* Stimme wird laut *Xylofon:* laute Schläge Kinder erschrecken
Jetzt waren die sieben friedlich schlummernden Siebenschläfer plötzlich alle hellwach.	*Gedichtvortrag:* sachlich *Xylofon:* unregelmäßig Kinder schrecken auf, schauen verwirrt

Dennis hat ein Parallelgedicht mit anderen Tieren geschrieben.

Herbstgewitter

Zwei schnarchende Wildschweine
schliefen schon Stunden an einem Platz.
Da – ein Donnerschlag! Krabatz!!!
Jetzt machten die zwei schnarchenden
5 Wildschweine ganz plötzlich einen riesigen Satz.

b Schreibe auf, wie Tabeas szenische Darbietung weitergehen könnte.

c Bei dem Parallelgedicht von Dennis fehlt die zweite Strophe. Schreibe sie.

d Entscheide dich für eine der Gestaltungsweisen und gestalte ein Gedicht deiner Wahl.

Lyrische Texte schreiben und präsentieren

1

a   Lies das folgende Gedicht.

Christian Morgenstern

Neue Bildungen, der Natur vorgeschlagen

Der Ochsenspatz
Die Kamelente
Der Regenlöwe
Die Turtelunke
5 Die Schoßeule
Der Walfischvogel
Die Quallenwanze
Der Gürtelstier
Der Pfauenochs
10 Der Werfuchs
Die Tagtigall
Der Sägeschwan
Der Süßwassermops
Der Weinpintscher
15 Das Sturmspiel
Der Eulenwurm
Der Giraffenigel
Das Rhinozepony
Die Gänseschmalzblume
20 Der Menschenbrotbaum.

b   Nenne die Tiere und Pflanzen, die in den
Wortzusammensetzungen stecken.

c   Ergänzt die Aufzählung mit euren Vorschlägen
für Neubildungen in der Natur.

d   Verfasse ein Parallelgedicht zum Thema
„Verrückte Gegenstände".

2

a   Lies die folgenden Gedichte zuerst für dich.

Peter Hacks

Der blaue Hund

Geh ich in der Stadt umher,
Kommt ein blauer Hund daher,
Wedelt mit dem Schwanz so sehr,
Nebenher,
5 Hinterher
Und verlässt mich gar nicht mehr.
Wedelt mit den blauen Ohren,
Hat wohl seinen Herrn verloren.

Max Kruse

Fischwunder

„Ich geh zu Tisch",
spricht der Fisch.
Seltsam ist er anzusehn:
Selten können Fische gehn.

Michael Ende

Die Ausnahme

Haben Katzen
auch Glatzen?
So gut wie nie!
Nur die fast unbekannte
5 so genannte
Glatzenkatze,
die hat 'se.
Und wie!

b   Tauscht euch über die Gedichte aus.
Wählt das aus, welches euch am besten gefällt.

c   Schreibt zu einem der Gedichte eine Fortsetzung.

d   Schreibe ein eigenes Tiergedicht.

e   Schreibt euer Gedicht mit dem Computer ab und
zeichnet ein Bild oder klebt ein Foto/Bild auf.

a Lies das folgende Gedicht.

Peter Maiwald

Regentag

Paul steht am Fenster.
Paul steht und glotzt.
Der Regen regnet.
Der Regen rotzt.

5 Der Regen nieselt.
Der Regen rinnt.
Der Regen pieselt.
Der Regen spinnt.

Der Regen prasselt.
10 Der Regen fällt.
Der Regen rasselt.
Der Regen hält.

Paul steht am Fenster.
Paul steht und glotzt.
15 Der Regen regnet.
Der Regen rotzt.

b Im Gedicht wird beschrieben, was der Regen macht.
Überlege, welche Bewegungen und welche Klänge
zu den Verben passen.

c Bereitet den Vortrag des Gedichts vor.
Durch passende Begleitgeräusche, zum Beispiel leises und lautes
Klopfen mit den Fingern, könnt ihr den Regen hörbar machen.

d Tragt eure Fassung des Gedichts vor.
Führt einen Vortragswettstreit durch und bewertet
eure Vorträge gegenseitig. Ihr könnt eure Vorträge auch
aufnehmen.

a   Was erfährst du in dem folgenden Gedicht
     über den Storch und die anderen Tiere?

Günter Eich

Septemberliches Lied vom Storch

¹ *Luch:* Sumpf

² *Grummet:* zweiter
Schnitt der Wiese zum
Heumachen

Die Sonne brennt noch überm Luch¹,
vom Grummet² weht der Grasgeruch,
die Beere kocht im Brombeerschlag
und lang noch steht die Sonn' im Tag.

5 Er aber glaubt nicht mehr ans Jahr,
der auf dem First zu Hause war.
Nach Süden schwang sein Flügelschlag,
steht lang auch noch die Sonn' im Tag.

Die Frösche quarren doppelt hell,
10 die Maus zeigt unbesorgt ihr Fell.
Der ihnen auf der Lauer lag,
er schwang sich fort vor Tau und Tag,

obgleich noch wie im Sommerwind
die Spinne ihre Fäden spinnt,
15 die Mücke tanzt im Weidenhag
und lang noch steht die Sonn' im Tag.

 b   Klärt die Bedeutung der Wörter
     „Brombeerschlag" (Z. 3), „First" (Z. 6),
     „quarren" (Z. 9), „Weidenhag" (Z. 15).

●●● c   Der Titel des Gedichts spricht von einem Lied.
          Suche eine Melodie, die zu diesem Gedicht passt.

> **So könnt ihr lyrische Texte gestalten und präsentieren**
> 1. Zeichnet oder findet Bilder zu Gedichten.
> 2. Tragt Gedichte vor. Ihr könnt sie vorlesen, auswendig vortragen
>   oder sogar zu einer Melodie singen.
> 3. Findet passende Musik zu Gedichten.
> 4. Spielt Szenen zu Gedichten (mit Musik).
> 5. Schreibt eigene Gedichte zu Gedichten (zum Beispiel Parallelgedichte).
> 6. Gestaltet ein Buch oder Poster mit Gedichten.
> Bezieht digitale Medien mit ein, wo es hilfreich ist.

Ableitung	Mithilfe von **Suffixen** (Nachsilben) und **Präfixen** (Vorsilben) werden aus vorhandenen Wörtern neue mit etwas veränderter Bedeutung gebildet. Typische Suffixe für Nomen sind z. B.: *-heit, -keit, -ung, -nis*. Typische Suffixe für Adjektive sind z. B.: *-ig, -lich, -isch*. Durch das Anfügen von Präfixen, wie *be-, er-, ent-, ver-*, verändern Verben ihre Bedeutung, z. B.: *achten – missachten*.
Adjektiv	Adjektive bezeichnen **Eigenschaften** und **Merkmale**. Stehen Adjektive vor Nomen/Substantiven, passen sie ihre Form in Fall (Kasus), Zahl (Numerus) und Geschlecht (Genus) dem Nomen an. Dabei werden sie **dekliniert** (gebeugt), z. B.: *ein schönes Buch, mit schönen Bildern*. Die meisten Adjektive lassen sich **steigern** und haben dafür drei Formen: • Positiv (Grundstufe), z. B.: *klein,* • Komparativ (Mehrstufe), z. B.: *kleiner,* • Superlativ (Meiststufe), z. B.: *am kleinsten*.
Adverbialbestimmung	Adverbialbestimmungen sind Satzglieder. Um z. B. Zeit- oder Ortsangaben zu machen, wird das Prädikat durch eine **Adverbialbestimmung der Zeit** (Temporalbestimmung, Fragen: *Wann? Wie lange? Bis wann? Seit wann?*) oder eine **Adverbialbestimmung des Ortes** (Lokalbestimmung, Fragen: *Wo? Woher? Wohin?*) ergänzt, z. B.: *Ich bin ab 15 Uhr zu Hause*.
Aktiv zuhören	Um einen Gesprächspartner richtig verstehen zu können, ist aufmerksames und genaues Zuhören wichtig.
Anredepronomen	Die Anredepronomen *du/dein, ihr/euer* können in Briefen und E-Mails klein- oder großgeschrieben werden. Die Anredepronomen *Sie* und *Ihr* und alle ihre Formen musst du in der **höflichen Anrede immer großschreiben**.
Artikel	Nomen/Substantive können als **Begleiter** Artikel bei sich haben. Sie verdeutlichen Fall, Zahl und Geschlecht des Nomens und lassen sich deklinieren, z. B.: *das Haus, dem Haus, des Hauses, eine Straße, (in) einer Straße.* **Unbestimmte Artikel** (*ein, eine*) verwendest du, um Lebewesen oder Gegenstände neu ins Gespräch oder in den Text einzuführen. **Bestimmte Artikel** (*der, die, das*) verwendest du für Lebewesen oder Gegenstände, die schon bekannt oder im Text bereits eingeführt worden sind, z. B.: *Sie hat ein neues Fahrrad. Das alte Rad war zu klein.*
Artikelprobe	Mithilfe der Artikelprobe kannst du feststellen, ob ein Wort ein Nomen/Substantiv ist oder nicht, ob es groß- oder kleingeschrieben werden muss. Prüfe: Steht bei dem Wort ein Artikel oder lässt sich das Wort mit einem Artikel verwenden? Wenn ja, dann ist das Wort ein Nomen und wird großgeschrieben.

Attribut	Attribute (Beifügungen) **bestimmen Nomen/Substantive näher**. Du kannst sie mit *Welche(-r, -s)?* oder *Was für ein(-e)?* erfragen. Attribute können nicht allein umgestellt werden. Sie bleiben immer bei dem Nomen, zu dem sie gehören, und sind ein Teil dieses Satzgliedes, z. B.: *ein lustiger Film, im Zimmer seines Bruders.* Sie werden deshalb auch **Satzgliedteil** genannt.
Aufzählung	Manche Sätze enthalten Aufzählungen in Form von Wörtern oder Wortgruppen. Zwischen den einzelnen Gliedern einer Aufzählung muss ein **Komma** gesetzt werden, wenn diese nicht durch die Bindewörter *und, oder, sowie, sowohl … als auch* verbunden sind.
Autor, Autorin	(lat. *auctor* – Urheber, Verfasser) Der Autor / Die Autorin ist der Verfasser / die Verfasserin von literarischen (erzählenden, lyrischen, dramatischen) Texten, aber auch von Drehbüchern, Fernsehspielen oder Sachtexten (Fachbuch-, Lehrbuch-, Sachbuchautor/-in).
auswendig lernen	Willst du ein Gedicht auswendig lernen, befasse dich zuerst mit dem Inhalt, den Reimen und dem Rhythmus des Gedichts. Lerne es danach Vers für Vers und Strophe für Strophe auswendig. Wiederhole das Gelernte regelmäßig.
Berichten	Ein Bericht soll Leser oder Hörer möglichst **knapp, sachlich** und **in der richtigen Reihenfolge** über ein Ereignis informieren: *Was geschah? Wann? Wo? Warum? Wer war beteiligt? Welche Folgen ergaben sich?* Die Auswahl der Informationen hängt vom Zweck, vom Anlass und vom Empfänger des Berichts ab. **Schriftliche Berichte** werden meist im Präteritum verfasst. In **mündlichen Berichten** kann man das Präteritum oder das Perfekt verwenden.
Beschreiben	Beim Beschreiben informierst du andere über etwas, was sie anhand deiner Angaben erkennen sollen. Welche Merkmale für die Beschreibung besonders wichtig sind, hängt davon ab, für wen und warum du etwas beschreibst. **Allgemeine Merkmale** sind Merkmale, die Gegenstände der gleichen Art gemeinsam haben. **Besondere Merkmale** treffen nur auf einzelne Gegenstände zu (Größe, Form, Material, Farbe, Besonderheiten).
Brainstorming	Brainstorming (engl. *brain* – Gehirn, engl. *storm* – Sturm) ist eine **Methode zur Ideenfindung**. Ausgehend von einem Bild, einem Begriff, einer Fragestellung oder einem Problem werden möglichst schnell, ohne nachzudenken, damit verbundene Gedanken, Gefühle oder Erlebnisse geäußert und notiert.
Comic (Bildgeschichte)	Ein Comic / Eine Bildgeschichte ist eine Folge von gezeichneten Bildern ohne Worte oder mit kurzen Bildunterschriften, wie z. B. bei Wilhelm Busch.

Deklination	Die Deklination ist die **Beugung** von Nomen/Substantiven, Artikeln, Adjektiven und Pronomen, z. B.: Nominativ: *das neue Haus* Dativ: *dem neuen Haus* Genitiv: *des neuen Hauses* Akkusativ: *das neue Haus*
Dialog	(griech. *dialogos* – Wechselrede, Zwiegespräch) Ein Dialog ist eine Unterredung zwischen zwei oder mehreren Personen und unterscheidet sich vom **Monolog** (Selbstgespräch). Theaterstücke bestehen fast ausschließlich aus Dialogen, diese kommen aber auch in allen anderen literarischen Textsorten vor.
Elfchen	Ein kurzes Gedicht, das aus 11 Wörtern besteht, heißt Elfchen. Die Wörter werden nach einem festgelegten Muster auf 5 Zeilen verteilt: 1. Zeile: 1 Wort, 2. Zeile: 2 Wörter, 3. Zeile: 3 Wörter, 4. Zeile: 4 Wörter, 5. Zeile: 1 Wort.
Erbwort	Als Erbwörter bezeichnet man die ältesten Wörter unserer Sprache. Sie entstanden vor ungefähr 5000 Jahren und geben uns heute noch Auskunft über die Lebensweise der germanischen Stämme; z. B.: *Rind, Hund, Beil, weben.*
Erzähler, Ich-Erzähler	Der Erzähler ist eine vom Autor geschaffene Figur, die die Geschichte erzählt, d. h., Autor und Erzähler sind immer zu unterscheiden. Eine Autorin kann z. B. einen männlichen Erzähler die Geschichte vortragen lassen oder ein erwachsener Autor kann aus der Sicht eines Kindes schreiben. Schildert eine Figur in der **Ich-Form**, wie sich die Dinge aus ihrer Perspektive (Sicht) zugetragen haben, dann handelt es sich um einen Ich-Erzähler.
Erzählperspektive	Die Erzählperspektive ist die Sicht, aus der ein Geschehen erzählt wird. Der **Ich-Erzähler** ist am Geschehen selbst beteiligt. Er erzählt aus seiner Sicht und gibt seine Gedanken und Gefühle wieder. Der Erzähler, der aus der Er-/Sie-Perspektive berichtet, ist nicht selbst beteiligt, sondern beobachtet von außen.
Figur	(lat. *figura* – Gestalt, Wuchs) Alle in einem literarischen Text handelnden bzw. vorkommenden Menschen, Tiere und Fantasiewesen sind Figuren.
Fremdwort	Als Fremdwörter bezeichnet man Wörter, die aus anderen Sprachen übernommen werden, sich aber in Aussprache, Schreibung und Betonung **nicht oder nur zum Teil dem Deutschen angepasst** haben, z. B.: *Sweatshirt, Ragout.* Für die richtige Schreibung von Fremdwörtern ist wichtig, dass sie oft typische Wortbauteile (Suffixe) enthalten, die man sich einprägen sollte, z. B.: *repar<u>ieren</u>, Ener<u>gie</u>, Mus<u>ik</u>, posit<u>iv</u>, Ak<u>tion</u>, Aktiv<u>ität</u>.*

Gedicht	In einem Gedicht bringt eine Autorin / ein Autor Gedanken und Gefühle zum Ausdruck. Dies geschieht in einer besonderen Form, häufig mithilfe von sprachlichen Bildern. In der Regel besteht ein Gedicht aus Strophen, die wiederum aus einzelnen Versen (Gedichtzeilen) bestehen. Die Verse können sich reimen. Auch der Rhythmus eines Gedichtes lässt sich untersuchen. (siehe **auswendig lernen**)
Genus	Das Genus bezeichnet das grammatische **Geschlecht** eines Nomens/ Substantivs oder eines Adjektivs: **männlich, weiblich** oder **sächlich**. Das grammatische Geschlecht erkennst du am Artikel (*der/ein, die/eine, das/ein*).
Geschichten erfinden/schreiben	Um eine Geschichte zu schreiben, solltest du zuerst **Ideen sammeln und ordnen**. Dazu kannst du ein Brainstorming, eine Reizwortkette oder Bilder als Anregungen nutzen. Halte deine Ideen in einer übersichtlichen **Stoffsammlung** fest. Schreibe anschließend einen **Entwurf** deiner Geschichte. Achte dabei besonders auf einen ansprechenden **Beginn**. Verwende **wörtliche Rede** und **anschauliche Adjektive und Verben**, um deine Geschichte lebendig zu gestalten. **Überarbeite** deinen Text sorgfältig und schreibe zum Schluss eine **Endfassung**.
Geschichten nacherzählen	Vor dem Nacherzählen musst du die Geschichte genau lesen oder beim Vorlesen gut zuhören. Teile sie in **Abschnitte** ein und notiere dir zu jedem Abschnitt **Stichpunkte** zum Inhalt. Achte beim Nacherzählen besonders auf die zeitliche Abfolge der Handlung, auf den Ort und auf die Gedanken und Gefühle der handelnden Personen.
Gesprächsregeln beachten	In Gesprächen solltest du einige Regeln beachten, damit die Verständigung gelingt, z. B. sachlich und freundlich bleiben, andere zu Wort kommen lassen und gut zuhören.
Gestik	Die Gestik bezeichnet Körperbewegungen, mit denen du Aussagen unterstützen oder dich ohne Worte verständigen kannst.
Gruppenarbeit	Wenn ihr in einer Gruppe (4–6 Schüler/Schülerinnen) arbeitet, müsst ihr bestimmte Regeln beachten, damit ihr erfolgreich seid, z. B. die Aufgaben planen und verteilen und aktiv mitarbeiten.
Informationen suchen	Wenn man in der **Bibliothek** ein bestimmtes Buch ausleihen möchte oder nach Büchern zu einem Thema sucht, benutzt man den **Online-Katalog**, das heißt, den Katalog, den du im Internet findest. Hier kann man nach Themen, nach Autorinnen/Autoren oder nach Titeln von Büchern suchen, z. B.: *Sagen aus Mecklenburg-Vorpommern, Hartmut Schmied, „Geister, Götter, Teufelssteine".* Wenn man nach einem **Thema** sucht und noch keinen genauen Buchtitel kennt, muss man sich **Schlagworte** überlegen, nach denen man suchen kann, z. B.: *Heimatsagen, Deutsche Literatur, Mecklenburg-Vorpommern.*

In den **Suchergebnissen** findet man Angaben zum Buch (Autor/-in bzw. Herausgeber/-in, Titel und Untertitel, Übersetzer/-in, Verlag und Erscheinungsjahr, ISBN u. a.), z. B.: *Geisterseher und Milchzauberinnen: Märchen und Sagen aus Mecklenburg-Vorpommern / Sebastian Lau Texte. Leo Seidel Fotogr. – Berlin: Ed. Braus, 2014, 978-3-86228-053-7.*
Außerdem findet man eine **Signatur**, das heißt eine Kombination aus Buchstaben und Zahlen. Sie gibt an, wo das Buch in der Bibliothek zu finden ist, z. B.: *SL 12 Mär.* Man erhält auch eine Information darüber, ob das Buch auszuleihen ist, z. B.: *ausgeliehen bis 12. Juni.*

Kasus	Der Kasus bezeichnet den **Fall** eines deklinierbaren Wortes (Nomen/ Substantiv, Artikel, Adjektiv, Pronomen). Es gibt vier Fälle: Nominativ: *Wer? Was?* Dativ: *Wem?* Genitiv: *Wessen?* Akkusativ: *Wen? Was?*
Konjugation	Die Konjugation ist die **Beugung** (Veränderung) von Verben, z. B.: *(ich) schreibe, (du) schreibst, (er) schrieb.*
Lehnwort	Als Lehnwörter bezeichnet man Wörter, die aus anderen Sprachen „entliehen" wurden. Sie haben sich im Laufe der Zeit in Aussprache, Schreibung und Beugung **der deutschen Sprache angepasst**, z. B.: *Fenster* (von lateinisch *fenestra*).
Lesetagebuch	Ein Lesetagebuch ist ein persönliches Heft, in das du beim Lesen eines Buches deine Gedanken, Fragen und Gefühle schreibst. Außerdem notierst du wichtige Informationen zur Handlung und zu den Personen. **Vor dem Lesen** solltest du das Deckblatt schreiben und deine Vorüberlegungen festhalten. **Beim Lesen** solltest du notieren, was passiert und wie es auf dich wirkt. **Nach dem Lesen** solltest du aufschreiben, wie dir das Buch gefallen hat, und deine Meinung begründen.
Literatur	(lat. *litterātūra* – Buchstabenschrift, Schrifttum) Als Literatur können alle aufgezeichneten und veröffentlichten Texte bezeichnet werden. Meist sind mit Literatur die von Schriftstellern erfundenen, inhaltlich und sprachlich besonders gestalteten Texte gemeint, wie z. B. Erzählungen und Gedichte.
Märchen	Viele Märchen sind an folgenden **Merkmalen** zu erkennen: gleicher oder ähnlicher Beginn, gleicher oder ähnlicher Schluss, Gegensatzpaare, magische Zahlen, Fantasiewesen, wiederkehrende Sprüche, Verwandlungen, Zaubereien, meist siegt das Gute über das Böse. **Volksmärchen** wurden meist mündlich überliefert. Der Autor sowie Zeit und Ort des Entstehens lassen sich nicht mehr eindeutig feststellen. **Kunstmärchen** sind die Schöpfung eines Dichters.

Medien	Medien sind Mittel zur Verständigung der Menschen untereinander, wie z. B. Zeitung, Zeitschrift, Hörfunk, Film und Fernsehen, Computer. Man unterscheidet Printmedien (gedruckte Medien) und digitale (elektronische) Medien. Digitale Medien können Audio- und Film-Elemente enthalten.
Meinungen äußern	Du kannst zu Aussagen deiner Gesprächspartner deine Meinung äußern, das heißt, du kannst **zustimmen, ablehnen** oder einen **Kompromiss** vorschlagen: eine Ausweichlösung oder eine Bedingung für deine Zustimmung nennen.
Meinungen begründen	Willst du jemanden von deiner Meinung überzeugen, dann musst du deine Sichtweise begründen. Bleibe **sachlich** und nenne **Beispiele**.
Mimik	Die Mimik (auch Miene oder Mienenspiel) bezeichnet den Gesichtsausdruck. Sowohl im Alltag als auch auf der Bühne oder im Film kannst du an der Mimik die Gefühle eines Menschen ablesen.
Mitteilungen verfassen	Überlege genau, **an wen** die Mitteilung gerichtet ist, **aus welchem Anlass** du schreibst und **welches Ziel** du verfolgst. Danach richtet sich, ob du mit der Hand oder mit dem Computer schreibst, ob du eine SMS bzw. eine E-Mail verschickst oder eine Karte bzw. einen Brief, wie du die Person anredest, ob du ausführlich und anschaulich oder kurz und sachlich schreibst.
Nomen/Substantiv	Nomen/Substantive bezeichnen **Lebewesen, Gegenstände, Orte, Ereignisse** und **Gefühle**. Sie haben ein grammatisches Geschlecht (Genus), das man am Artikel erkennen kann. Nomen können **dekliniert** werden. Sie treten in einer bestimmten Zahl (Numerus) auf und können in einem bestimmten Fall (Kasus) verwendet werden, z. B.: *(das) Haus – (die) Häuser – (in den) Häusern.* Nomen schreibt man **mit großem Anfangsbuchstaben**.
Numerus	Der Numerus bezeichnet die **Zahl** eines Nomens/Substantivs, Artikels, Adjektivs oder Pronomens. Es gibt meistens eine Form für den **Singular** (Einzahl) und eine andere Form für den **Plural** (Mehrzahl), z. B.: *(das) Kind – (die) Kinder.*
Objekt	Das Objekt ist ein Satzglied, das das Prädikat ergänzt. Der Fall des Objekts ist vom Verb abhängig. Es werden **Dativobjekte** (Frage: *Wem?*) und **Akkusativobjekte** (Frage: *Wen? Was?*) unterschieden, z. B.: *Sie begegnet einer Freundin. Er liest ein Buch.*
Parallelgedicht	Ein Parallelgedicht übernimmt das Muster des Vorbilds und füllt es mit neuem Inhalt, z. B. „Herbstgewitter" zu Josef Guggenmos' „Wintergewitter" (S. 286).

Prädikat	Das Satzglied Prädikat ist die **Satzaussage**. Es sagt etwas über das Subjekt aus. Subjekt und Prädikat bilden den Satzkern. Wenn das Prädikat nur aus dem finiten (gebeugten) Verb besteht, nennt man es **einteiliges Prädikat**, z. B.: *(er) liest.* Das **mehrteilige Prädikat** besteht aus der finiten (gebeugten) Verbform und anderen, infiniten (ungebeugten) Verbformen (Partizip II, Infinitiv) oder weiteren Wörtern. Das mehrteilige Prädikat kann andere Satzglieder einrahmen. Dann bildet es einen **prädikativen Rahmen**, z. B.: *Er hat ein Buch gelesen.*
Präposition	Wörter wie *in, aus, bei, mit, nach, vor, hinter, über, zu* sind Präpositionen. Sie drücken **räumliche, zeitliche** oder andere **Beziehungen** zwischen Wörtern und Wortgruppen aus. Sie stehen meist **vor dem Nomen/ Substantiv** und seinen Begleitern und **fordern** einen **bestimmten Fall**.
Präsentieren	Einen **Vortrag** solltest du gründlich vorbereiten. Sammle dazu Informationen und Anschauungsmaterial, ordne es und notiere es übersichtlich auf Karteikarten. Achte beim Halten des Vortrags auf freies, langsames und deutliches Sprechen und halte Blickkontakt zu deinen Zuhörern.
Pronomen	**Personalpronomen** als **Stellvertreter** von Nomen/Substantiven lassen sich **deklinieren**, das heißt, sie haben Formen für alle vier Fälle, z. B.: *ich, meiner, mir, mich; sie, ihrer, ihnen, sie.* Nomen können als **Begleiter Possessivpronomen** bei sich haben, die den Besitz anzeigen. Sie lassen sich **deklinieren** und passen sich im Fall dem Nomen an, z. B.: *meine Tasche, deines Bruders.*
Reim	Als Reim wird der Gleichklang von Wörtern (*Hut – gut*) bezeichnet. Die häufigste Reimform ist der **Endreim**, d. h., Wörter reimen sich am Ende zweier Verse. Endreime sind z. B. der Paar-, der Kreuz- und der umarmende Reim. Beim **Paarreim** reimen sich zwei Verse unmittelbar aufeinander (Form: aabb). Beim **Kreuzreim** reimt sich ein Vers jeweils mit dem übernächsten (Form: abab). Und beim **umarmenden Reim** wird ein Paarreim von einem anderen Reim umschlossen (Form: abba).
Sage	Sagen wurden von Generation zu Generation weitererzählt. Sie enthalten einen **wahren historischen Kern** (geschichtliche Begebenheiten, Personen, landschaftliche Eigenheiten, Gebäude und Naturerscheinungen). Es gibt **Orts-, Götter-** und **Heldensagen**.

Satzart	Es gibt drei Satzarten: **Aussagesatz, Fragesatz, Aufforderungssatz**.
	• Um etwas mitzuteilen, bildest du einen **Aussagesatz**, in dem die finite (gebeugte) Verbform in der Regel an zweiter Stelle steht. Satzschlusszeichen: Punkt *Ich hole den Schlüssel.*
	• Um etwas zu erfahren, bildest du einen **Fragesatz**. Fragen beginnen meist mit einem Fragewort (z.B.: *wer, was, wie, wann, wo, warum*) oder mit einer finiten (gebeugten) Verbform. Satzschlusszeichen: Fragezeichen *Wer holt den Schlüssel? Holst du den Schlüssel?*
	• Wenn du jemanden zum Handeln auffordern willst, bildest du einen **Aufforderungssatz**. Er kann einen Befehl oder eine Bitte ausdrücken. Diese Sätze beginnen meist mit der finiten (gebeugten) Verbform. Satzschlusszeichen: Ausrufezeichen oder Punkt *Hole bitte den Schlüssel!*
Satzgefüge	Viele **zusammengesetzte Sätze** bestehen aus einem **Hauptsatz** und einem **Nebensatz**. Diese Verbindung nennt man **Satzgefüge**. **Hauptsätze** erkennt man daran, dass die finite (gebeugte) Verbform an zweiter Satzgliedstelle steht. **Nebensätze** erkennt man an folgenden Merkmalen: • am Satzanfang steht meist ein **Einleitewort**, • am Satzende steht die **finite (gebeugte) Verbform**, z.B.: *Das Publikum klatscht* , *weil der Clown Späße macht.* Hauptsatz (Hs) , Nebensatz (Ns). *Wenn die Musik beginnt* , *laufen die Artisten in die Manege.* Nebensatz (Ns) , Hauptsatz (Hs).
Satzglied	Subjekt, Prädikat, Objekt, Adverbialbestimmungen sind Satzglieder. Du kannst sie mithilfe der Umstellprobe ermitteln. Alle **Wörter, die sich im Satz zusammenhängend umstellen oder verschieben lassen**, bilden ein Satzglied, z.B.: *Die Kinder	warten	am Morgen	auf den Bus.*
Stegreifspiel	Das Stegreifspiel ist ein kurzes Rollenspiel, das unvorbereitet in Szene gesetzt wird. Nur das Thema ist meist vorgegeben.
Strophe	(griech. *strophe* – Wendung, Dehnung) Eine Strophe ist ein Abschnitt eines Gedichts, der sich aus mehreren Versen zusammensetzt.
Subjekt	Das Satzglied Subjekt ist der **Satzgegenstand** des Satzes. Über das Subjekt wird etwas ausgesagt. Es steht in der Regel im **Nominativ**. Du kannst es mithilfe der Fragen *Wer?* oder *Was?* ermitteln. Subjekt und Prädikat bilden den Satzkern.

Szene	(griech. *skene* – Zelt, Bühne) Eine Szene ist eine Sinneinheit innerhalb einer Handlung. Sie ist die kleinste Einheit eines Theaterstücks, oft werden mehrere Szenen zu einem Akt zusammengefasst.
szenischer Text	Ein szenischer Text wird in Dialogen geschrieben, es gibt keinen Erzähler. Ziel ist es, den Text als Handlung zu spielen. Oft gibt es Regieanweisungen, die Hinweise zur Handlung oder zum Sprechen geben.
Texte überarbeiten	Beim Überarbeiten von Texten solltest du folgende Schritte gehen: 1. den Inhalt überarbeiten, 2. die Wortwahl überprüfen, 3. den Satzbau kontrollieren, 4. die Rechtschreibung korrigieren.
Texte verfassen	Beim Texteverfassen solltest du folgende Schritte gehen: 1. die Schreibaufgabe durchdenken, 2. den Text planen und Textteile schreiben, 3. einen Textentwurf schreiben, 4. den Textentwurf überarbeiten, 5. die Endfassung schreiben.
Umstellprobe	Die meisten Wörter oder Wortgruppen kannst du innerhalb eines Aussagesatzes umstellen. Eine Ausnahme macht nur die finite (gebeugte) Verbform, die immer an der zweiten Stelle steht. An der ersten Stelle, also vor der finiten Verbform, kann immer nur **ein** Satzglied stehen. Alle weiteren Satzglieder folgen nach der finiten Verbform. Die Umstellprobe hilft dir, die **Anzahl der Satzglieder eines Satzes** zu ermitteln.
Verb	Verben bezeichnen **Tätigkeiten** (was jemand tut), **Vorgänge** (was geschieht) und **Zustände** (was ist). Verben haben eine Grundform, den **Infinitiv**, und Formen für die 1., 2. und 3. Person im Singular und im Plural. Diese Formen werden Personalformen oder **finite Verbformen** genannt. Die Veränderung der Verbformen heißt **Konjugation** (Beugung, Verb: konjugieren). Verben bilden **Zeitformen** (Tempusformen), die angeben, ob etwas (eine Tätigkeit, ein Vorgang, ein Zustand) schon abgeschlossen ist, noch andauert oder in der Zukunft stattfinden wird. Präsens und Präteritum sind **einfache Zeitformen**, sie bestehen aus einer einzigen Verbform. Perfekt, Plusquamperfekt und Futur sind **zusammengesetzte Zeitformen**, sie bestehen aus mindestens zwei Verbformen. Um alle Formen eines Verbs richtig bilden und schreiben zu können, kannst du dich an den drei **Leitformen** oder Stammformen orientieren. Diese sind: Infinitiv – Präteritum (1./3. Person Singular) – Partizip II, z. B.: *lesen – las – gelesen.*

	An den Leit-/Stammformen erkennst du starke und schwache Verben. Bei **starken Verben** ändert sich der Stammvokal, das Präteritum ist endungslos und das Partizip II endet auf -en, z. B.: *schwimmen – schwamm – geschwommen.* Bei **schwachen Verben** ändert sich der Stammvokal nicht, das Präteritum hat eine Endung -t und das Partizip II endet auf -t, z. B.: *lachen – lachte – gelacht.*
Verlängerungs-probe	Verlängere das Wort, bei dessen Stammauslaut oder s-Laut du zweifelst. Bilde z. B. die Pluralform, ein Adjektiv oder den Infinitiv, z. B.: *das Gol■ – golden, der Ku■ – die Küsse, gi■ – geben.*
Vers	(lat. *versus* – Wendung, Linie) Ein Vers ist eine einzelne Gedichtzeile. Mehrere Verse ergeben eine Strophe.
Verwandtschafts-probe	Wenn du nicht sicher bist, wie ein Wort geschrieben wird, suche nach einem stammverwandten Wort aus der Wortfamilie, z. B.: *mahlen – Mehl – Mühle; Band – Bänder – binden; Biss – bissig.*
Wörterbuch(-arbeit)	Wenn du wissen willst, wie man ein Wort schreibt oder was es bedeutet, kannst du im Wörterbuch nachschlagen. Um ein Wort schnell zu finden, musst du das Alphabet gut können. Das Suchen von Wörtern im Wörterbuch solltest du üben.
wörtliche Rede	Um wiederzugeben, was jemand wörtlich sagt oder gesagt hat, verwendet man **direkte (wörtliche) Rede.** Damit dies für Leserinnen/Leser deutlich erkennbar ist, kennzeichnet man in schriftlichen Texten den Beginn und das Ende der direkten Rede mit **Anführungszeichen.** Oft steht vor, zwischen oder nach der direkten Rede ein **Begleitsatz,** in dem die Sprecherin / der Sprecher genannt wird, z. B.: *Tina fragt: „Wie ist das Buch?"* *„Einfach toll!", antwortet Cindy, „es gefällt mir sehr."* *„Ich leih mir das Buch aus", sagt Tina.*
Wortart	Du kannst Wörter verschiedenen Wortarten zuordnen. Du kennst bereits: Nomen/Substantiv, Verb, Adjektiv, Personalpronomen, Possessivpronomen und Artikel.
Wortfamilie	Jede Wortfamilie hat einen **gemeinsamen Wortstamm.** Er bestimmt die Schreibung. Wortfamilien entstehen durch Ableitung und Zusammensetzung, z. B.: *lehren – Lehrer – Lehrbuch – Lehrling – …*
Wortfeld	**Bedeutungsgleiche oder -ähnliche Wörter** bilden ein Wortfeld. Es gibt **Oberbegriffe** mit allgemeiner Bedeutung und **Unterbegriffe** mit spezieller Bedeutung, z. B.: *Pflanze: Baum – Birke, Buche, Fichte, …*

Wortschatz-erweiterung	Unser Wortschatz erweitert sich ständig, z. B. durch • **Übernahme** von Wörtern aus anderen Sprachen, z. B.: *skaten, scannen,* • **Wortbildung** mithilfe von Zusammensetzung oder Ableitung, z. B.: *Hörbuch, downloadbar.*
Worttrennung	Wenn du beim Schreiben den Platz bestmöglich nutzen musst, dann trenne am Zeilenende mehrsilbige Wörter nach **Sprechsilben**, z. B.: *be-ra-ten.*
Zerlegeprobe	Beim Zerlegen **in Sprechsilben** erkennst du, ob ein Wort mit zwei gleichen oder zwei verschiedenen Konsonanten geschrieben wird, z. B.: *es-sen, lis-tig.* Du kannst Wörter auch in ihre **Bestandteile/Bauteile** zerlegen, um dir Sicherheit über deren Schreibung zu verschaffen, z. B.: *Ver-kauf, du nasch-st.*
zusammengesetzter Satz	Kurze Sätze, die inhaltlich eng zusammengehören, lassen sich zu einem **zusammengesetzten Satz** verbinden. Die Teilsätze des zusammengesetzten Satzes verbindet man meist mit einem **Bindewort**, wie *weil, aber, denn, dass, nachdem, wenn, als, seitdem,* und markiert die Bindestelle mit einem Komma, z. B.: *Die Kinder wachsen im Zirkus auf, <u>weil</u> ihr Vater der Zirkusbesitzer ist.* *Sie gehen zur Schule, <u>aber</u> der Unterricht findet im Zirkus statt.*
Zusammensetzung	Zusammensetzungen bestehen aus einem **Bestimmungswort** und einem **Grundwort**. Manchmal ist ein **Fugenelement** eingefügt. Das Grundwort eines zusammengesetzten Wortes bestimmt, zu welcher Wortart das zusammengesetzte Wort gehört und welches Geschlecht es hat, z. B.: *die Mittag|s|zeit.*

Texte erschließen (→ S. 72–73)

1 Der Text handelt vom Thema „Allergien".
mögliche Überschrift: Allergien beim Menschen

2
a Was will der Text leisten? Wie entsteht eine Allergie?
Woran erkennt man eine Allergie? Wie behandelt man eine Allergie?
b Der Autor will deutlich machen, an wen der Text gerichtet ist und
was er mit dem Text leisten möchte.

3
a Allergie: weicht die Reaktion des Körpers auf bestimmte körperfremde Stoffe vom
normalen Verhalten ab (Z. 5–6), allergieauslösende Stoffe nennt man Allergene (Z. 6–7),
Körper hält diese Allergene für eine Bedrohung und wehrt sich (Z. 9–10), eine krank
machende Überempfindlichkeit des Körpers auf bestimmte Allergene (Z. 10–11)
b Eine Allergie ist eine krank machende Überempfindlichkeit des Körpers auf bestimmte
Allergene.
c Die allergieauslösenden Stoffe nennt man Allergene. (Z. 6–7)

4
a dritter Abschnitt (Eine Allergie zeigt sich …, Z. 12–21)
b Augen, Nase, Atmungsorgane, Haut, Gelenke, Magen, Darm, Bauch

c–d Körperteile	Beschwerden
Auge	tränen
Nase	läuft
Atmungsorgane	Atemnot
Haut	Ausschläge, Schwellungen und Juckreiz
Gelenke	Schwellungen, Schmerzen
Magen, Darm, Bauch	Übelkeit, Durchfälle

e 1. Vermeidung, 2. Medikamente, 3. Allergieimpfung

Sprache gebrauchen – Sprache untersuchen (→ S. 224–225)

a–b Jedes Jahr ziehen fast 1 000 Kinder von Schaustellern und Zirkusleuten durch Deutschland.
Sie müssen ständig die Schule, die Lehrer und die Mitschüler wechseln. Manche Eltern bezahlen Privatlehrer oder organisieren Fahrgemeinschaften. Was aber macht der große Rest?

2 3 Ns, Hs. 4 Hs, Ns.

3 Direktorin Annette S. sagt: „In unserer ungewöhnlichen Schule lernen zurzeit 125 Kinder
im Alter zwischen 5 und 16 Jahren." „Was ist das Besondere an Ihrer Schule?", will die
Reporterin wissen. „Die Zirkuskinder", erläutert Frau S., „müssen viel selbstständiger lernen.
Die Pädagogen sind nur an zwei bis drei Tagen in einem Zirkus."

4

a–c 1 Der <u>bekannte</u> Zirkus Traber | <u>ist</u> | jetzt | in <u>sein</u> Winterquartier | <u>gezogen</u>.

2 In den Wintermonaten | <u>besuchen</u> | die Kinder <u>der Traberfamilie</u> | den Unterricht | im Ort.

d 1 S – P – AZ – AO – P.   2 AZ – P – S – O – AO.

5 1 bietet Online-Unterricht an (AO)

2 öffnen den Online-Kurs (AO), bearbeiten den Lernauftrag (AO)

3 helfen den Kindern (DO)

6

a 1 sie jongliert (Präsens)   2 er ist gekommen (Perfekt)   3 ich ging (Präteritum)

4 wir probten (Präteritum)   5 er wird warten (Futur)

6 sie hatte geholfen (Plusquamperfekt)

b starke Verben: kommen, gehen, helfen

schwache Verben: jonglieren, proben, warten

7 aufregendere (Komparativ), schweres (Positiv), sauber (Positiv), am schönsten (Superlativ)

8 1 Der Seiltanz gefiel mir besser <u>als</u> die Trapezübung.

2 Den Clown fand ich genauso gut <u>wie</u> den Feuerschlucker.

3 Der jüngste Trampolinspringer sprang ebenso hoch <u>wie</u> alle, es schien ihm sogar leichter zu fallen <u>als</u> den anderen.

9 1 das Zirkuszelt   2 blitzschnell   3 himmelhoch   4 das Blaulicht

5 der Blitzableiter   6 das Hochseil

10 1 die Gründ|ung   2 er|wart|en   3 herr|lich   4 witz|ig   5 kom|isch

6 die Mann|schaft   7 die Be|kannt|heit

Richtig schreiben (→ S. 264–265)

1 Biber / Erdmännchen / Hamster / Hase / Känguru / Leopard / Marder / Maus / Molch / Mops / Nilpferd / Zecke

2 1 der Stab   2 das Bild   3 der Krug   4 bunt   5 der Berg   6 das Kleid   7 der Korb

8 wund   9 der Wind   10 die Wand   11 das Feld   12 gesund

3 mögliche Lösung:

ein herber Wein / ein derber Scherz / die bunten Wälder / die wunde Stelle / der karge Boden / die halbe Stunde / das gesunde Essen / der kalte Wind / das wilde Kind / die milden Temperaturen

4 **Kennst du den Zorilla?**

Nein, das ist keine Abart des Gorilla. Dieses ungewöhnliche Tier lebt in Afrika und gehört zu den Mardern. Er frisst zum Beispiel Insekten und Larven, aber auch Ratten und Mäuse. Zur Verteidigung hat er am Po eine Drüse, aus der er eine eklig stinkende Flüssigkeit verspritzen kann. Den Geruch wird man tagelang nicht los. Er ist noch in einem Kilometer Entfernung zu riechen.

Wenn du wissen willst, wie der Zorilla aussieht, sieh ins Internet.

5 mögliche Lösung:

1 den Zorilla, des Gorilla, den Mardern, eine Drüse, eine [...] Flüssigkeit, den Geruch, einem Kilometer, der Zorilla

2 dieses [...] Tier, in Afrika, Insekten und Larven, Ratten und Mäuse, Entfernung

3 zum Beispiel, zur Verteidigung, am Po, ins Internet

4 Verteidigung, Flüssigkeit, Entfernung

6 mögliche Lösung:

1 dieses, ungewöhnliche, Tier, lebt, gehört, Beispiel, Po, Drüse, Geruch, tagelang, los, Kilometer

2 dieses, Tier, Beispiel, riechen, aussieht, sieh

7 kennst, Zorilla, Gorilla, frisst, Ratten, Flüssigkeit, wenn, wissen, willst

8 mögliche Lösung:

die Welle: die Schnelle, die Quelle, die Pelle, die Forelle, die Delle, die Elle, die Helle, die Kapelle, die Schwelle, …

die Wolle: die Knolle, die Rolle, die Kontrolle, die Scholle, die Tolle, …

der Hammer: der Jammer, die Klammer, die Kammer, strammer, …

die Tonne: die Sonne, die Wonne, die Nonne, die Kolonne, …

die Mappe: die Klappe, die Trappe, die Kappe, die Etappe, der Knappe, die Pappe, die Schlappe, die Quappe, …

die Kasse: die Masse, die Tasse, die Klasse, die Trasse, die Gasse, fasse, lasse, …

9 **1** der verletzte Fuchs   **2** der bequeme Sitz   **3** die neue Pferdedecke
4 die quergestreifte Hose   **5** der katzenartige Luchs   **6** der Kräuterquark

10 **1** er gießt; gießen   **2** du liest; lesen   **3** es passt; passen   **4** er vergisst; vergessen
5 Sie reist nach B; reisen   **6** Das passiert selten; passieren   **7** Er heißt Max; heißen
8 Sie fasst etwas an; anfassen

11 **1** auf der Straße   **2** die Füße   **3** einen Kiesel   **4** aus dem Glas   **5** an der Kasse
6 das Messer   **7** fleißig

12 **1** das Wasser: wässern, der Wasserhahn, das Wasserwerk, wässrig, …
2 die Straße: die Straßenecke, die Straßenkreuzung, die Landstraße, …
3 das Glas: gläsern, die Glasvase, das Glashaus, das Glasdach, …
4 die Pause: die Hofpause, der Pausenhof, pausieren, der Pausenpfiff, pausenlos, …
5 der Schlüssel: der Schlüsselanhänger, der Schlüsselring, der/das Schlüsselbund, entschlüsseln, aufschlüsseln, das Schlüsselbrett, Schlüsselwörter, …
6 der Fuß: barfuß, der Fußball, die Fußbank, der Fußboden, fußbreit, fußen, …
7 die Reise: reisen, verreisen, die Reisevorbereitung, die Flugreise, die Zugreise, das Reisebüro, das Reiseland, der Reisebericht, reisefertig, …
8 der Gruß: grüßen, die Begrüßung, der Kartengruß, die Grußkarte, grußlos, …

13 **1** das Ge-heim-nis   **2** die Leh-re-rin   **3** der Damp-fer   **4** die Be-loh-nung
5 die Bä-cke-rei   **6** die Emp-feh-lung   **7** die Hei-zung   **8** der We-cker
9 die Ober-flä-che   **10** die Wel-le

Textquellen

8 Unger, Yvonne: Slowakei. Erschienen unter der Rubrik: Eine Menge zu entdecken: die EU-Länder. SWR Kindernetz 2019. Stenull, Cornelia: Bulgarien. Erschienen unter der Rubrik: Eine Menge zu entdecken: die EU-Länder. SWR Kindernetz 2019. **19 f.** Indiran, Induja: Fremd in Berlin?! Aus: Berlin – mein Kiez. Die schönsten Geschichten aus dem Erzählwettbewerb. Weinheim/Basel: Beltz & Gelberg, 2005, S. 37 ff. **21 ff.** Philipps, Carolin: Mai-Linh. Wenn aus Feinden Freunde werden. Wien: Ueberreuter Verlag, 2001, S. 31 ff. **23** Karlhans Frank: Du und ich. Aus: Texte dagegen. Autorinnen und Autoren schreiben gegen Fremdenhass und Rassismus. Hrsg. v. Sylvia Bartholl, Weinheim/Basel: Beltz & Gelberg, 1993, S. 174. **43** Dresden war … Aus: Kästner, Erich: Als ich ein kleiner Junge war. Hamburg: Cecilie Dressler Verlag, 1957, S. 51 ff. **53 f.** Bockemühl, Erich: Die Weiber von Weinsberg. Aus: Deutsche Sagen. Berlin: Marhold, 1956. **54** Kölner Königschronik (um 1170). Übersetzung des lateinischen Textes der Kölner Königs-chronik von 1170. Übersetzt von Ulrich Maier. **55** Die Weiber zu Weinsperg. Aus: Brüder Grimm: Deutsche Sagen. Berlin: Rütten & Loening, 1983, S. 240. **57** Die Entstehung der Insel Rügen. Aus: Zetzsche, Peter: Der vierköpfige Swantewit. Sagen und Geschichten von der Insel Rügen und Hiddensee. Regensburg: S. Roderer Verlag, 1989, S. 10; Der Hünenstieg. Aus: Griepentrog, Gisela (Hg.): Die Spinnerin im Monde. Frauen in den Sagen der Mark Brandenburg und Berlins. Leipzig: Verlag für die Frau, 1991, S. 169 f. **58** Harras, der kühne Springer. Nach: Sieber, Helmut (Hg.): Das verliebte Gespenst. Frankfurt a. Main: Verlag Weidlich, 1967, S. 34 f. **59** Die Entstehung von Schöneck. Nach: Sieber, Helmut (Hg.): Das verliebte Gespenst. Frankfurt a. Main: Verlag Weidlich, 1967, S. 28 f. **60** Der Bauerhase von Freiberg. Aus: Butz, Reinhardt; Folde, Werner: Mein Sachsen lob ich mir. Geschichtliches aus Sachsen. Berlin: Volk und Wissen, 1993, S. 43. **66 f.** Graben in der Vergangenheit. Aus: Alan Millard: Schätze aus biblischer Zeit. Wertvolle Funde aus biblischer Zeit – ihre Entdeckungsgeschichte – ihre Bedeutung. Übersetzt von Johannes W. Volkert. Gießen, Basel: Brunnen, 1986, S. 32. **67 f.** 14 Hunde stemmen sich … Aus: Yukon Quest: Das härteste Schlittenhunde-Rennen der Welt von Ruth Kornberger. https://www.geo.de/geolino/natur-und-umwelt/10822-rtkl-yukon-quest-das-haerteste-schlitten-hunde-rennen-der-welt [abgerufen: 11.09.2018]. **69 f.** Die Menschen wohnten … Aus: Connolly, Peter: Die alten Römer. Text von Andrew Solway. Übersetzt von Heike Renwratz. Nürnberg: Tessloff Verlag, 2001, S. 14 f. **70** Es gibt nur … Aus: Reinicke, Rolf: Steine am Ostseestrand. Schwerin: Demmler, 2007, S. 7. **71** Viele Menschen … Nach: Birkfeld, Alfred; Herschel, Kurt: Pilze essbar oder giftig. Neubearbeitung von Frieder Gröger. Lutherstadt Wittenberg: A. Ziemsen Verlag, 1983, S. 4 ff. **88** Mörike, Eduard: Er ist's. Aus: Mörikes Werke in einem Band. Berlin, Weimar: Aufbau, 1969, S. 53; Roth, Eugen: Der Baum. Aus: Gelberg, Hans-Joachim (Hg.): Der fliegende Robert. Viertes Jahrbuch der Kinderliteratur. Weinheim/Basel: Beltz & Gelberg, 1977, S. 285; Fontane, Theodor:

Mittag. Aus: Fontanes Werke in fünf Bänden. Bd. 1. Berlin, Weimar: Aufbau, 1964, S. 3 f. **92** Droste-Hülshoff, Annette von: Der Frühling ist … Aus: Das Ludwig-Richter-Frühlings-album. Die schönsten deutschen Lieder, Geschichten und Gedichte zur Osterzeit. Leipzig: St. Benno Verlag, 2008, S. 64; Storm, Theodor: April. Aus: Storm, Theodor: Sämtliche Werke in vier Bänden. Bd. 1. Frankfurt/M.: Deutsche Klassiker, 1987. **93** Jandl, Ernst: auf dem land. Aus: Gomringer, Eugen (Hg.): konkrete poesie. Stuttgart: Philipp Reclam jun., 2001, S. 87. **94** Schubiger, Jürg: Herbstgedicht. Aus: Gelberg, Hans-Joachim (Hg.): Großer Ozean. Gedichte für alle. Weinheim/Basel: Beltz & Gelberg, 2000, S. 184; Bächler, Wolfgang: Der Nebel. Aus: Fuhrmann, Joachim (Hg.): Gedichte für Anfänger. Reinbek: Rowohlt Taschen-buch, 1980, S. 75. **95** Brender, Irmela: Wolkenbilder. Aus: Brender, Irmela: War mal ein Lama in Alabama. Allerhand Reime und Geschichten in Gedichten. Hamburg: Friedrich Oetinger, 2001, S. 88. **96** Kaléko, Mascha: Der Winter. Aus: Kaléko, Mascha: Papagei und Mamagei. München: Deutscher Taschenbuch Verlag, 1986, S. 106; Borchert, Wolfgang: Winter. Aus: Borchert, Wolfgang: Aus dem Nachlass. Reinbek: Rowohlt Verlag. **97** Engel-Wojahn, Erika: Sind die Lichter angezündet. Aus: Die große Liedertruhe. Berlin: Der Kinderbuchverlag, 1984, S. 224. **102** Kožik, Christa: Moritz in der Litfaßsäule. Berlin: Der Kinderbuchverlag, 1993, S. 126 f. **107 f.** Heinrich, Finn-Ole: Die erstaunlichen Abenteuer der Maulina Schmitt – Mein kaputtes Königreich, Berlin: Hanser Literatur Verlage, 2013. **111 ff.** Caspak, Victor; Lanois, Yves (Pseudonym von Zoran Drvenkar): Die Kurzhosengang. Hamburg: Carlsen Verlag, 2004, S. 15 ff. **118** Die Kinder- und Hausmärchen der Brüder Grimm. Berlin: Der Kinderbuchverlag, 1962. Band I, S. 49, 100, 146, 198; Das große Buch der Märchen. Heitersheim: Eurobooks Germany, 1999, S. 180. **119** Der süße Brei. Aus: Die Kinder- und Hausmärchen der Brüder Grimm. Berlin: Der Kinderbuch Verlag, 1962. Band II, S. 5. **121 f.** Die Teekanne. Aus: Andersen, Hans Christian: Sämtliche Märchen und Geschichten. Leipzig: Dieterich'sche Verlagsbuchhandlung, 1953, S. 418 ff. **125 ff.** Frau Holle. Aus: Noffke, Brunhilde (Hg.): Märchen für Winter und Weihnacht. Kiel: Königsfurt-Urania Verlag, 2007, S. 39 ff. **128 f.** Die Fliege. Aus: Philip, Neil: Märchen aus aller Welt. Nacherzählt von Neil Philip. Übersetzt von Cornelia Panzacchi. München: Dorling Kindersley, 1997, S. 70. **130** Der Wettlauf vom Strauß und der Schildkröte. Aus: Uther, Hans-Jörg (Hg.): Die schönsten Märchen der Weltliteratur. Übersetzt von Sigrid Schmidt. München: Eugen Diedrichs Verlag (Random House), 1996, S. 7. **131 f.** Elend. Aus: Probst, Anneliese: Sagen und Märchen aus dem Harz. Berlin: Altberliner Verlag, 1995, S. 55 ff. **134 f.** Schmalenbach, Heinz: Hausaufgaben. Aus: Schma-lenbach, Heinz: Spielbare Witze für Kinder. Niederhausen/Ts.: Falken Verlag, 1986, S. 45 ff. **136 ff.** Ergebnis eines Unterrichtsprojekts der Klasse 5b der „Nordlicht"-Schule in Rostock, unter der Leitung von Andrea Kruse (2008). **139** Eulenspiegel und die Bienendiebe. Kruse, Andrea; siehe Anmerkung 136 ff. **143** Rotkäppchen (Brüder Grimm).

Nach: Brackert, Helmut: Das große deutsche Märchenbuch. München, Zürich: Artemis und Winkler, 1994, S. 170–172. **169** § 4 (2) Verhalten im Zoo … Aus: Satzung des Zoos der Kreisfreien Stadt Hoyerswerda (Amtsblatt Nr. 177 vom 4. Juli 1996) **177** Fühmann, Franz: In der Kuchenfabrik. Aus: Fühmann, Franz: Die dampfenden Hälse der Pferde im Turm von Babel. Rostock: Hinstorff Verlag, 2013, S. 60 f. **221 ff.** Weger, Nina: Trick 347 oder der mutigste Junge der Welt. Hamburg: Oetinger Verlag, 2015, S. 10–13. **227** Ringelnatz, Joachim: Im Park. Aus: Wenn die weißen Riesenhasen abends übern Rasen rasen: Kindergedichte aus vier Jahrhunderten. Ursula Zakis (Zusammenstellung), Cornelia von Seidlein (Illustrationen). Wiesbaden: Marix Verlag, 2004, S. 69. **262** *Clown:* Duden: Die deutsche Rechtschreibung. 27. völlig neu bearbeitete und erweiterte Aufl., Berlin: Dudenverlag, 2017, S. 315. **263** *Zirkus:* Duden: Die deutsche Rechtschreibung. 27. völlig neu bearbeitete und erweiterte Aufl., Berlin: Dudenverlag, 2017, S. 315. *Safari:* Duden: Die deutsche Rechtschreibung. 27. völlig neu bearbeitete und erweiterte Aufl., Berlin: Dudenverlag, 2017, S. 952. *rennen:* Duden: Die deutsche Rechtschreibung. 27. völlig neu bearbeitete und erweiterte Aufl., Berlin: Dudenverlag, 2017, S. 927. *nobel:* Duden: Die deutsche Rechtschreibung. 27. völlig neu bearbeitete und erweiterte Aufl., Berlin: Dudenverlag, 2017, S. 799. **269 ff.** Das Waldhaus. Nach: Jacob und Wilhelm Grimm: Kinder- und Hausmärchen 1812/1815, Nr. 170. **273** Aus: Duden – Das große Vornamen-Lexikon. Bearb. von Rosa und Volker Kohlheim, Dudenverlag, 2016, S. 71, 131, 161, 229, 257–258, 291. **285** Guggenmos, Josef: Wintergewitter. Aus: Josef Guggenmos: Groß ist die Welt. Die schönsten Gedichte. Weinheim/Basel: Beltz & Gelberg, 2006, S. 101. **287** Morgenstern, Christian: Neue Bildungen, der Natur vorgeschlagen. Aus: Gelberg, Hans-Joachim (Hg.): Großer Ozean. Gedichte für alle. Weinheim/Basel: Beltz & Gelberg, 2000, S. 55. **288** Hacks, Peter: Der blaue Hund. Aus: Peter Hacks: Der Flohmarkt. Gedichte für Kinder. Berlin: Eulenspiegel Verlag 2001; Kruse, Max: Fischwunder. Aus: Gelberg, Hans-Joachim (Hg.): Großer Ozean. Gedichte für alle. Weinheim/Basel: Beltz & Gelberg, 2000, S. 145; Ende, Michael: Die Ausnahme. Aus: Gelberg, Hans-Joachim (Hg.): Überall und neben dir. Gedichte für Kinder. Weinheim/Basel: Beltz & Gelberg, 1986, 2001, S. 42. **289** Maiwald, Peter: Regentag. Aus: Gelberg, Hans-Joachim (Hg.): Großer Ozean. Gedichte für alle. Weinheim/Basel: Beltz & Gelberg, 2000, S. 109. **290** Eich, Günter: Septemberliches Lied vom Storch. Aus: Günter Eich: Gesammelte Werke. Bd. 1. Frankfurt a. Main: Suhrkamp, 1973, S. 191.

Bildquellen

8 o. Radoslav Kellner/Shutterstock.com; **u.** stock.adobe.com/Ralph **12** stock.adobe.com/ghazii **13** stock.adobe.com/robynmac **14** stock.adobe.com/Kurashova **15** stock.adobe.com/djvstock **17** Panther Media GmbH/Kzenon **18** Panther Media GmbH/pressmaster **19** Panther Media GmbH/claudiodivizia **21** Portrait Carolin Philipps/bluesparrow GmbH **23** stock.adobe.com/clairelucia **24** stock.adobe.com/pfotastisch **28 li.** mauritius images/alamy stock photo/Benjamin Pemberg; **re.** Shutterstock/Delpixel **32** stock.adobe.com/LangnerRT **33** stock.adobe.com/Charly **40** dpa Picture-Alliance/Hendrik Schmidt **42** stock.adobe.com/santosha57 **43 o.** Buchcover Erich Kästner: *Als ich ein kleiner Junge war.* Cover von Isabel Kreitz © Atrium Verlag AG, Zürich 2018; **u.** stock.adobe.com/RAWKu5 **46** gpointstudio/Shutterstock.com **50** Shutterstock.com/gst **53** bpk/Kupferstichkabinett, SMB/Jörg P. Anders **54** dpa Picture Alliance/DUMONT Bildarchiv **55** dpa Picture-Alliance/DUMONT Bildarchiv **57** akg images/euroluftbild.de **58** akg images/arkivi **59** stock.adobe.com/fotowerk-leipzig **60** akg images/bilwissedition **61** stock.adobe.com/LIGHTFIELD STUDIOS **63** stock.adobe.com/weixx **64** stock.adobe.com/Jonathan **66** stock.adobe.com/Tesgro Tessieri **67** stock.adobe.com/troutnut **68** Christian Schulz/Shutterstock.com **70** stock.adobe.com/Dirk Petersen **71** stock.adobe.com/Martine Wagner **72** stock.adobe.com/godfer **74 li.** *Cover Geolino* 11/18, © G + J Medien GmbH; **re.** *Cover Stafette* 4/17, © Sailer Verlag, Nürnberg **75** stock.adobe.com/pressmaster **77** ClipDealer/Markus Mainka **79** Carolyn Franks/Shutterstock.com **83 li.** stock.adobe.com/Eric Isselée; **Mi.** stock.adobe.com/Otto Durst; **re.** Eric Isselée/Shutterstock.com **92** stock.adobe.com/Janina Dierks **93** stock.adobe.com/Westend61 **94** stock.adobe.com/mere exposure **95** *Windmühle am Ufer eines Flusses* (Jacob van Ruisdael), bpk/Gemäldegalerie, SMB/Jörg P. Anders **96** stock.adobe.com/Oleksandr Kotenko **97** stock.adobe.com/Visions-AD **98** stock-adobe.com/wip-studio **100** Buchcover *Geisterseher und Milchzauberinnen* © Braus Verlag 2014 **101** Buchcover *Märchen aus aller Welt* © Beltz & Gelberg, Weinheim/Basel 2010 **104 u. 105** © http://www.blinde-kuh.de/ Die Suchmaschine für Kinder, Hamburg 2019. **106 li.** Buchcover R.T. Acron: *Ocean City. Jede Sekunde zählt,* © dtv Verlagsgesellschaft mbH & Co.KG, München 2018; **Mi.** Buchcover Christoph Dittert: *Die drei ???. Im Bann des Drachen* © Franckh-Kosmos Verlags-GmbH & Co.KG, Stuttgart 2017; **re.** Buchcover Cornelia Funke: *Herr der Diebe* © Dressler Verlag GmbH, Hamburg 2000 **111** Buchcover Victor Caspak/Yves Lanois: *Die Kurzhosengang* © Carlsen Verlag GmbH, Hamburg 2004 **120** dpa Picture-Alliance/Bilderdienste **125** bpk/Federlithografie (1. Drittel 19. Jahrhundert) **126** bpk/Illustration (um 1870) von Eugen Klimsch **132** dpa Picture Alliance/ZB/Matthias Bein

134 Creatista/Shutterstock.com **136** dpa Picture Alliance/
Robert B. Fis **138** Interfoto e.k./TV-Yesterday
139 Bridgeman Images/Lebrecht History/ Till Eulenspiegel.
The two beehive thieves. Liebig collectors' card 1934/
Liebig S1303/F1302 **140** Oleg Mikhaylov/Shutterstock.com
141 o. Solarisys/Shutterstock.com; **u.** stock.adobe.com/
ADA/zinkevych **142** gpointstudio/Shutterstock.com
143 bpk/Farblithographie (um 1880) von Carl Offterdinger
144 Sergey Nivens/Shutterstock.com
145 dpa Picture Alliance/Johannes Stein **146** imago/
ZumaPress **149** mauritius images/imageBROKER/
Stefan Wackerhagen **152** Picture Press/Stefanie Peters/
GEOlino **154** Imago Stock & People GmbH/Anka Agency
International **155** stock.adobe.com/Marcin
160 GrooveZ/Shutterstock.com **162** stock.adobe.com/
benjaminnolte **163** stock.adobe.com/natureguy
164 interfoto e.K./Reinhard Dirscherl
166 stock.adobe.com/Tan Kian Khoon
167 stock.adobe.com/George Karbus Photography/
Image Source **169** stock.adobe.com/WavebreakmediaMicro
170 A stock.adobe.com/otsphoto; **B** stock.adobe.com/
volofin; **C** stock.adobe.com/Manfred Ruckszio;
D stock.adobe.com/Cavan Images **174** stock.adobe.com/
Mirko **178** stocksolutions/Shutterstock.com
184 M. Unal Ozmen/Shutterstock.com
185 stock.adobe.com/Leinemeister **192** Buchcover
Nina Weger *Trick 347 oder der mutigste Junge der Welt*,
© Verlag Friedrich Oetinger GmbH, Hamburg 2015
194 stock.adobe.com/Antje Lindert-Rottke
196 stock.adobe.com/robert stahl **197** *Karte Jordanien:*
Picture Press/Stefanie Peters/GEOlino
199 mauritius images/alamy stock photo/Andrew Paterson
203 stock.adobe.com/Pavel L Photo and Video
206 dpa Picture-Alliance/Süddeutsche Zeitung Photo
207 Buchcover Jürgen Banscherus: *Krach im Zirkus
Zampano – Ein Fall für Kwiatkowski* © Arena Verlag,
Würzburg **209** akg images/North Wind Picture Archives
210 stock.adobe.com/Rudolf Fehrle **211 li.** mauritius
images/Bildagentur Geduldig/alamy stock photo;
Mi. mauritius images/Bildagentur Geduldig/
alamy stock photo; **re.** mauritius images/imageBROKER
213 Buchcover Sabine Bohlmann: *Die wundersamen Kinder
des Herrn Tatu* © Thienemann-Esslinger Verlag GmbH,
Stuttgart 2014 **226** *handschriftlicher Brief*, Lernsatz
Katrin + Martin Tengler GbR **231 li.** stock.adobe.com/
sevulya; **re.** stock.adobe.com/mipan **232** Goncharov Artem/
Shutterstock.com **234** mauritius images/imageBROKER/
Friedhelm Adam **235** stock.adobe.com/hfox
236 mauritius images/ClickAlps **238 o.** stock.adobe.com/
beats_; **u.** stock.adobe.com/fotoknips
240 stock.adobe.com/mirkomedia **242** Firma V/
Shutterstock.com **245** George Rudy/Shutterstock.com
253 stock.adobe.com/SHrenchir **258** stock.adobe.com/
Maksim Pasko **261** *Duden-Ausschnitt*, Duden –
Die deutsche Rechtschreibung: 27. völlig neu bearbeitete
und erweiterte Auflage © Dudenverlag, Berlin 2017
266 o. Tatiana Bobkova/Shutterstock.com;

u. bpk/Hermann Buresch **267** dpa Picture-Alliance/
imageBROKER/Manfred Bail **268** bpk/Kunstbibliothek,
SMB, Photothek Willy Römer / Ernst Gränert
270 akg images **279** mauritius images/UtCon Collection/
Alamy **280** © Schmidt-Buch-Verlag, Wernigerode 2019
284 li. stock.adobe.com/motorolka; **re.** stock.adobe.com/
Dionisvera **290** stock.adobe.com/Joachim Neumann

Infinitiv	Präsens	Präteritum	Perfekt
befehlen	du befiehlst	er befahl	er hat befohlen
beginnen	du beginnst	sie begann	sie hat begonnen
beißen	du beißt	er biss	er hat gebissen
bieten	du bietest	er bot	er hat geboten
bitten	du bittest	sie bat	sie hat gebeten
blasen	du bläst	er blies	er hat geblasen
bleiben	du bleibst	sie blieb	sie ist geblieben
brechen	du brichst	sie brach	sie hat gebrochen
brennen	du brennst	es brannte	es hat gebrannt
bringen	du bringst	sie brachte	sie hat gebracht
dürfen	du darfst	er durfte	er hat gedurft
einladen	du lädst ein	sie lud ein	sie hat eingeladen
erschrecken	du erschrickst	er erschrak	er ist erschrocken
essen	du isst	er aß	er hat gegessen
fahren	du fährst	sie fuhr	sie ist gefahren
fallen	du fällst	er fiel	er ist gefallen
fangen	du fängst	sie fing	sie hat gefangen
fliehen	du fliehst	er floh	er ist geflohen
fließen	du fließt	es floss	es ist geflossen
frieren	du frierst	er fror	er hat gefroren
gehen	du gehst	sie ging	sie ist gegangen
gelingen	es gelingt	es gelang	es ist gelungen
genießen	du genießt	sie genoss	sie hat genossen
geschehen	es geschieht	es geschah	es ist geschehen
greifen	du greifst	sie griff	sie hat gegriffen
halten	du hältst	sie hielt	sie hat gehalten
heben	du hebst	er hob	er hat gehoben
heißen	du heißt	sie hieß	sie hat geheißen
helfen	du hilfst	er half	er hat geholfen
kennen	du kennst	sie kannte	sie hat gekannt
kommen	du kommst	sie kam	sie ist gekommen
können	du kannst	er konnte	er hat gekonnt
lassen	du lässt	sie ließ	sie hat gelassen
laufen	du läufst	er lief	er ist gelaufen
lesen	du liest	er las	er hat gelesen
liegen	du liegst	er lag	er hat gelegen

Infinitiv	Präsens	Präteritum	Perfekt
mögen	du magst	sie mochte	sie hat gemocht
nehmen	du nimmst	er nahm	er hat genommen
raten	du rätst	sie riet	sie hat geraten
reiten	du reitest	er ritt	er ist geritten
riechen	du riechst	er roch	er hat gerochen
rufen	du rufst	er rief	er hat gerufen
scheinen	du scheinst	sie schien	sie hat geschienen
schieben	du schiebst	sie schob	sie hat geschoben
schlafen	du schläfst	er schlief	er hat geschlafen
schleichen	du schleichst	er schlich	er ist geschlichen
schließen	du schließt	sie schloss	sie hat geschlossen
schneiden	du schneidest	er schnitt	er hat geschnitten
schreien	du schreist	er schrie	er hat geschrien
schwimmen	du schwimmst	er schwamm	er ist geschwommen
sehen	du siehst	sie sah	sie hat gesehen
sein	du bist	er war	er ist gewesen
singen	du singst	er sang	er hat gesungen
sitzen	du sitzt	sie saß	sie ist/hat gesessen
sprechen	du sprichst	sie sprach	sie hat gesprochen
stehen	du stehst	er stand	er ist/hat gestanden
stehlen	du stiehlst	er stahl	er hat gestohlen
steigen	du steigst	sie stieg	sie ist gestiegen
stoßen	du stößt	er stieß	er hat gestoßen
streiten	du streitest	sie stritt	sie hat gestritten
treffen	du triffst	sie traf	sie hat getroffen
treten	du trittst	sie trat	sie hat getreten
tun	du tust	sie tat	sie hat getan
verbieten	du verbietest	er verbot	er hat verboten
vergessen	du vergisst	sie vergaß	sie hat vergessen
verlieren	du verlierst	er verlor	er hat verloren
verzeihen	du verzeihst	sie verzieh	sie hat verziehen
wachsen	du wächst	er wuchs	er ist gewachsen
werden	du wirst	sie wurde	sie ist geworden
wissen	du weißt	sie wusste	sie hat gewusst
wollen	du willst	sie wollte	sie hat gewollt
ziehen	du ziehst	er zog	er hat gezogen